W0024110

LANGENSCHEIDTS

Grundwortschatz Italienisch

Ein nach Sachgebieten geordnetes
Lernwörterbuch mit Satzbeispielen

von

Giuliano Merz

LANGENSCHEIDT
BERLIN · MÜNCHEN · WIEN · ZÜRICH · NEW YORK

Neben dem Grundwortschatz Italienisch sind in der Reihe „Langenscheidts Grundwortschatz ...“ folgende Sprachen erhältlich:

Englisch (Best.-Nr. 20120)
Französisch (Best.-Nr. 20150)
Latein (Best.-Nr. 20200)

Auflage: 5. 4. | Letzte Zahlen
Jahr: 1991 | maßgeblich

Druck: C. H. Beck'sche Buchdruckerei, Nördlingen
Printed in Germany · ISBN 3-468-20180

Inhalt

Warum Grundwortschatz?

Jede Stufe der Sprachbeherrschung setzt die Kenntnis eines gewissen Wortschatzes voraus. Der gesamte Wortbestand der italienischen Sprache geht – wenn man nur die wichtigsten Fachsprachen mit einbezieht – schon in die Hunderttausende. Es ist daher verständlich, daß viele Italienisch-Lernende in Schule und Erwachsenenbildung danach fragen, wie viele Wörter man eigentlich benötigt, um eine beliebige Alltagsunterhaltung zu führen oder um einen allgemeinsprachlichen Text zu verstehen.

Überraschenderweise lehrt uns die Sprachstatistik, daß folgende 10 Wörter bereits ca. 30% jeder italienischen Sprachäußerung ausmachen: *il, di, e, a, un, in, che, non* sowie *essere* und *avere* mit ihren verschiedenen Formen. Es verblüfft, daß die häufigsten 200 Wortformen schon über 50% aller Wörter eines Normaltextes stellen.

Dies darf allerdings nicht zu der Annahme verleiten, daß man mit einigen hundert Wörtern die Sprache im Griff hat. Tatsächlich hängt das Verstehen eines Textes von den restlichen 50% der Vokabeln ab, die aus Inhaltswörtern, also den sinngebenden Elementen einer Konversation oder eines Lesetextes, bestehen. Mit Strukturwörtern, wie den oben zitierten, allein ist keine Kommunikation möglich. Man darf davon ausgehen, daß die ersten meistverwendeten 1000 Vokabeln 80–85% und die ersten 3000 gut 90–95% aller nichtspezialisierten Texte (somit auch Sprachäußerungen) abdecken.

Ein Grundwortschatz hat deshalb den Zweck, mit einer überschaubaren Zahl von sorgfältig ausgewählten Wörtern das Verständnis eines allgemeinsprachlichen Textes zu ermöglichen. Außerdem sollte ein Grundwortschatz für eine Alltagsunterhaltung genügen. Je nach Adressaten und Lernzielen wird im Italienisch-Unterricht versucht, dieses Ziel mit 1500 bis 3000 Wörtern zu erreichen.

Der vorliegende Grundwortschatz enthält etwa 3000 Wörter. Die 4000 Wortgleichungen kommen dadurch zustande, daß ein Wort mit mehreren Bedeutungen verschiedenen Sachgebieten zugeordnet wird. Das Wort „piano“ ergibt beispielsweise folgende fünf Wortgleichungen:

piano = Stockwerk	im Sachgebiet „Haus und Wohnung“
piano = Klavier	im Sachgebiet „Musik“
piano = leise	im Sachgebiet „Sinneswahrnehmungen und Körperfunktionen“
piano = langsam	im Sachgebiet „Sonstige Zeitbegriffe“
piano = eben, flach	im Sachgebiet „Formen“

Wer diesen Grundwortschatz beherrscht, kann ca. 90% eines allgemeinsprachlichen Textes wortschatzmäßig verstehen, und natürlich reicht dieser Wortschatz auch für jede normale Alltagsunterhaltung.

„Langenscheidts Grundwortschatz Italienisch“ ist somit ein minimaler Wortschatz, dessen Kenntnis ein wichtiger erster Schritt zur Sprachbeherrschung und eine hervorragende Grundlage für jedes weitergehende Lernen ist.

Warum ein „zweisprachiger" Grundwortschatz?

Im Fremdsprachenunterricht ist die weitgehende Verwendung der fremden Sprache sicherlich verbreitet. Die Vokabeleinführung erfolgt demnach auf Italienisch – der Lehrende definiert das neue Wort mit einfachen italienischen Wörtern – und durch Demonstration.

Die unterrichtspraktische Realität erzwingt jedoch häufig den flexiblen Einsatz der deutschen Sprache – vor allem, wenn Unklarheiten zu beseitigen sind. Auch die meisten Lehrbücher, ansonsten streng nach dem Prinzip der Einsprachigkeit gestaltet, weisen zweisprachige Wörterverzeichnisse auf.

Ein Lernwörterbuch, das ein systematisches Wörterlernen, Wiederholen oder Nachholen außerhalb des Unterrichts ermöglichen soll, muß gleichfalls zweisprachig Italienisch-Deutsch angeordnet sein, denn es soll ja unabhängig vom Lehrer benutzt werden.

Welche Wörter?

Ein Grundwortschatz trennt Wichtiges vom Unwichtigen. Die richtige Auswahl der zu lernenden Wörter ist die Voraussetzung für eine rationelle und sinnvolle Wortschatzarbeit mit einem Lernwörterbuch. Dem vorliegenden Grundwortschatz für Schule und Erwachsenenbildung liegt eine große Anzahl von Quellen zugrunde. Die im In- und Ausland erstellten Grundwortschätze und Worthäufigkeitsuntersuchungen der italienischen Sprache wurden ausgewertet. Wichtige Italienisch-Lehrwerke in Schule und Erwachsenenbildung wurden herangezogen.

Um die Effizienz dieses Vokabelinventars auf eine solide Basis zu stellen, wurden u. a. die zuverlässigsten Sprachstatistiken und Mindestwortschätze des Italienischen herangezogen und alle Wortformen, die in mindestens drei Quellen verzeichnet waren, berücksichtigt. Die absolute Häufigkeit eines Wortes war bei der Auswahl dieses Grundwortschatzes selbstverständlich nicht allein entscheidend: Vertrautheitsgrad und Nützlichkeit mußten gleichfalls berücksichtigt werden. Von den benutzten Quellen seien hier die wichtigsten genannt:

I. Baldelli/A. Mazzetti: Vocabolario minimo della lingua italiana per stranieri. Firenze 1974 (1741 Einträge)

Consiglio d'Europa (Hrsg.): Livello soglia per l'insegnamento dell'italiano come lingua straniera. Straßburg 1981 (ca. 1500 Einträge)

T. De Mauro: Guida all'uso delle parole. Roma 1980 (6690 Einträge; die wichtigste Liste für den aktuellen italienischen Wortschatz)

Deutscher VHS-Verband/Pädagogische Arbeitsstelle (Hrsg.): Das VHS-Zertifikat Italienisch. Bonn 1978 (1581 Einträge)

G. Merz: Studio sul lessico dell'italiano parlato. Bochum 1985 (3921 Einträge)

G. A. Sciarone: Vocabolario fondamentale della lingua italiana. Firenze 1977 (2726 Einträge)

Anordnung nach Sachgebieten und Wichtigkeitsstufen! Stichwort mit Satzbeispiel!

„Langenscheidts Grundwortschatz Italienisch" ist nicht alphabetisch aufgebaut, da ein Lernen von Wörtern nach dem Alphabet – wie die Kritik aufgezeigt hat – wenig sinnvoll ist. Die Ähnlichkeit in der Schreibweise bei alphabetischer Reihenfolge führt zu Verwechslungen, das Wort bleibt mangels Assoziationen nur schwer im Gedächtnis; ein alphabetischer Aufbau steht der später in einer bestimmten Situation *thematisch* richtigen Anwendung entgegen. Das Lernen von Grundwörtern in Sachgebieten ist leichter und didaktisch effektiver. Die inhaltliche Nähe und Verwandtschaft der Grundwörter stiftet Assoziationen. Es entspricht auch einer alten Lehrerfahrung, daß die Einbettung des Einzelwortes in den sinnvollen Zusammenhang eines Sachgebiets besser im Gedächtnis haftet.

Wir geben deshalb dem Lernen nach Sachgebieten den Vorzug. „Langenscheidts Grundwortschatz Italienisch" ist nach Sachkategorien und Themenkreisen eingeteilt. Die Systematik und Gliederung dieser Sachgebiete wird im Inhaltsverzeichnis dargestellt (vgl. S. III ff.).

Der Aufbau des vorliegenden Grundwortschatzes ist auch noch durch seine Unterteilung in Wichtigkeitsstufen bemerkenswert. Jedes Sachgebiet ist in zwei Wichtigkeitsstufen unterteilt (1–2000; 2001–4000). Der Lernende kann sich auf diese Weise zuerst den 2000 wichtigsten Wortgleichungen widmen und danach die nächsten 2000 in Angriff nehmen.

Auch in anderer Hinsicht ist das Material dieses Grundwortschatzes gut aufbereitet. Es bietet nicht nur die „nackte" Gleichung von italienischem Grundwort und deutscher Übersetzung. Nach dem italienischen Grundwort – immer mit Lautschrift – folgen vielmehr Satzbespiele mit deutscher Übersetzung.

Diese Darbietung eines Grundworts im Satzzusammenhang ist wichtig, denn der Lernende sieht so die Anwendung „seines" Grundworts in der „Praxis". Die Gefahr der späteren Anwendung des Grundworts im falschen Zusammenhang wird damit minimalisiert. Die Beispielsätze eignen sich in der Regel sogar zur wortwörtlichen Einprägung, da sie der geläufigen Alltagssprache entnommen sind. Die deutsche Übersetzung der Satzbeispiele dient der Konzentration auf das Stichwort und trägt dadurch zu dessen leichterer Erlernung bei.

Nach Möglichkeit bewegen sich die Satzbeispiele im Rahmen des Grundwortschatzes, enthalten jedoch gelegentlich auch zusätzliches Anschlußvokabular. Sie aktivieren somit jederzeit den übrigen Grundwortschatz und weisen die Richtung zum weiteren Wortschatzerwerb.

Für wen?

„Langenscheidts Grundwortschatz Italienisch" ist geeignet:

1. Zum erstmaligen Erwerb eines Grundwortschatzes.
2. Zur Wissenskontrolle für alle Italienisch-Lernenden, also zum Testen, Wiederholen und Festigen eines Grundwortschatzes.
3. Zur Vorbereitung auf einen Auslandsaufenthalt. Mit einem inhaltlich verstandenen und richtig angewandten Grundwortschatz wird man sich im Ausland in allen Situationen des Alltags behaupten können.
4. Für Lernende mit nicht gesichertem Kenntnisstand. Ohne einen gewissen Grundwortschatz ist keine Sprachbeherrschung zu erreichen.
5. Zur Prüfungsvorbereitung. Er gibt dem Prüfling Sicherheit. Für das Nachschlagen in einsprachigen Wörterbüchern bei der Prüfung benötigt er beispielsweise einen Grundwortschatz, um die einsprachigen Erklärungen zu verstehen.

Wie arbeitet man mit diesem Grundwortschatz?

Eine angemessene Lerntechnik ist die Voraussetzung für den Lernerfolg. Wir möchten Ihnen dazu einige Anregungen geben:

1. Nutzen Sie den Vorteil der Gliederung nach Sachgebieten! Arbeiten Sie nicht Seiten, sondern Sachgebiete durch (z. B. 1.2.6.2 „Geschäfte, Einkauf")! Zwischen den Wörtern eines Sachgebiets bestehen Assoziationen. Die Sachgebiete spiegeln inhaltliche Zusammenhänge wider. Auch die Sachgebietsbezeichnungen sind bereits Merkhilfen. Es ist experimentell erwiesen, daß die Merkfähigkeit dadurch erhöht wird.

2. Sie können sich in jedem Sachgebiet zuerst die Wörter der Wichtigkeitsstufe 1–2000 aneignen. Zu einem späteren Zeitpunkt nehmen Sie dann die der Wichtigkeitsstufe 2001–4000 durch.

3. Arbeiten Sie *einzelne* Sachgebiete durch. Vielleicht zuerst die Ihnen „sympathischen", dann die anderen. Vergessen Sie aber nicht, sich nach und nach *alle* Sachgebiete anzueignen.

4. Systematisieren Sie den Ablauf des Lernvorgangs! Lernen Sie portionsweise!

Lesen Sie ein Kästchen (fettgedrucktes Stichwort und Anwendungsbeispiel) und prägen Sie sich die Wortgleichung ein. Gehen Sie acht bis zehn Kästchen in dieser Art durch und decken Sie dann von diesem „Block" die linke Spalte ab. Sprechen Sie sich nun das verdeckte Stichwort laut vor – wenn Sie wollen, auch das Anwendungsbeispiel. Kontrollieren Sie sich durch Aufdecken der linken Spalte. Arbeiten Sie so den „Block" durch. Nicht beherrschte Wörter werden am Rand gekennzeichnet – vielleicht durch ein Kreuzchen – und nochmals gesondert gelernt. Anschließend nochmalige Kontrolle (Sprechen und Schreiben) des ganzen „Blocks".

5. Lernvarianten: Rechte (statt linke) Spalte abdecken und analog wie unter 4 beschrieben arbeiten. Nur Anwendungsbeispiele lernen, um vom Zusammenhang her die Bedeutung eines Wortes im Gedächtnis zu fixieren oder den Grundwortschatz „umzuwälzen".

6. Sie können auch über ein einzelnes Wort, das Sie im alphabetischen Register nachschlagen, zum Sachgebiet kommen und so in einem sinnvollen Zusammenhang lernen.

7. Lernen Sie täglich (mit Pausen!) ein bestimmtes Pensum. In einigen Wochen beherrschen Sie dann einen systematisch aufgebauten Grundwortschatz – den Wortschatz, auf den es ankommt. Vergessen Sie nicht, diesen in gewissen zeitlichen Abständen zu wiederholen und zu überprüfen.

8. „Langenscheidts Grundwortschatz Italienisch" ist lehrbuchunabhängig. Trotzdem eignet er sich auch zur Aktivierung, Wiederholung und Systematisierung des Wortschatzes im Unterricht, z. B.

zur Bereitstellung des entsprechenden Wortschatzes vor kommunikativen Übungen oder der Durchnahme bestimmter Texte;

zur Wortfeldarbeit nach der Durcharbeitung eines bestimmten Textes, der wesentliche Teile dieses Wortfeldes enthielt;

zur Erschließung und zum Aufbau eines Sachgebiets vom Einzelwort aus (über das Register).

1 THEMENBEZOGENE BEGRIFFE

1.1 Der Mensch

1.1.1 KÖRPER UND WESEN

1.1.1.1 KÖRPER

«1–2000»

bocca [ˈbok-ka] *f* (*pl.* -che) Bambini, non si parla con la bocca piena!	**Mund** *m* Kinder, man spricht nicht mit vollem Mund!
braccio [ˈbrat-tʃo] *m* (*im pl. f* **le braccia**) Le parlava tenendola per un braccio.	**Arm** *m* Er sprach mit ihr und hielt sie dabei am Arm fest.
capello [kaˈpel-lo] *m* Devo proprio farmi tagliare i capelli.	**Haar** *n* Ich muß mir wirklich die Haare schneiden lassen.
cervello [tʃerˈvɛl-lo] *m* La scienza sa ancora poco sul cervello umano.	**Gehirn** *n* Die Wissenschaft weiß noch wenig über das menschliche Gehirn.
collo [ˈkɔl-lo] *m* Questa camicia mi è troppo stretta al collo.	**Hals** *m* Dieses Hemd ist mir am Hals zu eng.
corpo [ˈkɔrpo] *m* Una mente sana in un corpo sano.	**Körper** *m*, **Leib** *m* Ein gesunder Geist in einem gesunden Körper.
cuore [kuˈɔːre] *m* Paolo è malato di cuore.	**Herz** *n* Paul ist herzkrank.
dente [ˈdɛnte] *m* Dopo i pasti è bene lavarsi i denti.	**Zahn** *m* Nach dem Essen ist es angebracht, sich die Zähne zu putzen.
dito [ˈdiːto] *m* (*im pl. f* **le dita**) Laura porta anelli a tutte le dita.	**Finger** *m* Laura trägt an allen Fingern Ringe.
faccia [ˈfat-tʃa] *f* (*pl.* -ce) Su, non fare quella faccia!	**Gesicht** *n* Komm, mach nicht so ein Gesicht!

onte] *f* dandole un bacio sul- la fronte.	**Stirn** *f* Er begrüßt sie mit einem Kuß auf die Stirn.
gamba ['gamba] *f* Le gambe non mi portano più, sediamoci.	**Bein** *n* Die Beine tragen mich nicht mehr, setzen wir uns.
ginocchio [dʒiˈnɔk-kio] *m* (*pl.* -chi *u. f* **le ginocchia**) Stavano in ginocchio intorno al fuoco.	**Knie** *n* Sie knieten alle um das Feuer.
gola ['goːla] *f* Ho la gola secca e vorrei bere qualcosa.	**Hals** *m*, **Kehle** *f*, **Rachen** *m* Ich habe eine trockene Kehle und möchte etwas trinken.
labbro ['lab-bro] *m* (*im pl. f* **le labbra**) Silvia ascoltava con un sorriso sulle labbra.	**Lippe** *f* Silvia hörte mit einem Lächeln auf den Lippen zu.
lingua ['liŋgua] *f* Ce l'ho sulla punta della lingua . . .	**Zunge** *f* Mir liegt es auf der Zunge . . .
mano ['maːno] *f* (*pl.* -i) Mi piacciono le mani ben curate.	**Hand** *f* Ich mag gutgepflegte Hände.
naso [naːso] *m* In affari è importante avere buon naso.	**Nase** *f* Bei Geschäften ist es wichtig, eine gute Nase zu haben.
occhio ['ɔk-kio] *m* (*pl.* -chi) Di una persona ci colpiscono soprattutto gli occhi.	**Auge** *n* An einer Person fallen uns am meisten die Augen auf.
pelle ['pɛl-le] *f* «La Pelle» è il titolo di un famoso romanzo.	**Haut** *f* „Die Haut" ist der Titel eines berühmten Romans.
petto ['pɛt-to] *m* La prese tra le braccia e se la strinse forte al petto.	**Brust** *f* Er nahm sie in die Arme und drückte sie fest an seine Brust.
piede [piˈɛːde] *m* Grazie, ma preferiamo andare a piedi.	**Fuß** *m* Danke, aber wir gehen lieber zu Fuß.
sangue ['saŋgue] *m* Il ferito ha perso molto sangue.	**Blut** *n* Der Verletzte hat viel Blut verloren.

schiena [ski'ɛːna] *f* Quando cambia il tempo ho mal di schiena.	**Rücken** *m* Wenn das Wetter umschlägt, habe ich Rückenschmerzen.
spalla ['spal-la] *f* La fece salire sulle spalle, perchè vedesse meglio.	**Schulter** *f* Er ließ sie auf die Schultern steigen, damit sie besser sehen konnte.
testa ['tɛsta] *f* Oggi mi passano tante cose per la testa.	**Kopf** *m* Mir geht heute sehr viel durch den Kopf.
viso ['viːzo] *m* La tua amica ha un viso molto simpatico.	**Gesicht** *n* Deine Freundin hat ein sehr sympathisches Gesicht.

«2001–4000»

guancia [gu'antʃa] *f* (*pl.* -ce) Gli italiani salutandosi si baciano sulle guance.	**Wange** *f*, **Backe** *f* Die Italiener küssen sich zur Begrüßung auf beide Wangen.
mento ['mento] *m* Facendosi la barba si è fatto un taglio sotto il mento.	**Kinn** *n* Beim Rasieren hat er sich unter dem Kinn geschnitten.
muscolo ['muskolo] *m* Era un tipo con tanti muscoli e poco cervello.	**Muskel** *m* Er war ein Typ mit vielen Muskeln und wenig Gehirn.
nervo ['nɛrvo] *m* Non ce la faccio più, ho i nervi a pezzi.	**Nerv** *m* Ich kann nicht mehr, ich bin mit den Nerven am Ende.
orecchio [o'rek-kio] *m* (*pl.* -chi *u. f* **le orecchie**) Non sente quasi niente dall'orecchio sinistro.	**Ohr** *n* Er ist auf dem linken Ohr fast taub.
osso ['ɔs-so] *m* (*im pl. f* **le ossa**) Attento a non romperti le ossa!	**Knochen** *m* Paß auf, daß du dir nicht die Knochen brichst!
pugno ['puːɲo] *m* Ha preso un pugno in faccia durante una lite.	**Faust** *f* Während eines Streits hat er eine Faust ins Gesicht bekommen.
sedere [se'deːre] *m* Lo hanno buttato fuori con un calcio nel sedere.	**Gesäß** *n*, **Hintern** *m* (F) Sie haben ihn mit einem Tritt in den Hintern hinausgeworfen.

seno ['seːno] *m* Sulle spiaggie si vedono sempre più donne a seno nudo.	**Busen** *m*, **Brust** *f* An den Stränden sieht man immer mehr Frauen mit nacktem Busen.
stomaco ['stɔːmako] *m* (*pl.* -chi *u.* -ci) Troppi cibi grassi e piccanti fanno male allo stomaco.	**Magen** *m* Zu viele fette und scharfe Speisen schaden dem Magen.
unghia ['uŋgia] *f* Si è colorita le unghie di diversi colori.	**Nagel** *m* Sie hat sich die Nägel in verschiedenen Farben lackiert.
ventre ['vɛntre] *m* Da alcuni giorni ho strani dolori al ventre.	**Bauch** *m* Seit einigen Tagen habe ich seltsame Bauchschmerzen.

1.1.1.2 AUSSEHEN

«1–2000»

avere l'aria [aˈveːreˈlaːria], **avere l'aspetto** [aˈveːrelas-ˈpɛt-to] Dario ha l'aspetto di uno che sa quello che vuole.	**aussehen** Dario sieht aus wie einer, der weiß, was er will.
bellezza [bel-ˈlet-tsa] *f* Sua moglie è una tipica bellezza italiana.	**Schönheit** *f* Seine Frau ist eine typische italienische Schönheit.
bello ['bɛl-lo], **-a** *agg.* Non è bello ciò che è bello ma ciò che piace.	**schön** Nicht das ist schön, was schön ist, sondern das, was gefällt.
brutto ['brut-to], **-a** *agg.* E' piuttosto brutta, ma molto gentile.	**häßlich** Sie ist ziemlich häßlich, aber sehr freundlich.
fisico ['fiːziko], **-a** *agg.* (*pl. m* -ci, *f* -che) E' un uomo che dà molta importanza all'aspetto fisico.	**körperlich** Er ist ein Mann, der dem Aussehen viel Bedeutung beimißt.

grande ['grande] *agg.* Anche la figlia più giovane è ormai grande come la madre.	**groß** Auch die jüngste Tochter ist inzwischen so groß wie die Mutter.
grasso ['gras-so], **-a** *agg.* Mangiando troppo diventerai grasso.	**dick, fett** Wenn du zuviel ißt, wirst du dick werden.
grosso ['grɔs-so], **-a** *agg.* E' una ragazza grande e grossa che fa molto sport.	**dick, stark, kräftig** Sie ist ein großes, kräftiges Mädchen, das viel Sport treibt.
magro ['maːgro], **-a** *agg.* E' diventato magro a causa di una lunga malattia.	**mager, dünn** Er ist infolge einer langen Krankheit dünn geworden.
piccolo ['pik-kolo], **-a** *agg.* Tuo fratello è molto più piccolo di te.	**klein, jung** Dein Bruder ist viel kleiner als du.
sembrare [sem'braːre] *v.* (essere) Questo bambino sembra tutto suo padre.	**ähneln, gleichen** Dieses Kind gleicht ganz seinem Vater.

«2001–4000»

apparenza [ap-pa'rɛntsa] *f* All'apparenza sembrava una persona per bene.	**Aussehen** *n* Dem Aussehen nach schien er ein ordentlicher Mensch zu sein.
carino [ka'riːno], **-a** *agg.* Sua sorella è veramente una ragazza carina.	**hübsch** Seine Schwester ist wirklich ein hübsches Mädchen.
grazia ['graːtsia] *f* Ammira i ballerini per la loro grazia.	**Anmut** *f* Sie bewundert die Tänzer wegen ihrer Anmut.
pettinatura [pet-tina'tuːra] *f* Un'altra pettinatura sarebbe forse più pratica ...	**Frisur** *f* Vielleicht wäre eine andere Frisur praktischer ...

1.1.1.3 GEIST UND VERSTAND

«1–2000»

attento [at-ˈtɛnto], **-a** *agg.* Sua figlia è una studentessa attenta e diligente.	**aufmerksam** Ihre Tochter ist eine aufmerksame und fleißige Studentin.
stare attento [ˈstaːreat-ˈtɛnto] (essere) State attenti a non sbagliare strada.	**aufmerksam sein, aufpassen** Paßt auf, daß ihr euch nicht verlauft.
attenzione [at-tentsiˈoːne] *f* Ha seguito con molta attenzione tutto il discorso.	**Aufmerksamkeit** *f* Er hat den ganzen Vortrag mit großer Aufmerksamkeit verfolgt.
fare attenzione (a) [ˈfaːreat-tentsiˈoːne] Molti bambini giocano per strada, fa' attenzione.	**aufpassen** (auf) Auf der Straße spielen viele Kinder, paß auf.
capire [kaˈpiːre] *v.* (-isc-) Grazie, abbiamo capito.	**verstehen** Wir haben verstanden, danke.
comprendere [komˈprɛndere] *v.* (*irr.* 57) Non comprendo come ci si possa comportare così.	**verstehen, begreifen** Ich begreife nicht, wie man sich so benehmen kann.
coscienza [koʃ-ˈʃɛntsa] *f* Ciò che gli manca è la coscienza politica.	**Bewußtsein** *n*, **Gewissen** *n* Was ihm fehlt, ist das politische Bewußtsein.
dimenticare [dimentiˈkaːre], **-rsi** *v.* Ehi, vi siete dimenticati di me?	**vergessen** He, habt ihr mich vergessen?
errore [er-ˈroːre] *m* Stai facendo un grave errore.	**Irrtum** *m*, **Fehler** *m* Du bist im Begriff, einen schwerwiegenden Fehler zu machen.
fantasia [fantaˈziːa] *f* Ci serve un autore pieno di fantasia, di idee nuove.	**Phantasie** *f* Wir brauchen einen Autor voll Phantasie, voll neuer Ideen.
idea [iˈdɛːa] *f* Ottima idea, andiamo a cena da Sandro!	**Idee** *f*, **Einfall** *m*, **Gedanke** *m* Sehr gute Idee, wir essen bei Sandro zu Abend!

immaginare [im-madʒi'naːre], **-rsi** *v.*	**sich vorstellen**
Non posso immaginarmi che abbia detto una cosa simile.	Ich kann mir nicht vorstellen, daß er so etwas gesagt hat.
intelligente [intel-li'dʒɛnte] *agg.*	**intelligent, klug**
Non è poi così intelligente come pensavo.	Er ist doch nicht so intelligent, wie ich dachte.
intelligenza [intel-li'dʒɛntsa] *f*	**Intelligenz** *f*, **Klugheit** *f*
L'intelligenza umana non è facile da misurare.	Die menschliche Intelligenz ist nicht leicht zu messen.
intendere [in'tɛndere] *v.* (*irr.* 87)	**verstehen, begreifen**
Ecco una coppia che s'intende benissimo.	Das ist ein Paar, das sich sehr gut versteht.
interessare [interes-'saːre], **(-rsi)** *v.*	**(sich) interessieren**
Molti però non sono interessati a certi problemi.	Viele aber sind an bestimmten Problemen nicht interessiert.
Noi ci interessiamo soprattutto per la (alla) storia di questo paese.	Wir interessieren uns vor allem für die Geschichte dieses Landes.
memoria [me'mɔːria] *f*	**Gedächtnis** *n*
Alla mia età non si ha più la memoria di una volta.	In meinem Alter hat man nicht mehr so ein Gedächtnis wie früher.
mente ['mente] *f*	**Geist** *m*, **Verstand** *m*
Una mente liberale non rifiuta questi argomenti.	Ein liberaler Geist lehnt diese Argumente nicht ab.
notare [no'taːre] *v.*	**(be)merken**
No, non abbiamo notato niente.	Nein, wir haben nichts bemerkt.
pazzo ['pat-tso], **-a** *agg.*	**verrückt, wahnsinnig**
E' la cosa più pazza che abbia mai sentito.	Das ist die verrückteste Sache, die ich je gehört habe.
pensare (a) [pen'saːre] *v.*	**denken** (an)
Devi pensare anche alla salute.	Du sollst auch an die Gesundheit denken.
pensiero [pensi'ɛːro] *m*	**Gedanke** *m*
Gli passavano per la testa mille pensieri.	Ihm gingen tausend Gedanken durch den Kopf.
ragione [ra'dʒoːne] *f*	**Vernunft** *f*, **Verstand** *m*
A volte si segue la ragione, a volte il sentimento.	Mal folgt man dem Verstand, mal dem Gefühl.

ricordare [rikorˈdaːre], **(-rsi)** (di) *v.*	**(sich) erinnern** (an)
Ricordami che dobbiamo andare anche in banca.	Erinnere mich daran, daß wir auch auf die Bank müssen.
Ti ricordi gli anni passati insieme?	Erinnerst du dich an die gemeinsam verbrachten Jahre?
ricordo [riˈkɔrdo] *m*	**Erinnerung** *f*
Il tempo trascorso a Roma è un ricordo lontano.	Die in Rom verlebte Zeit ist eine ferne Erinnerung.
riflettere (su) [riˈflɛt-tere] *v.* (*irr.* 63)	**nachdenken** (über)
E' un problema su cui devo riflettere con calma.	Das ist ein Problem, über das ich in Ruhe nachdenken muß.
sbagliare [zbaˈʎaːre], **-rsi** *v.*	**sich irren, sich vertun**
Siete sicuri di non esservi sbagliati?	Seid ihr sicher, daß ihr euch nicht vertan habt?
spirito [ˈspiːrito] *m*	**Geist** *m*, **Humor** *m*
I suoi racconti piacciono a tutti, sono moderni e ricchi di spirito.	Seine Erzählungen gefallen allen, sie sind modern und geistreich.
stupido [ˈstuːpido], **-a** *agg.*	**dumm**
Non fate gli stupidi!	Stellt euch nicht so dumm!

«2001–4000»

figurarsi (qc.) [figuˈrarsi] *v.*	**sich** (etw.) **vorstellen**
Si figurava la faccia di lei mentre apriva il pacchetto.	Er stellte sich ihr Gesicht beim Öffnen des Pakets vor.
furbo [ˈfurbo], **-a** *agg.*	**schlau**
Sii più furbo la prossima volta!	Das nächste Mal sei schlauer!
matto [ˈmat-to], **-a** *agg.*	**verrückt**
Si comportavano come se fossero diventati matti.	Sie benahmen sich, als ob sie verrückt geworden wären.
pazzia [pat-ˈtsiːa] *f*	**Verrücktheit** *f*, **Wahnsinn** *m*
La sua gioia di vivere veniva scambiata da tutti per pazzia.	Ihre Lebensfreude wurde von der Umwelt als Verrücktheit mißverstanden.
prevedere [preveˈdeːre] *v.* (*irr.* 91)	**vorhersehen**
Nessuno aveva previsto questi sviluppi.	Niemand hatte diese Entwicklungen vorhergesehen.

ragionevole [radʒoˈneːvole] *agg.*	**vernünftig**
Non mi dirai che questa è una proposta ragionevole!	Sag bloß nicht, daß das ein vernünftiger Vorschlag ist!
riflessione [rifles-siˈoːne] *f*	**Betrachtung** *f*, **Überlegung** *f*
La decisione richiede tutta una serie di riflessioni.	Diese Entscheidung erfordert eine ganze Reihe von Überlegungen.
sbaglio [ˈzbaːʎo] *m* (*pl.* -gli)	**Fehler** *m*
Lo sbaglio più grande è stato quello di crederle.	Der größte Fehler war, ihr zu glauben.
scemo [ˈʃeːmo], **-a** *agg.*	**schwachsinnig, dumm**
Forse non è così scemo come vuole far credere.	Vielleicht ist er gar nicht so schwachsinnig, wie er glauben machen will.
sciocchezza [ʃok-ˈket-tsa] *f*	**Dummheit** *f*
Hanno ammesso di aver fatto una sciocchezza.	Sie gaben zu, eine Dummheit begangen zu haben.
stupidaggine [stupiˈdad-dʒine] *f*	**Dummheit** *f*
La stupidaggine di certa gente non ha limiti.	Die Dummheit mancher Leute ist grenzenlos.

1.1.1.4 CHARAKTER

«1–2000»

allegro [al-ˈleːgro], **-a** *agg.*	**lustig, fröhlich**
Quando il tempo è bello, sono tutti più allegri.	Wenn das Wetter schön ist, sind alle fröhlicher.
animo [ˈaːnimo] *m*	**Gemüt** *n*, **Mut** *m*
Si è messa al lavoro di buon animo.	Sie hat sich guten Muts an die Arbeit gemacht.
bravo [ˈbraːvo], **-a** *agg.*	**tüchtig, gut**
Non siamo stati sempre bravi a scuola.	Wir sind nicht immer gut in der Schule gewesen.
buono [buˈɔːno], **-a** *agg.*	**gut(mütig), brav**
Se state buoni, la mamma vi porterà allo zoo.	Wenn ihr brav seid, geht eure Mutter mit euch in den Zoo.
capacità [kapatʃiˈta] *f* (*unv.*)	**Fähigkeit** *f*
Tutti la apprezzano per le sue capacità.	Alle schätzen sie wegen ihrer Fähigkeiten.

carattere [ka'rat-tere] *m* Credo di non avere un carattere difficile.	**Charakter** *m* Ich glaube, keinen schwierigen Charakter zu haben.
cattivo [kat-'tiːvo], **-a** *agg.* Pensi davvero che il mondo si divida solo in buoni e cattivi?	**schlecht, böse** Glaubst du wirklich, daß die Welt sich einfach in Gute und Böse aufteilen läßt?
coraggio [ko'rad-dʒo] *m* Il medico non aveva il coraggio di dirgli la verità.	**Mut** *m* Der Arzt hatte nicht den Mut, ihm die Wahrheit zu sagen.
curioso [kuri'oːso], **-a** *agg.* I vicini di casa sono sempre più curiosi.	**neugierig** Die Hausnachbarn werden immer neugieriger.
dolce ['doltʃe] *agg.* Susanna è molto dolce di carattere.	**sanft** Susanne hat einen sehr sanften Charakter.
gentile [dʒen'tiːle] *agg.* Aspettarla è stato molto gentile da parte vostra.	**freundlich, nett** Es ist sehr nett von euch gewesen, auf sie zu warten.
modesto [mo'dɛsto], **-a** *agg.* Non sia così modesto, ci racconti tutto.	**bescheiden** Seien Sie nicht so bescheiden, erzählen Sie uns alles.
pazienza [patsi'ɛntsa] *f* La pazienza non è certo il vostro forte.	**Geduld** *f* Geduld ist sicher nicht eure Stärke.
qualità [kuali'ta] *f* (*unv.*) Le sue qualità gli hanno permesso di diventare presidente.	**Eigenschaft** *f*, **Fähigkeit** *f* Seine Fähigkeiten haben es ihm ermöglicht, Präsident zu werden.
serio ['sɛːrio], **-a** *agg.* (*pl. m* seri) La rispettano per il suo modo di fare serio.	**ernst(haft)** Man respektiert sie wegen ihrer ernsthaften Art.
sincero [sin'tʃɛːro], **-a** *agg.* Devi essere sincero e dirci tutto.	**aufrichtig, ehrlich** Du mußt aufrichtig sein und uns alles sagen.
tranquillo [traŋku'il-lo], **-a** *agg.* Con gli anni è diventato più tranquillo.	**ruhig, gelassen** Mit den Jahren ist er ruhiger geworden.
volontà [volon'ta] *f* (*unv.*) Con la buona volontà si può ottenere molto, forse tutto.	**Wille** *m* Mit gutem Willen kann man viel erreichen, vielleicht sogar alles.

«2001–4000»

avaro [aˈvaːro], **-a** *agg.* I bambini erano tristi di avere un padre così avaro.	**geizig** Die Kinder waren traurig, einen so geizigen Vater zu haben.
coraggioso [korad-ˈdʒoːso], **-a** *agg.* Nonostante fosse coraggiosa le tremavano le mani.	**mutig** Obwohl sie mutig war, zitterten ihr die Hände.
crudele [kruˈdɛːle] *agg.* Che gente! Amano i cani e sono crudeli con i bambini!	**grausam** Was sind das doch für Leute! Sie lieben die Hunde und sind grausam zu Kindern!
cura [ˈkuːra] *f* Un lavoro eseguito con cura si paga più volentieri.	**Sorgfalt** *f* Eine mit Sorgfalt durchgeführte Arbeit wird lieber bezahlt.
curiosità [kuriosiˈta] *f* (*unv.*) La troppa curiosità può essere pericolosa.	**Neugier(de)** *f* Zu große Neugier kann gefährlich sein.
fedele [feˈdeːle] *agg.* E' sempre rimasta fedele ai suoi principi.	**treu** Sie ist ihren Grundsätzen immer treu geblieben.
generoso [dʒeneˈroːso], **-a** *agg.* Siamo venuti a ringraziarti per il tuo generoso aiuto.	**großzügig** Wir sind gekommen, um dir für deine großzügige Hilfe zu danken.
onesto [oˈnɛsto], **-a** *agg.* E' stato onesto da parte vostra avvisarlo subito.	**ehrlich, anständig** Es war anständig von euch, ihn sofort zu benachrichtigen.
orgoglio [orˈgɔːʎo] *m* Il suo orgoglio è veramente esagerato.	**Stolz** *m*, **Hochmut** *m* Sein Stolz ist wahrhaftig übertrieben.
pigro [ˈpiːgro], **-a** *agg.* Se non fosse così pigro avrebbe fatto una brillante carriera.	**faul** Wenn er nicht so faul wäre, hätte er eine glänzende Karriere gemacht.
timido [ˈtiːmido], **-a** *agg.* E' troppo timida per parlare con uno sconosciuto.	**schüchtern** Sie ist zu schüchtern, um einen Fremden anzusprechen.
violento [vioˈlɛnto], **-a** *agg.* Dopo aver bevuto molti diventano violenti.	**gewalttätig, gewaltsam** Viele Menschen werden gewalttätig, wenn sie getrunken haben.

virtù [vir'tu] *f* (*unv.*) Qualche volta bisogna fare della necessità una virtù.	**Tugend** *f* Manchmal muß man aus der Not eine Tugend machen.
vivace [vi'vaːtʃe] *agg.* Mia cara, i bambini sono vivaci, vogliono giocare!	**lebhaft** Meine Liebe, Kinder sind lebhaft, sie wollen spielen!

1.1.1.5 POSITIVE UND NEUTRALE GEFÜHLE

«1–2000»

affetto [af-'fɛt-to] *m* Ha sempre provato un profondo affetto verso i suoi vecchi scolari.	**Zuneigung** *f* Er hat immer eine tiefe Zuneigung für seine ehemaligen Schüler empfunden.
amare [a'maːre] *v.* Dopo tanti anni si amano ancora.	**lieben** Nach so vielen Jahren lieben sie sich noch immer.
amore [a'moːre] *m* Lo hanno fatto più per amore che per convinzione.	**Liebe** *f* Sie haben es mehr aus Liebe als aus Überzeugung getan.
aver voglia [aver'vɔːʎa] Ho voglia di fare una passeggiata, vieni anche tu?	**Lust haben** Ich habe Lust, einen Spaziergang zu machen, kommst du mit?
commuovere [kom-mu'ɔːvere] *v.* (*irr.* 46) Si abbracciarono e baciarono commossi fino alle lacrime.	**bewegen, rühren** Zu Tränen gerührt, umarmten und küßten sie sich.
contento [kon'tɛnto], **-a** (di) Voi non potete sapere come sono contento di essere qui.	**zufrieden** (mit), **froh** (über) Ihr könnt euch nicht vorstellen, wie froh ich bin, hier zu sein.
divertire [diver'tiːre], **(-rsi)** *v.* Sono andati al cinema, ma non si sono divertiti.	**(sich) amüsieren, (sich) vergnügen** Sie sind ins Kino gegangen, aber sie haben sich nicht amüsiert.
felice [fe'liːtʃe] *agg.* Credimi, tu hai tutto per esser felice.	**glücklich** Glaub mir, du hast alles, um glücklich zu sein.
felicità [felitʃi'ta] *f* (*unv.*) La felicità di quei due non durerà a lungo.	**Glück** *n*, **Freude** *f* Das Glück dieser beiden wird nicht lange dauern.

gioia [ˈdʒɔːia] *f* Pazzo di gioia gridava: «Ho vinto, ho vinto!»	**Freude** *f* Außer sich vor Freude schrie er: „Ich habe gewonnen, ich habe gewonnen!"
godere [goˈdeːre] *v.* (*irr.* 41) Vorrei godere queste vacanze con la mia famiglia.	**genießen, sich erfreuen** Ich möchte diese Ferien mit meiner Familie genießen.
innamorarsi [in-namoˈrarsi] *v.* Si sono innamorati l'uno dell'altro fin dal primo momento.	**sich verlieben** Schon vom ersten Augenblick an waren sie ineinander verliebt.
meraviglioso [meraviˈʎoːso], **-a** *agg.* Certi momenti meravigliosi si ripetono raramente.	**wunderbar, fabelhaft** Gewisse wunderbare Augenblicke wiederholen sich selten.
passione [pas-siˈoːne] *f* Si dedicano con molta passione al loro lavoro.	**Leidenschaft** *f* Sie widmen sich ihrer Arbeit mit viel Leidenschaft.
piacere [piaˈtʃeːre] *m* Le tue parole le hanno fatto molto piacere.	**Freude** *f*, **Vergnügen** *n* Deine Worte haben ihr große Freude gemacht.
piacere [piaˈtʃeːre] *v.* (*irr.* 53; essere) Vi è piaciuta la commedia?	**gefallen** Hat euch die Komödie gefallen?
ridere [ˈriːdere] *v.* (*irr.* 62) E' veramente un piacere sentirla ridere di nuovo.	**lachen** Es ist wirklich eine Freude, sie wieder lachen zu hören.
scherzare [skerˈtsaːre] *v.* Ma io non scherzo, dico davvero.	**Spaß machen, scherzen** Aber ich mache keinen Spaß, ich meine es wirklich so.
sentirsi [senˈtirsi] *v.* Vedrà che presto si sentirà meglio.	**sich fühlen** Sie werden sehen, daß Sie sich bald besser fühlen.
sorprendere [sorˈprɛndere] *v.* (*irr.* 57) La sua visita ci ha proprio sorpresi.	**überraschen** Sein Besuch hat uns wirklich überrascht.
sorridere [sor-ˈriːdere] *v.* (*irr.* 62) E' bello vederti sorridere.	**lächeln** Es ist schön, dich lächeln zu sehen.

sorriso [sor-ˈriːso] *m* Con un sorriso puoi ottenere più che con cento parole.	**Lächeln** *n* Mit einem Lächeln kannst du mehr erreichen als mit vielen Worten.
speranza [speˈrantsa] *f* Gli emigranti partono sempre con la speranza di tornare.	**Hoffnung** *f* Die Auswanderer fahren immer in der Hoffnung ab wieder zurückzukommen.
sperare [speˈraːre] *v.* Speriamo che oggi faccia bel tempo.	**hoffen** Hoffen wir, daß es heute schönes Wetter gibt.
voler bene [volerˈbɛːne] . . . eppure le ho sempre voluto bene.	**mögen, gern haben** . . . und doch habe ich sie immer gern gehabt.

«2001–4000»

calmo [ˈkalmo], **-a** *agg.* Sta calmo, non ti succederà niente!	**ruhig** Bleib ruhig, es wird dir nichts passieren!
entusiasmo [entuziˈazmo] *m* Molti entusiasmi giovanili si sono calmati col tempo.	**Begeisterung** *f* Viel jugendliche Begeisterung hat sich mit der Zeit gelegt.
lieto [liˈɛːto], **-a** *agg.* Siamo lieti di comunicarLe che la Sua nomina è stata accettata.	**fröhlich, froh** Wir freuen uns, Ihnen mitteilen zu können, daß ihre Nominierung angenommen worden ist.
meravigliarsi (di) [meraviˈʎarsi] *v.* Si meraviglia degli improvvisi voltafaccia del marito.	**sich wundern** (über) Sie wundert sich über die plötzliche Sinnesänderung ihres Mannes.
provare [proˈvaːre] *v.* Cosa si prova tornando a casa dopo tanto tempo?	**empfinden, verspüren** Was empfindet man, wenn man nach so langer Zeit wieder nach Hause kommt?
risata [riˈsaːta] *f* Sentita la storia scoppiò in un'allegra risata.	**Lachen** *n*, **Gelächter** *n* Als sie die Geschichte hörte, brach sie in fröhliches Gelächter aus.

soddisfatto [sod-dis'fat-to], **-a** *agg.* Pretende moltissimo da tutti e non è mai soddisfatto.	**zufrieden** Er verlangt von allen sehr viel und ist nie zufrieden.
soddisfazione [sod-disfatsi'oːne] *f* La proposta è stata accolta con grande soddisfazione dalle parti in causa.	**Zufriedenheit** *f* Der Vorschlag wurde von den Beteiligten mit großer Zufriedenheit angenommen.
stupirsi [stu'pirsi] *v.* (-isc-) Mi stupisco che non l'abbia ancora capito.	**(sich) (ver)wundern** Es wundert mich, daß sie das immer noch nicht begriffen hat.
umore [u'moːre] *m* La mattina quando si alza è sempre di buon umore.	**Laune** *f*, **Stimmung** *f* Wenn er morgens aufsteht, ist er immer guter Laune.

1.1.1.6 NEGATIVE EMPFINDUNGEN

«1–2000»

disperare (di) [dispe'raːre] *v.* Ormai si dispera di poter trovare superstiti.	**keine Hoffnung mehr haben** (auf) Man hat nun keine Hoffnung mehr, noch Überlebende zu finden.
(di)spiacere [(di)spia'tʃeːre] *v.* (*irr.* 53; essere) Mi (di)spiace che tu abbia aspettato tanto.	**mißfallen, leid tun** Es tut mir leid, daß du so lange gewartet hast.
disturbare [distur'baːre] *v.* Se non La disturbo, vengo domani pomeriggio.	**stören** Wenn ich Sie nicht störe, komme ich morgen nachmittag.
geloso [dʒe'loːso], **-a** *agg.* Molti mariti italiani sono gelosissimi.	**eifersüchtig** Viele italienische Ehemänner sind sehr eifersüchtig.
noia ['nɔːia] *f* «La noia» è il titolo di un famoso romanzo di Moravia.	**Langeweile** *f* „Die Langeweile" ist der Titel eines bekannten Romans von Moravia.
paura [pa'uːra] *f* La loro più grande paura era (quella) di non trovare lavoro.	**Angst** *f*, **Furcht** *f* Ihre größte Angst war (die), keine Arbeit zu finden.

piangere [pi'andʒere] *v.* (*irr.* 54)	**weinen**
Non poteva sopportare di vedere una donna piangere.	Er konnte es nicht ertragen, eine Frau weinen zu sehen.
preoccupare [preok-ku'pa:re] *v.*	**beunruhigen, besorgt machen**
A scuola erano molto preoccupati per la tua assenza.	In der Schule war man wegen deiner Abwesenheit sehr besorgt.
rabbia ['rab-bia] *f*	**Wut** *f*
Per la rabbia non riuscivano più a dire una parola.	Sie konnten vor Wut kein Wort mehr sprechen.
soffrire [sof-'fri:re] *v.* (*irr.* 50)	**ertragen, ausstehen**
Non posso assolutamente soffrirlo.	Ich kann ihn absolut nicht ausstehen.
temere [te'me:re] *v.*	**(be)fürchten**
Temiamo di aver fatto troppi errori.	Wir fürchten, daß wir zu viele Fehler gemacht haben.
timore [ti'mo:re] *m*	**Befürchtung** *f*
I vostri timori non fanno che rendere tutto più difficile.	Eure Befürchtungen machen alles nur noch komplizierter.
triste ['triste] *agg.*	**traurig**
Su, non essere così triste!	Komm, sei nicht so traurig!

«2001–4000»

amaro [a'ma:ro], **-a** *agg.*	**bitter**
E' una constatazione amara ma vera.	Das ist eine bittere aber wahre Feststellung.
annoiare [an-noi'a:re], **(-rsi)** *v.*	**(sich) langweilen**
Con i suoi discorsi annoierà tutti.	Mit seinen Reden wird er wohl alle langweilen.
arrabbiarsi (per, a causa di) [ar-rab-bi'arsi] *v.*	**sich ärgern** (über)
Si è arrabbiata molto per ciò che hai detto.	Sie hat sich sehr über deine Äußerungen geärgert.
averne abbastanza [a'verne-ab-bas'tantsa]	**genug haben**
Ti prego di smetterla, ne ho abbastanza.	Ich bitte dich aufzuhören, ich habe genug davon.
delusione [deluzi'o:ne] *f*	**Enttäuschung** *f*
Il nuovo film è stato una grossa delusione.	Der neue Film war eine große Enttäuschung.

disturbo [dis'tur-bo] *m* Non posso sopportare più a lungo questi disturbi continui.	**Störung** *f* Diese ständigen Störungen kann ich nicht länger dulden.
doloroso [dolo'ro:so], **-a** *agg.* L'operazione è sì dolorosa ma non pericolosa.	**schmerzhaft, schmerzlich** Die Operation ist wohl schmerzhaft, aber nicht gefährlich.
infelice [infe'li:tʃe] *agg.* In tutti i suoi libri racconta di amori infelici.	**unglücklich** In all seinen Büchern erzählt er von unglücklich Liebenden.
lacrima ['la:krima] *f* Non riusciva più a frenare le lacrime.	**Träne** *f* Sie konnte die Tränen nicht mehr zurückhalten.
nervoso [ner'vo:so], **-a** *agg.* Certi suoi discorsi ci fanno diventare nervosi.	**nervös** Gewisse Tiraden von ihm machen uns nervös.
odio ['ɔ:dio] *m* Nutrivano un odio cieco per loro nemici.	**Haß** *m* Sie hegten blinden Haß gegen ihre Feinde.
pensiero [pensi'ɛ:ro] *m* Il suo viso era segnato dai troppi pensieri.	**Sorge** *f* Ihr Gesicht war von vielen Sorgen gezeichnet.
essere /stare in pensiero (per qn.) ['ɛs-sere/'sta:reinpensi'ɛ:ro] E' continuamente in pensiero per i suoi bambini.	(um jdn) **in Sorge sein, sich** (um jdn) **sorgen** Sie ist ständig in Sorge um ihre Kinder.
spaventarsi [spaven'tarsi] *v.* Sono io, non spaventarti!	**erschrecken** Erschrick nicht, ich bin's!
tristezza [tris'tet-tsa] *f* I suoi occhi tradivano tutta la sua tristezza.	**Traurigkeit** *f* Seine Augen verrieten seine ganze Traurigkeit.
vergognarsi [vergo'ɲarsi] *v.* Dovresti semplicemente vergognarti!	**sich schämen** Du solltest dich einfach schämen!

1.1.1.7 GESUNDHEIT UND KRANKHEIT
(Siehe auch ARZT UND KRANKENHAUS 1.2.8)

«1–2000»

cura [ˈkuːra] *f* La cura migliore è vita all'aria aperta e mangiare sano.	**Kur** *f* Die beste Kur ist: Leben im Freien und gesunde Kost.
curare [kuˈraːre], **(-rsi)** *v.* Se vuoi tornare sano devi curarti.	**(sich) pflegen; behandeln** Wenn du gesund werden willst, mußt du dich pflegen.
debole [ˈdeːbole] *agg.* E' ancora troppo debole per riprendere il lavoro.	**schwach** Er ist noch zu schwach, um die Arbeit wieder aufzunehmen.
dolore [doˈloːre] *m* Da ieri ho forti dolori alla schiena.	**Schmerz** *m* Seit gestern habe ich starke Rückenschmerzen.
fare male [ˈfaːreˈmaːle] Se ti fanno male le orecchie, devi andare dal medico.	**weh tun, schmerzen** Wenn du Ohrenschmerzen hast, mußt du zum Arzt gehen.
farsi male [ˈfarsiˈmaːle] Si è fatta male cadendo per le scale.	**sich weh tun, sich verletzen** Sie ist die Treppe hinuntergestürzt und hat sich verletzt.
febbre [ˈfɛb-bre] *f* Da ieri sera la bambina ha 38 di febbre.	**Fieber** *n* Das Mädchen hat seit gestern abend 38 Grad Fieber.
ferirsi [feˈrirsi] *v.* (-isc-) Per fortuna non si è ferito nessuno.	**sich verletzen** Gott sei Dank hat sich niemand verletzt.
forte [ˈfɔrte] *agg.* Di notte i dolori non sono così forti.	**stark, kräftig** Nachts sind die Schmerzen nicht so stark.
forza [ˈfɔrtsa] *f* A sessant'anni non si ha più la forza di una volta.	**Kraft** *f*, **Stärke** *f* Mit sechzig Jahren hat man nicht mehr die Kraft wie früher.
influenza [influˈɛntsa] *f* E' rimasta a letto una settimana con l'influenza.	**Grippe** *f* Sie ist wegen einer Grippe eine Woche im Bett geblieben.
mal di ... [ˈmaldi. . .] *m* Ho mal di testa e mal di denti.	**...schmerzen** *m/pl.* Ich habe Kopf- und Zahnschmerzen.

(am)malato [(am-)maˈlaːto], **-a** *agg.* Manca da tre giorni perché è malata.	**krank** Sie fehlt seit drei Tagen, weil sie krank ist.
malattia [malat-ˈtiːa] *f* Per fortuna non è una malattia grave.	**Krankheit** *f* Glücklicherweise handelt es sich nicht um eine schwere Krankheit.
prendersi [ˈprɛndersi] *v.* (*irr.* 57) Se non stanno più attenti si prenderanno un'influenza.	**sich zuziehen** Wenn sie nicht besser aufpassen, werden sie sich eine Grippe zuziehen.
rompersi (qc.) [ˈrompersi] *v.* (*irr.* 67) Ieri si è rotto un braccio.	**sich** (etw.) **brechen** Gestern hat er sich einen Arm gebrochen.
salute [saˈluːte] *f* Lo stato di salute del ferito migliora di giorno in giorno.	**Gesundheit** *f* Der Gesundheitszustand des Verletzten bessert sich von Tag zu Tag.
soffrire (di) [sof-ˈfriːre] *v.* (*irr.* 50) Mio cugino soffre spesso di bronchite.	**leiden** (an) Mein Vetter leidet oft an Bronchitis.
stanco [ˈstaŋko], **-a** *agg.* (*pl. m* -chi, *f* -che) Sua madre era troppo stanca per alzarsi.	**müde, erschöpft** Seine Mutter war zu müde, um aufzustehen.
stare bene/male/così così [ˈstaːreˈbɛːne/ˈmaːle/koˈsikoˈsi] Da qualche giorno nostro figlio non sta bene.	**sich wohl /schlecht /einigermaßen fühlen** Unser Sohn fühlt sich seit einigen Tagen nicht wohl.

«2001–4000»

ammalarsi [am-maˈlarsi] *v.* Si sono ammalati proprio all'inizio delle vacanze.	**krank werden, erkranken** Ausgerechnet zu Beginn der Ferien sind sie krank geworden.
cancro [ˈkaŋkro] *m* Nella lotta contro il cancro manca ancora un'arma definitiva.	**Krebs** *m* Im Kampf gegen den Krebs fehlt es noch an einer endgültigen Waffe.

ferita [fe'ri:ta] *f* La ferita ha dovuto essere cucita con otto punti.	**Wunde** *f* Die Wunde mußte mit acht Stichen genäht werden.
ferito [fe'ri:to] *m*, **-a** *f* L'incidente ha provocato per fortuna solo feriti.	**Verletzte(r)** *f*(*m*) Bei dem Unfall gab es zum Glück nur Verletzte.
guarire [gua'ri:re] *v.* (-isc-) Se il paziente non collabora, non guarirà.	**heilen, genesen** Wenn der Patient nicht mitarbeitet, wird er nicht genesen.
indigestione [indidʒesti'o:ne] *f* Dopo un'indigestione mangi solo cibi leggeri.	**Magenverstimmung** *f* Essen Sie nach einer Magenverstimmung nur leichte Kost.
infezione [infetsi'o:ne] *f* Le mosche possono essere portatrici d'infezioni.	**Infektion** *f*, **Entzündung** *f* Fliegen können Infektionsüberträger sein.
perdere i sensi ['pɛrderei'sɛnsi] Alla vista del sangue perse i sensi.	**ohnmächtig werden** Als er das Blut sah, wurde er ohnmächtig.
raffreddore [raf-fred-'do:re] *m* Copriti bene altrimenti ti prendi un raffreddore.	**Schnupfen** *m* Zieh dich warm an, sonst holst du dir einen Schnupfen.
sano ['sa:no], **-a** *agg.* Cara signora, sua figlia è sana come un pesce.	**gesund** Liebe Frau, ihre Tochter ist kerngesund.
sordo ['sordo], **-a** *agg.* Oramai è quasi completamente sordo.	**taub, schwerhörig** Er ist inzwischen fast völlig taub.
stancare [staŋ'ka:re], **-rsi** *v.* Si sono stancati molto prima del previsto.	**ermüden** Sie sind viel eher ermüdet, als vorauszusehen war.
tosse ['tos-se] *f* Per questo sciroppo contro la tosse è obbligatoria la ricetta.	**Husten** *m* Dieser Hustensaft ist rezeptpflichtig.
tossire [tos-'si:re] *v.* (-isc-) Chissà perché ma a teatro c'è sempre gente che tossisce.	**husten** Wer weiß warum, aber im Theater gibt es immer Leute, die husten.

1.1.1.8 LEBEN UND TOD

«1–2000»

crescere [ˈkreʃ-ʃere] *v.* (*irr.* 23; essere)	**wachsen**
Come sono cresciuti in fretta i vostri bambini!	Wie schnell sind eure Kinder gewachsen!
giovane [ˈdʒoːvane] *agg.*	**jung**
Non credevano che l'ingegner Rossi fosse così giovane.	Sie glaubten nicht, daß Ingenieur Rossi noch so jung ist.
infanzia [inˈfantsia] *f*	**Kindheit** *f*
Molti hanno della loro infanzia ricordi molto belli.	Viele haben sehr schöne Erinnerungen an ihre Kindheit.
morire [moˈriːre] *v.* (*irr.* 45; essere)	**sterben**
La nonna è morta all'età di 85 anni.	Großmutter starb im Alter von 85 Jahren.
Muoio dalla voglia di rivederla. (*fig.*)	Ich habe solche Lust, sie wiederzusehen.
E' bella da morire. (*fig.*)	Sie ist unendlich schön.
morte [ˈmɔrte] *f*	**Tod** *m*
In Italia non esiste la pena di morte.	In Italien gibt es die Todesstrafe nicht.
nascere [ˈnaʃ-ʃere] *v.* (*irr.* 47; essere)	**geboren werden**
Negli ultimi anni sono nate più femmine che maschi.	In den letzten Jahren wurden mehr Mädchen als Jungen geboren.
nascita [ˈnaʃ-ʃita] *f*	**Geburt** *f*
Tu sai le date di nascita dei tuoi parenti?	Kennst du die Geburtsdaten deiner Verwandten?
vecchio [ˈvɛk-kio], **-a** *agg.* (*pl. m* -chi)	**alt**
Ma no, a cinquant'anni non sei ancora vecchio!	Aber nein, mit Fünfzig bist du noch nicht alt!
vita [ˈviːta] *f*	**Leben** *n*
Nessuno sapeva se erano ancora in vita.	Niemand wußte, ob sie noch am Leben waren.
vivere [ˈviːvere] *v.* (*irr.* 94; essere)	**leben**
Non si vive per mangiare, ma si mangia per vivere.	Man lebt nicht um zu essen, sondern man ißt um zu leben.

vivo [ˈviːvo], **-a** *agg.*	**lebend, lebendig**
E' un miracolo che sia ancora vivo.	Es ist ein Wunder, daß er noch lebt.

«2001–4000»

anziano [antsiˈaːno], **-a** *agg.*	**alt**
Nessuno aiutava l'anziana signora a salire sul tram.	Niemand half der alten Frau beim Einsteigen in die Straßenbahn.
compleanno [kompleˈan-no] *m*	**Geburtstag** *m*
I miei migliori auguri di buon compleanno!	Meinen herzlichsten Glückwunsch zum Geburtstag!
dare alla luce [ˈdaːreal-laˈluːtʃe]	**gebären, zur Welt bringen**
Gli ha dato alla luce due bambine.	Sie hat ihm zwei Töchter geboren.
gioventù [dʒovenˈtu] *f* (*unv.*)	**Jugend** *f*
La gioventù di oggi non è poi così diversa da quella di un tempo.	Die Jugend von heute ist doch gar nicht so anders als die von früher.
maturo [maˈtuːro], **-a** *agg.*	**reif**
Per la sua età è molto maturo.	Für sein Alter ist er sehr reif.
morto [ˈmɔrto] *m,* **-a** *f*	**Tote(r)** *f*(*m*)
Il morto non ha ancora potuto essere identificato.	Der Tote konnte noch nicht identifiziert werden.
andare in pensione [anˈdaːreinpensiˈoːne] (essere)	**in den Ruhestand treten**
Le donne vanno in pensione a 60 anni, gli uomini a 65.	Frauen treten mit 60 Jahren in den Ruhestand, Männer mit 65.
perdere la vita [ˈpɛrderelaˈviːta]	**umkommen**
I genitori di un amico hanno perso la vita nell'incidente ferroviario di ieri.	Die Eltern eines Freundes sind beim gestrigen Zugunglück umgekommen.
vecchiaia [vek-kiˈaːia] *f*	(hohes) **Alter** *n*
Nonostante la vecchiaia era ancora un attore eccellente.	Trotz seines hohen Alters war er noch ein hervorragender Schauspieler.

1.1.2 AKTIVITÄTEN

1.1.2.1 SINNESWAHRNEHMUNGEN UND KÖRPERFUNKTIONEN

«1–2000»

accorgersi (di qn., qc.) [ak'kɔrdʒersi] *v.* (*irr.* 2)	(jdn, etw.) **wahrnehmen, bemerken**
Se vi accorgete di qualcosa, fatecelo sapere subito.	Wenn ihr etwas bemerkt, sagt uns sofort Bescheid.
addormentarsi [ad-dormen'tarsi] *v.*	**einschlafen**
Erano stanchissimi, si sono addormentati subito.	Sie waren todmüde, sie sind sofort eingeschlafen.
ascoltare [askol'taːre] *v.*	**(an)hören, zuhören**
Quando studio, ascolto volentieri musica classica.	Wenn ich lerne, höre ich gern klassische Musik.
avere caldo / freddo [a'veːre'kaldo/'fred-do]	(einem) **kalt / warm sein**
Per favore chiudi la finestra, ho freddo.	Mach bitte das Fenster zu, mir ist kalt.
dormire [dor'miːre] *v.*	**schlafen**
Per essere in forma devi dormire almeno otto ore.	Um in Form zu sein, mußt du mindestens acht Stunden schlafen.
guardare [guar'daːre] *v.*	**(an)sehen, (an)schauen, (an-)gucken** (F)
Ma guarda chi si trova!	Sieh an, wen man da trifft!
gusto ['gusto] *m*	**Geschmack** *m*
E' una donna che si veste con molto gusto.	Sie ist eine Frau, die sich sehr geschmackvoll anzieht.
osservare [os-ser'vaːre] *v.*	**beobachten, betrachten**
Un quadro così bisogna osservarlo da vicino.	So ein Bild muß man aus der Nähe betrachten.
piacere [pia'tʃeːre] *v.* (*irr.* 53; essere)	**schmecken**
Perché no? Sono sicuro che mi piaceranno.	Warum nicht? Ich bin sicher, sie werden mir schmecken.
respirare [respi'raːre] *v.*	**atmen**
Domenica andiamo in montagna a respirare un po' d'aria buona.	Sonntag fahren wir in die Berge, um ein bißchen gute Luft zu atmen.

sapere di [sa'pe:redi] *v.* (*irr.* 69) Non prendere l'arrosto sa troppo di aglio.	**schmecken nach; riechen nach** Nimm nicht den Braten, er schmeckt zu sehr nach Knoblauch.
sapore [sa'po:re] *m* Il sapore della pasta fatta in casa è unico.	**Geschmack** *m* Der Geschmack der hausgemachten Nudeln ist einzigartig.
senso ['sɛnso] *m* Tutti hanno cinque sensi, pochi anche il senso dell'umore.	**Sinn** *m* Alle haben fünf Sinne, wenige auch den für Humor.
sentire [sen'ti:re] *v.* Molte persone anziane non sentono più molto bene. Sento il suo profumo già prima di vederla.	**hören; fühlen, spüren** Viele ältere Menschen hören nicht mehr gut. Ich rieche ihr Parfüm schon, bevor ich sie sehe.
sognare (di) [so'ɲa:re] *v.* Credo di aver sognato ad occhi aperti.	**träumen** (von) Ich glaube, ich habe mit offenen Augen geträumt.
sogno ['so:ɲo] *m* Il loro sogno è quello di comprare una casa al mare.	**Traum** *m* Ihr Traum ist es, ein Haus am Meer zu kaufen.
sonno ['son-no] *m* Cinque ore di sonno sono troppo poche.	**Schlaf** *m* Fünf Stunden Schlaf sind zuwenig.
avere sonno [a've:re'son-no] Se avete sonno potete andare a letto.	**müde, schläfrig sein** Wenn ihr müde seid, könnt ihr ins Bett gehen.
suono [su'ɔ:no] *m* Il suono della sua voce piace a tutti.	**Klang** *m*, **Ton** *m*, **Laut** *m* Der Klang ihrer Stimme gefällt allen.
svegliarsi [zve'ʎarsi] *v.* Stamattina ci siamo svegliati prima di te.	**aufwachen** Heute morgen sind wir vor dir aufgewacht.
vedere [ve'de:re] *v.* (*irr.* 91) Maria non aveva più visto suo padre da diversi anni.	**sehen** Maria hatte ihren Vater seit mehreren Jahren nicht mehr gesehen.

«2001–4000»

alto ['alto], **-a** *agg.* Ripeta ad alta voce, qui non si sente niente.	**laut** Wiederholen Sie bitte lauter, hier hört man nichts.

basso ['bas-so], **-a** *agg.* — **leise**
Il volume era basso ma si sentiva tutto lo stesso. — Die Lautstärke war niedrig, aber man hörte trotzdem alles.

fiato [fi'aːto] *m* — **Atem** *m*
Dopo la breve corsa era completamente senza fiato. — Nach dem kurzen Lauf war er völlig außer Atem.

forte ['fɔrte] *agg.* — **laut**
Se la musica è troppo forte non si può lavorare. — Wenn die Musik zu laut ist, kann man nicht arbeiten.

occhiata [ok-ki'aːta] *f* — **kurzer, flüchtiger Blick** *m*
Finora ha potuto dare al libro solo un'occhiata. — Er hat bis jetzt nur einen flüchtigen Blick in das Buch werfen können.

piano [pi'aːno], **-a** *agg.* — **leise**
Parla più piano, così ci sentono tutti. — Sprich leiser, sonst hören uns alle.

respiro [res'piːro] *m* — **Atem** *m*
Trattenevano il respiro per la paura. — Aus Angst hielten sie den Atem an.

scorgere ['skɔrdʒere] *v.* (*irr.* 75) — **erblicken**
Nonostante la folla l'aveva scorta subito. — Trotz des Gedränges hatte er sie sofort erblickt.

sensazione [sensatsi'oːne] *f* — **Empfindung** *f*; **Eindruck** *m*
Certe sensazioni sono difficili da descrivere. — Gewisse Empfindungen sind schwer zu beschreiben.

sguardo [zgu'ardo] *m* — **Blick** *m*
Nella maggior parte dei casi gli sguardi tradiscono le emozioni. — In den meisten Fällen verraten die Blicke die Gefühlsregungen.

1.1.2.2 KÖRPERPFLEGE UND HYGIENE

«1–2000»

bagno ['baːɲo] *m* — **Bad** *n*
Un bagno caldo può servire a rilassarsi. — Ein heißes Bad kann zur Entspannung beitragen.

barba ['barba] *f* — **Bart** *m*
Se andiamo a teatro, devo farmi di nuovo la barba. — Wenn wir ins Theater gehen, muß ich mich noch einmal rasieren.

lavare [laˈvaːre], **(-rsi)** *v.* Se vuoi lavarti i capelli, il bagno è libero.	**(sich) waschen** Wenn du dir die Haare waschen möchtest, das Bad ist frei.
lavare a secco [laˈvaːreaˈsek-ko] Possono essere lavati a secco questi pantaloni?	**reinigen** Dürfen diese Hosen gereinigt werden?
polvere [ˈpolvere] *f* Non piove da settimane e nell'aria c'è molta polvere.	**Staub** *m* Seit Wochen regnet es nicht, es ist viel Staub in der Luft.
profumo [proˈfuːmo] *m* Mi serve un buon profumo da donna per fare un regalo.	**Parfüm** *n* Ich brauche ein gutes Damenparfüm als Geschenk.
pulire [puˈliːre] *v.* (-isc-) Cerco qualcuno che venga a pulire il mio appartamento.	**saubermachen, putzen, reinigen** Ich suche jemanden, der meine Wohnung saubermacht.
specchio [ˈspɛk-kio] *m* (*pl.* -chi) Prima di uscire passa delle ore allo specchio.	**Spiegel** *m* Vor dem Ausgehen verbringt sie Stunden vor dem Spiegel.

«2001–4000»

asciugacapelli [aʃ-ʃugakaˈpel-li] *m* (*unv.*) Il mio asciugacapelli è rotto, mi presti il tuo?	**Haartrockner** *m*, **Fön** *m* Mein Fön ist kaputt, würdest du mir deinen leihen?
asciugamano [aʃ-ʃugaˈmaːno] *m* Nell'hotel gli asciugamani vengono cambiati due volte al giorno.	**Handtuch** *n* In dem Hotel werden die Handtücher täglich zweimal gewechselt.
asciugare [aʃ-ʃuˈgaːre] *v.* Con che cosa posso asciugarmi le mani?	**(ab)trocknen** Womit kann ich mir die Hände abtrocknen?
bagnoschiuma [baɲoskiˈuːma] *m* (*unv.*) Vorrei un bagnoschiuma all'essenza di rosmarino.	**Schaumbad** *n* Ich möchte ein Rosmarin-Schaumbad.
crema [ˈkrɛːma] *f* Molte creme le trovi anche in farmacia.	**Creme** *f* Viele Cremes bekommst du auch in der Apotheke.

dentifricio [dentiˈfriːtʃo] *m* (*pl.* -ci) Gli serviva un dentifricio per denti sensibili.	**Zahnpasta** *f* Er benötigte eine Zahnpasta für empfindliche Zähne.
doccia [ˈdot-tʃa] *f* (*pl.* -ce) Dopo l'allenamento volevano tutti fare la doccia.	**Dusche** *f* Nach dem Training wollten alle unter die Dusche.
dopobarba [dopoˈbarba] *m* (*unv.*) Il nuovo dopobarba ha un profumo molto piacevole.	**Rasierwasser** *n* Das neue Rasierwasser hat einen sehr angenehmen Duft.
igiene [iˈdʒɛːne] *f* Un'attenta igiene del corpo aiuta ad evitare molte malattie.	**Hygiene** *f* Eine sorgfältige Körperpflege hilft, viele Erkrankungen zu vermeiden.
macchia [ˈmak-kia] *f* Certe macchie d'olio non sono facili da eliminare.	**Fleck** *m* Gewisse Ölflecke sind nicht einfach wegzukriegen.
pettinare [pet-tiˈnaːre], **(-rsi)** *v.* Cinque minuti fa si stava pettinando in bagno.	**(sich) kämmen** Vor fünf Minuten war sie im Bad dabei, sich zu kämmen.
pettine [ˈpɛt-tine] *m* No, non voglio un pettine di plastica.	**Kamm** *m* Nein, ich will keinen Plastikkamm.
pulizia [puliˈtsiːa] *f* La sua mania per la pulizia era proverbiale.	**Sauberkeit** *f* Sein Sauberkeitsfimmel war sprichwörtlich.
radersi [ˈraːdersi] *v.* Con una barba così deve radersi due volte al giorno.	**sich rasieren** Bei so einem Bart muß er sich täglich zweimal rasieren.
rasoio elettrico [raˈsoːioeˈlɛttriko] *m* (*pl.* rasoi elettrici) Questo rasoio elettrico funziona a batterie.	**Elektrorasierer** *m* Dieser Elektrorasierer funktioniert mit Batterien.
saponetta [sapoˈnet-ta] *f* Prendi questa saponetta, è apposta per la pelle del viso.	**Toilettenseife** *f* Nimm diese Toilettenseife, sie ist speziell für die Gesichtshaut.
spazzola [ˈspat-tsola] *f* Non trovo più la mia spazzola per capelli.	**Bürste** *f* Ich finde meine Haarbürste nicht mehr.

spazzolino (da denti) [spattso'li:no(da'dɛnti)] *m* Ogni tre mesi è consigliabile cambiare lo spazzolino da denti.	**Zahnbürste** *f* Es ist ratsam, die Zahnbürste alle drei Monate zu wechseln.
sporco ['spɔrko], **-a** *agg.* (*pl. m* -chi, *f* -che) Non mettere la biancheria in quel cassetto, è ancora sporco.	**schmutzig, dreckig** Leg die Wäsche nicht in diese Schublade, sie ist noch schmutzig.
(farsi) tagliare i capelli [('farsi)ta'ʎa:reika'pel-li] Mi hanno tagliato i capelli troppo corti.	**(sich) die Haare schneiden (lassen)** Man hat mir die Haare zu kurz geschnitten.
truccarsi [truk-'karsi] *v.* Prima di uscire si trucca per ore.	**sich schminken** Bevor sie ausgeht, schminkt sie sich stundenlang.

1.1.2.3 TUN (ALLGEMEIN)

«1–2000»

abitudine [abi'tu:dine] *f* E' uno che non sa cambiare le sue abitudini.	**(An-)Gewohnheit** *f* Er ist jemand, der seine Gewohnheiten nicht ändern kann.
affrontare (qn. *oder* qc.) [affron'ta:re] *v.* E' ora di affrontare decisamente la situazione.	(jdm *oder* etw.) **entgegentreten;** (etw.) **in Angriff nehmen** Es ist Zeit, der Situation entschieden entgegenzutreten.
arrivare (a fare qc.) [ar-ri'va:re] *v.* (essere) Oggi non arriviamo più a fare niente.	**es fertigbringen, es schaffen** (etw. zu tun) Heute schaffen wir nichts mehr.
attività [at-tivi'ta] *f* (*unv.*) La sua attività gli lascia poco tempo per la famiglia.	**Tätigkeit** *f* Seine Tätigkeit läßt ihm wenig Zeit für die Familie.
azione [atsi'o:ne] *f* Ci serve un uomo d'azione.	**Tat** *f*, **Handlung** *f* Wir brauchen einen Mann der Tat.
bisogna (+ *inf.*) [bi'zo:ɲa] Bisogna far venire subito un medico.	**man muß** (+ *inf.*) Man muß sofort einen Arzt kommen lassen.

bisogna che (+ *cong.*) [bi'zoːɲake]	**es ist nötig, daß**
Bisogna che gli telefoni prima delle nove.	Du mußt ihn vor neun Uhr anrufen.
cavarsela [ka'varsela] *v.*	**zurechtkommen**
Bravi, sapete cavarvela molto bene da soli.	Toll, ihr könnt sehr gut allein zurechtkommen.
compiere ['kompiere] *v.* (*irr.* 14)	**ausführen, erfüllen**
A volte compiere il proprio dovere è troppo poco.	Manchmal ist es zu wenig, bloß seine Pflicht zu erfüllen.
concludere [koŋ'kluːdere] *v.* (*irr.* 16)	**abschließen, beenden**
Concludendo vorrei ringraziare tutti i colleghi ...	Abschließend möchte ich allen Kollegen danken ...
darsi da fare ['darsida'faːre]	**sich bemühen**
Si sono dati molto da fare per trovare un appartamento.	Sie haben sich sehr bemüht, eine Wohnung zu finden.
decidere (di) [de'tʃiːdere] *v.* (*irr.* 26)	**beschließen** (zu), **entscheiden**
I lavoratori hanno deciso di scioperare.	Die Arbeiter haben beschlossen zu streiken.
decidersi (a + *inf.*) [de'tʃiːdersi] *v.* (*irr.* 26)	**sich entschließen** (zu + *inf.*)
Dopo molte preghiere si è deciso a parlare.	Nach vielem Bitten hat er sich entschlossen zu sprechen.
decisione [detʃizi'oːne] *f*	**Entschluß** *m*, **Entscheidung** *f*
Cercherò di rispettare la vostra decisione.	Ich werde versuchen, euren Entschluß zu respektieren.
difficile [dif-'fiːtʃile] *agg.*	**schwer, schwierig**
Questo lavoro è troppo difficile per lui.	Für ihn ist diese Arbeit zu schwer.
facile ['faːtʃile] *agg.*	**leicht, einfach**
Non è stato facile convincerlo.	Es war nicht einfach, ihn zu überzeugen.
farcela ['fartʃela] *v.* (*irr.* 39)	**es schaffen; gelingen**
Sono stanchi, non ce la fanno più.	Sie sind müde, sie schaffen es nicht mehr.
fare ['faːre] *v.* (*irr.* 39)	**machen, tun**
In un anno hai fatto molti progressi.	In einem Jahr hast du viele Fortschritte gemacht.
Cosa avete fatto?	Was habt ihr getan?
Faccia come crede!	Machen Sie es, wie Sie meinen!

fatica [fa'ti:ka] *f* (*pl.* -che) Quanta fatica per niente!	**Mühe** *f*, **Anstrengung** *f* Wieviel vergebliche Mühe!
fissare [fis-'sa:re] *v.* Dobbiamo fissare un nuovo appuntamento, domani non posso.	**festlegen, verabreden** Wir müssen einen neuen Termin festlegen, morgen kann ich nicht.
giungere ['dʒundʒere] *v.* (*irr.* 40; essere) E' giunto al punto in cui da solo non ce la fa più. Sono giunti ad accusarlo perfino di furto.	**erreichen, anlangen; es fertigbringen** Er hat den Punkt erreicht, an dem er allein nicht mehr weiterkommt. Sie haben es fertiggebracht, ihn sogar des Diebstahls zu beschuldigen.
intenzione [intentsi'o:ne] *f* Nessuno sapeva quali fossero le sue intenzioni.	**Absicht** *f* Niemand wußte, welche Absichten er hatte.
mettersi ['met-tersi] *v.* (*irr.* 43) Si è messa a letto con la febbre molto alta.	**sich legen, sich setzen, sich stellen** Sie hat sich mit hohem Fieber ins Bett gelegt.
mettersi a (+ *inf.*) ['met-tersia] *v.* (*irr.* 43) Vedendolo si sono messi a ridere.	**beginnen zu** (+ *inf.*) Als sie ihn sahen, begannen sie zu lachen.
occuparsi (di) [ok-ku'parsi] *v.* Si occupano da molti anni di diritto internazionale.	**sich beschäftigen** (mit) Sie beschäftigen sich seit vielen Jahren mit internationalem Recht.
potere [po'te:re] *v.* (*irr.* 56) Abbiamo fatto quello che potevamo.	**können** Wir haben getan, was wir konnten.
preparare [prepa'ra:re], **(-rsi)** *v.* Si erano già preparati un'ora prima della partenza.	**(sich) vorbereiten** Sie hatten sich schon eine Stunde vor der Abfahrt fertiggemacht.
proposito [pro'pɔ:zito] *m* A volte i migliori propositi non servono a niente.	**Absicht** *f*, **Vorsatz** *m* Manchmal nützen die besten Vorsätze nichts.
prova ['prɔ:va] *f* Purtroppo è fallita anche la seconda prova.	**Probe** *f*, **Versuch** *m* Leider ist auch der zweite Versuch gescheitert.

provare [pro'va:re] *v.* — **probieren, versuchen**
Abbiamo provato a telefonargli, ma non c'era. — Wir haben versucht ihn anzurufen, aber er war nicht da.

riposare [ripo'sa:re], **(-rsi)** *v.* — **(sich) ausruhen**
Se sei stanco, riposati un po'. — Wenn du müde bist, ruh dich ein wenig aus.

riuscire [riuʃ-'ʃi:re] *v.* (*irr.* 89; essere) — **gelingen, Erfolg haben, es schaffen**
In pochi anni è riuscito a diventare presidente. — Es ist ihm in wenigen Jahren gelungen, Vorsitzender zu werden.

stabilire [stabi'li:re] *v.* (-isc-) — **entscheiden, festsetzen**
E' stato stabilito di non alzare i prezzi. — Es wurde entschieden, die Preise nicht zu erhöhen.

tentare [ten'ta:re] *v.* — **versuchen**
Non tentare d'ingannarmi! — Versuche nicht, mich zu betrügen!

«2001–4000»

abituare [abitu'a:re], **(-rsi)** (a) *v.* — **(sich) gewöhnen** (an)
Non si è mai abituato al clima freddo del Nord. — Er hat sich nie an das kalte Klima im Norden gewöhnt.

agire [a'dʒi:re] *v.* (-isc-) — **handeln**
Prima di agire dovresti riflettere. — Bevor du handelst, solltest du überlegen.

esagerare [ezadʒe'ra:re] *v.* — **übertreiben**
Forse mio marito ha esagerato un po'. — Vielleicht hat mein Mann ein wenig übertrieben.

giustificare [dʒustifi'ka:re], **(-rsi)** *v.* — **(sich) rechtfertigen**
Non c'è bisogno che ti giustifichi continuamente! — Du mußt dich nicht unentwegt rechtfertigen!

intendere [in'tɛndere] *v.* (*irr.* 85) — **vorhaben, beabsichtigen**
Con le sue parole non intendeva certo offenderti. — Er hatte sicher nicht vor, dich mit seinen Worten zu beleidigen.

occupato [ok-ku'pa:to], **-a** *agg.* — **beschäftigt**
E' così occupato con il suo lavoro che non esce più. — Er ist so mit seiner Arbeit beschäftigt, daß er nicht mehr ausgeht.

occupazione [ok-kupatsiˈoːne] *f*	**Beschäftigung** *f*
E' un'occupazione noiosa ma pagata bene.	Es ist eine langweilige, aber gut bezahlte Beschäftigung.
opera [ˈɔːpera] *f*	**Werk** *n*, **Arbeit** *f*
La censura ha fatto sequestrare la sua ultima opera.	Die Zensur hat sein letztes Werk beschlagnahmen lassen.
pena [ˈpeːna] *f*	**Mühe** *f*
Credi che ne valga la pena?	Meinst du, es ist der Mühe wert?
prendere parte (a) [ˈprɛndere-ˈparte]	**teilnehmen** (an)
Alla dimostrazione hanno preso parte più di 200 mila persone.	An der Demonstration haben mehr als zweihunderttausend Personen teilgenommen.
progetto [proˈdʒɛt-to] *m*	**Plan** *m*, **Vorhaben** *n*
Si parla di nuovi progetti per l'Autostrada del Sole.	Man spricht von neuen Vorhaben für die Autostrada del Sole.
realizzare [realid-ˈdʒaːre] *v.*	**verwirklichen**
Dopo tanti anni ha realizzato il suo più grande desiderio.	Nach vielen Jahren hat sie ihren größten Wunsch verwirklicht.
rinnovare [rin-noˈvaːre] *v.*	**erneuern**
La facciata dell'edificio dev'essere completamente rinnovata.	Die Fassade des Gebäudes muß völlig erneuert werden.
sforzarsi [sforˈtsarsi] *v.*	**sich anstrengen, sich bemühen**
Si sforzavano di stare svegli.	Sie strengten sich an, um wach zu bleiben.
sforzo [ˈsfɔrtso] *m*	**Anstrengung** *f*
Tutti gli sforzi delle squadre di soccorso sono stati invano.	Alle Anstrengungen der Rettungsmannschaften waren umsonst.
starci [ˈstartʃi] *v.* (*irr.* 82; essere)	**mitmachen**
Ci sto anch'io!	Ich mache auch mit!
tentativo [tentaˈtiːvo] *m*	**Versuch** *m*
Sono riusciti all'ultimo tentativo.	Sie haben es beim letzten Versuch geschafft.

1.1.2.4 SICHBEWEGEN UND VERWEILEN

«1–2000»

alzarsi [alˈtsarsi] *v.*	**aufstehen**
Ieri mi sono alzato alle sette.	Gestern bin ich um sieben Uhr aufgestanden.

andare [anˈdaːre] *v.* (*irr.* 3; essere)	**gehen, fahren**
Se andate in città, potreste comprare il giornale?	Könntet ihr die Zeitung kaufen, wenn ihr in die Stadt geht?
andarsene [anˈdarsene] *v.* (*irr.* 3)	**weggehen**
Se n'è andato senza salutare nessuno.	Er ist weggegangen, ohne sich von jemandem zu verabschieden.
arrivare [ar-riˈvaːre] *v.* (essere)	**ankommen, eintreffen**
Il treno è arrivato con un quarto d'ora di ritardo.	Der Zug ist mit einer Viertelstunde Verspätung angekommen.
aspettare [aspet-ˈtaːre] *v.*	**erwarten, warten (auf)**
Ti aspetto da più di un'ora.	Ich warte seit mehr als einer Stunde auf dich.
attendere [at-ˈtɛndere] *v.* (*irr.* 85)	**erwarten, warten auf**
Hanno atteso sue notizie tutto il giorno.	Sie haben den ganzen Tag auf Nachrichten von ihm gewartet.
avanzare [avanˈtsaːre] *v.*	**vorwärtsgehen, -kommen, vorankommen**
A causa di lavori in corso si avanzava molto lentamente.	Wegen einer Baustelle kam man sehr langsam voran.
buttarsi (su) [but-ˈtarsi] *v.*	**sich werfen, sich stürzen** (in, auf)
Contento di aver finito, si buttò su una poltrona.	Froh, daß er fertig war, warf er sich in einen Sessel.
cadere [kaˈdeːre] *v.* (*irr.* 10; essere)	**fallen, stürzen**
Sono caduto scendendo le scale.	Als ich die Treppe hinunterging, bin ich gefallen.
camminare [kam-miˈnaːre] *v.* (avere)	**gehen, laufen**
Non c'è fretta, camminate più lentamente.	Geht langsamer, wir haben es nicht eilig.
correre [ˈkor-rere] *v.* (*irr.* 21; essere)	**laufen, rennen**
Correva tutti i giorni almeno un'ora.	Er lief täglich mindestens eine Stunde.
fermarsi [ferˈmarsi] *v.*	**stehenbleiben; sich aufhalten**
Si sono fermati a parlare con il portiere.	Sie sind stehengeblieben, um mit dem Pförtner zu sprechen.

fuggire (da) [fud-ˈdʒiːre] *v.* (essere)	**fliehen, flüchten** (von, aus)
Siamo fuggiti dalla spiaggia, perché cominciava a piovere.	Wir sind vom Strand geflüchtet, weil es zu regnen anfing.
muoversi [muˈɔːversi] *v.* (*irr.* 46)	**sich bewegen, sich rühren**
Non muoverti mentre faccio la foto.	Beweg dich nicht, während ich das Foto mache.
passare [pas-ˈsaːre] *v.* (essere)	**vorbeigehen, -kommen**
Passerò domani a prendere le chiavi.	Ich komme morgen vorbei, um die Schlüssel zu holen.
passo [ˈpas-so] *m*	**Schritt** *m*
Ecco la mamma, la riconosco al passo.	Das ist die Mama, ich erkenne sie am Schritt.
restare [resˈtaːre] *v.* (essere)	**bleiben**
Quanti giorni restate ancora?	Wieviel Tage bleibt ihr noch?
rientrare [rienˈtraːre] *v.* (essere)	**zurück-, heimkommen**
Rientrerà solo verso le otto.	Er wird erst gegen acht Uhr zurückkommen.
rimanere [rimaˈneːre] *v.* (*irr.* 64; essere)	**bleiben**
Non vi rimane più molto tempo fino all'esame.	Es bleibt euch nicht mehr sehr viel Zeit bis zur Prüfung.
ritornare [ritorˈnaːre] *v.* (essere)	**zurückkehren**
Dobbiamo ritornare a Roma la settimana prossima.	Wir müssen nächste Woche nach Rom zurückkehren.
salire [saˈliːre] *v.* (*irr.* 68; essere)	**hinaufgehen, -steigen, -fahren; einsteigen**
Sale sempre le scale a piedi.	Er geht die Treppe immer zu Fuß hinauf.
Alcuni viaggiatori sono saliti sull'aereo all'ultimo momento.	Einige Reisende sind im letzten Augenblick ins Flugzeug gestiegen.
scappare [skap-ˈpaːre] *v.*	**weglaufen, entweichen, sich davonmachen** (F)
Scusatemi, ma adesso devo proprio scappare.	Entschuldigt mich, aber jetzt muß ich wirklich weg.
scendere [ˈʃendere] *v.* (*irr.* 71; essere)	**hinuntergehen, -steigen, -fahren; aussteigen**
E' sceso in cantina a prendere del vino.	Er ist in den Keller hinuntergegangen, um Wein zu holen.
Per Piazza San Pietro dovete scendere alla prossima fermata.	Zum Petersplatz müßt ihr an der nächsten Haltestelle aussteigen.

sedere [seˈdeːre], **(-rsi)** *v.* (*irr.* 77; essere)	**sitzen, sich setzen**
Sedetevi un momento, cominciamo subito.	Setzt euch einen Moment, wir fangen gleich an.
seguire (qn.) [seguˈiːre] *v.* (avere)	(jdm) **folgen**
Lo seguiva senza dire una parola.	Sie folgte ihm, ohne ein Wort zu sagen.
stare [ˈstaːre] *v.* (*irr.* 82; essere)	**bleiben, sich aufhalten**
Staranno a Firenze per tre giorni.	Sie werden drei Tage in Florenz bleiben.
star fermo [starˈfermo]	**ruhig bleiben, still halten**
Stando in piedi fermo mi stanco più che a camminare.	Wenn ich still stehe, ermüde ich schneller als beim Gehen.
stare in piedi [ˈstaːreinpiˈɛːdi]	**stehen**
Se arrivate troppo tardi, starete in piedi!	Wenn ihr zu spät kommt, werdet ihr stehen müssen!
tornare [torˈnaːre] *v.* (essere)	**heimkehren, zurückkommen**
Non so quando tornano.	Ich weiß nicht, wann sie zurückkommen.
trattenersi [trat-teˈnersi] *v.* (*irr.* 86)	**sich aufhalten, bleiben**
Ci tratterremo alcuni giorni dalla zia.	Wir werden einige Tage bei der Tante bleiben.
uscire [uʃ-ˈʃiːre] *v.* (*irr.* 89; essere)	**(hin)ausgehen, herauskommen**
Usciamo insieme stasera?	Gehen wir heute abend zusammen aus?
venire [veˈniːre] *v.* (*irr.* 92; essere)	**kommen**
Viene per la prima volta in Italia?	Kommen Sie das erste Mal nach Italien?

«2001–4000»

accomodarsi [ak-komoˈdarsi] *v.*	**es sich bequem machen, Platz nehmen**
Per favore si accomodi, vengo subito.	Bitte machen Sie es sich bequem, ich komme sofort.
andare a dormire [anˈdaːreadorˈmiːre]	**schlafen gehen**
Sono stanco, vado a dormire.	Ich bin müde, ich gehe jetzt schlafen.

andare a letto [anˈdaːreaˈlɛt-to]	**ins Bett gehen**
Non va mai a letto prima delle 10.	Sie geht nie vor 10 Uhr ins Bett.
attesa [at-ˈteːsa] *f*	**Warten** *n*
L'attesa sembrava non finire mai.	Das Warten schien kein Ende zu nehmen.
dirigersi (verso) [diˈriːdʒersi] *v.* (*irr.* 31)	**zugehen** (auf)
Appena lo videro, si diressero subito verso di lui.	Als sie ihn erblickten, gingen sie rasch auf ihn zu.
entrare [enˈtraːre] *v.* (essere)	**eintreten, hineingehen**
Entrate pure, vi seguo immediatamente.	Geht schon hinein, ich komme sofort nach.
gettarsi [dʒet-ˈtarsi] *v.*	**sich stürzen**
Si è gettato nel lavoro per dimenticarla.	Um sie zu vergessen, hat er sich in die Arbeit gestürzt.
procedere [proˈtʃeːdere] *v.* (*irr.* 15; essere)	**vorankommen, vorwärtsgehen**
I lavori procedono benissimo.	Die Arbeiten kommen sehr gut voran.
sbrigarsi [zbriˈgarsi] *v.*	**sich beeilen**
Sbrigati, altrimenti arriviamo troppo tardi!	Beeil dich, sonst kommen wir zu spät!
tremare [treˈmaːre] *v.*	**zittern**
Tremavano per il freddo e per la paura.	Sie zitterten vor Kälte und vor Angst.

1.1.2.5 BEWEGEN VON DINGEN UND LEBEWESEN

«1–2000»

accompagnare [ak-kompaˈɲaː-re] *v.*	**begleiten**
Chi accompagna la nonna alla stazione?	Wer begleitet Oma zum Bahnhof?
agitare [adʒiˈtaːre] *v.*	**schütteln, bewegen**
Agitare prima dell'uso.	Vor Gebrauch schütteln.
allontanare (da) [al-lontaˈnaː-re] *v.*	**entfernen** (von); **beseitigen**
Allontanatevi, è pericoloso.	Entfernt euch, es ist gefährlich.

alzare [al'tsa:re] *v.* Mi aiuti ad alzare questo armadio?	**heben, hochnehmen** Hilfst du mir, diesen Schrank zu heben?
avvicinare [av-vitʃi'na:re] *v.* E' meglio avvicinare la tavola alla finestra.	**heranrücken, näher rücken** Es ist besser, den Tisch näher ans Fenster zu rücken.
buttare (via) [but-'ta:re('vi:a)] *v.* Posso buttare il giornale di ieri?	**wegwerfen, -schütten** Kann ich die Zeitung von gestern wegwerfen?
cavare (da) [ka'va:re] *v.* Non sono riuscito a cavare questo chiodo dalla parete.	**herausnehmen, -ziehen** (aus) Es ist mir nicht gelungen, diesen Nagel aus der Wand herauszuziehen.
condurre [kon'dur-re] *v.* (*irr.* 17) Domani condurremo gli ospiti tedeschi a Pompei.	**führen** Morgen werden wir die deutschen Gäste nach Pompeji führen.
disporre [dis'por-re] *v.* (*irr.* 55) Ha disposto i fiori in un nuovo vaso.	**(an)ordnen; stellen, legen** Sie hat die Blumen in eine neue Vase gestellt.
gettare [dʒet-'ta:re] *v.* E' proibito gettare oggetti dal finestrino.	**(weg)werfen** Es ist verboten, Gegenstände aus dem Zugfenster zu werfen.
girare [dʒi'ra:re] *v.* Gli girava le spalle per nascondere le lacrime.	**drehen, wenden** Sie drehte ihm den Rücken zu, um ihre Tränen zu verbergen.
levare [le'va:re] *v.* Per favore, levate quelle sedie dall'ingresso.	**entfernen, wegschaffen** Bitte schafft diese Stühle vom Eingang weg.
mandare [man'da:re] *v.* Per il suo compleanno gli mandiamo un telegramma.	**schicken, senden** Zu seinem Geburtstag schicken wir ihm ein Telegramm.
mettere ['met-tere] *v.* (*irr.* 43) Dove hai messo le chiavi? Se vuole può mettere la macchina nel nostro garage.	**legen, setzen, stellen** Wo hast du die Schlüssel hingelegt? Wenn Sie wollen, können Sie den Wagen in unsere Garage stellen.
mettere in ordine ['met-tere-in'ordine] Dopo la chiusura hanno dovuto mettere in ordine il negozio.	**aufräumen** Nach Ladenschluß mußten sie das Geschäft aufräumen.

nascondere [nas'kondere] *v.* (*irr.* 48)	**verstecken**
Perché hai nascosto tutte le mie lettere?	Warum hast du alle meine Briefe versteckt?
porre ['por-re] *v.* (*irr.* 55)	**legen, setzen, stellen**
Parlando gli pose una mano sulla spalla.	Während des Gesprächs legte sie ihm eine Hand auf die Schulter.
portare [por'taːre] *v.*	**mitbringen; tragen**
Alla festa hanno portato alcuni amici.	Zu dem Fest haben sie einige Freunde mitgebracht.
portare giù [por'taːre'dʒu]	**hinunterbringen, herunterholen**
Puoi portarmi giù un maglione?	Kannst du mir einen Pullover herunterbringen?
portare su [por'taːre'su]	**hinaufbringen, heraufholen**
Dobbiamo ancora portare su questo divano.	Wir müssen noch diese Couch hinaufbringen.
posare [po'saːre] *v.*	**(hin)legen, (-)setzen, (-)stellen**
Posate giacca e cappotto sul letto.	Legt Jacke und Mantel auf das Bett.
raccogliere [rak-'kɔːʎere] *v.* (*irr.* 13)	**aufheben, auflesen**
In ginocchio sul pavimento raccoglieva le monete cadute.	Auf dem Fußboden knieend las er die hinuntergefallenen Geldstücke auf.
rimettere [ri'met-tere] *v.* (*irr.* 43)	**zurückstellen, -legen, -setzen; wieder stellen, legen, setzen**
Avete rimesso i libri nello scaffale?	Habt ihr die Bücher in das Regal zurückgestellt?
spingere ['spindʒere] *v.* (*irr.* 81)	**schieben, stoßen, drängeln** (F)
Non spingete, c'è posto per tutti!	Drängelt nicht, es ist doch Platz für alle!
tirare [ti'raːre] *v.*	**ziehen**
Per allontanarla, la tirava per un braccio.	Um sie wegzuholen, zog er sie am Arm.
togliere ['tɔːʎere] *v.* (*irr.* 87)	**wegschaffen; entfernen**
Cerca di togliere la macchia dal vestito.	Sie versucht, den Fleck aus dem Kleid zu entfernen.

«2001–4000»

abbassare [ab-bas-ˈsaːre] *v.* Non abbassi le persiane di sera?	**herunterlassen, senken** Läßt du abends nicht die Jalousien herunter?
appendere [ap-ˈpɛndere] *v.* Non sa più dove appendere tutti i suoi quadri.	**aufhängen** Er weiß nicht mehr, wo er alle seine Bilder aufhängen soll.
lanciare [lanˈtʃaːre] *v.* L'industria lancia continuamente nuovi modelli sul mercato.	**werfen, schleudern** Die Industrie wirft ständig neue Modelle auf den Markt.
mollare [mol-ˈlaːre] *v.* Non mollate, devo ancora legare la tenda.	**loslassen** Laßt nicht los, ich muß das Zelt noch festmachen.
riportare [riporˈtaːre] *v.* Quando mi riporti la macchina da scrivere?	**zurückbringen** Wann bringst du mir die Schreibmaschine zurück?
rovesciare [roveʃ-ˈʃaːre] *v.* Voleva prendere il sale e ha rovesciato una bottiglia.	**umstoßen, umwerfen** Er wollte das Salz nehmen und hat dabei eine Flasche umgestoßen.
scuotere [skuˈɔːtere] *v.* (*irr.* 76) Rispondendo scosse la testa.	**schütteln** Bei der Antwort schüttelte er den Kopf.
sollevare [sol-leˈvaːre] *v.* Un uomo da solo non può sollevare questa cassa.	**(hoch)heben** Ein Mann allein kann diese Kiste nicht heben.
trasportare [trasporˈtaːre] *v.* Per trasportare tutto ci vorrà un camion.	**befördern, transportieren** Um alles zu transportieren, wird wohl ein Lastwagen notwendig sein.

1.1.2.6 GEBEN UND NEHMEN

«1–2000»

accettare [at-tʃet-ˈtaːre] *v.* Hanno accettato subito il nostro invito.	**annehmen** Sie haben unsere Einladung sofort angenommen.

concedere [kon'tʃɛːdere] *v.* (*irr.* 15)	**gewähren, zubilligen**
Il governo concede nuovi crediti all'industria.	Die Regierung bewilligt der Industrie neue Kredite.
consegnare [konse'ɲaːre] *v.*	**übergeben, aushändigen**
Quando partiamo, consegniamo sempre le chiavi alla vicina.	Wenn wir wegfahren, übergeben wir immer der Nachbarin die Schlüssel.
dare ['daːre] *v.* (*irr.* 25)	**geben**
E' uno che non dà mai mance.	Er ist jemand, der nie Trinkgeld gibt.
dedicare [dedi'kaːre] *v.*	**widmen**
L'autore dedicò la commedia al suo attore preferito.	Der Autor widmete die Komödie seinem Lieblingsschauspieler.
dividere [di'viːdere] *v.* (*irr.* 35)	**(auf)teilen**
La vincita è stata divisa fra i tre fortunati.	Der Preis wurde unter den drei Gewinnern aufgeteilt.
lasciare [laʃ-'ʃaːre] *v.*	**überlassen, zurücklassen**
Il padrone mi ha lasciato la merce con un ottimo sconto.	Der Chef hat mir die Ware mit einem sehr guten Rabatt überlassen.
offrire [of-'friːre] *v.* (*irr.* 50)	**anbieten**
Cosa posso offrirvi da bere?	Was kann ich euch zu trinken anbieten?
ottenere [ot-te'neːre] *v.* (*irr.* 86)	**erlangen, erhalten**
Ha sempre ottenuto quello che voleva.	Er hat immer erreicht, was er wollte.
passare [pas-'saːre] *v.*	**reichen**
Mi passi sale e pepe, per favore?	Reichst du mir bitte Pfeffer und Salz?
prendere ['prɛndere] *v.* (*irr.* 57)	**nehmen**
Come antipasto prendo prosciutto e melone.	Als Vorspeise nehme ich Schinken und Melone.
prestare [pres'taːre] *v.*	**leihen**
Non hanno voluto prestarci soldi.	Sie wollten uns kein Geld leihen.
procurare [proku'raːre] *v.*	**besorgen, verschaffen**
Dove possiamo procurarci giornali stranieri?	Wo können wir uns ausländische Zeitungen besorgen?

regalare [rega'la:re] *v.*	**schenken**
Per il compleanno gli hanno regalato un orologio d'oro.	Zum Geburtstag haben sie ihm eine goldene Uhr geschenkt.
rendere ['rɛndere] *v.* (*irr.* 60)	**zurückgeben**
Roberto non ci ha ancora reso il denaro prestatogli.	Robert hat uns das ihm geliehene Geld noch nicht zurückgegeben.
ricevere [ri'tʃe:vere] *v.*	**bekommen, erhalten**
Salvatore Quasimodo ha ricevuto nel 1959 il premio Nobel per la letteratura.	Salvatore Quasimodo hat 1959 den Nobelpreis für Literatur erhalten.
tenere [te'ne:re] *v.* (*irr.* 86)	**(be)halten, zurückhalten**
Se possibile, terrei la tua macchina fotografica ancora una settimana.	Wenn es möglich ist, würde ich deinen Fotoapparat gern noch eine Woche behalten.

«2001–4000»

abbandonare [ab-bando'na:re] *v.*	**aufgeben**
Il campione del mondo ha abbandonato la gara.	Der Weltmeister hat das Rennen aufgegeben.
dare a / in prestito ['da:rea / in'prɛstito]	**(ver)leihen**
Le cose date a prestito qualche volta non si rivedono più.	Verliehene Sachen sieht man manchmal nie wieder.
distribuire [distribu'i:re] *v.* (-isc-)	**verteilen**
Le aziende di soggiorno distribuiscono materiale informativo per turisti.	Die Fremdenverkehrsämter verteilen Informationsmaterial für Touristen.
prendere in prestito ['prɛnderein'prɛstito]	**sich (aus)leihen**
Ha preso in prestito un aspirapolvere perché il suo non funziona.	Sie hat sich einen Staubsauger ausgeliehen, weil ihrer defekt ist.
regalo [re'ga:lo] *m*	**Geschenk** *n*
Finora non ho trovato nessun regalo per mio padre.	Bis jetzt habe ich noch kein Geschenk für meinen Vater gefunden.
restituire [restitu'i:re] *v.* (-isc-)	**zurückgeben**
Si rifiutò di restituirle le vecchie lettere.	Er lehnte es ab, ihr die alten Briefe zurückzugeben.

scambiare [skambi'aːre] *v.*
Le gemelle sono così uguali che le scambiano continuamente.
verwechseln; austauschen
Die Zwillinge sehen so völlig gleich aus, daß man sie ständig verwechselt.

scambio ['skambio] *m* (*pl.* -bi)
Lo scambio di opinioni chiarirà le posizioni dei due governi.
Austausch *m*
Der Meinungsaustausch wird die Standpunkte der beiden Regierungen klären.

1.1.2.7 UMGANG MIT DINGEN

«1–2000»

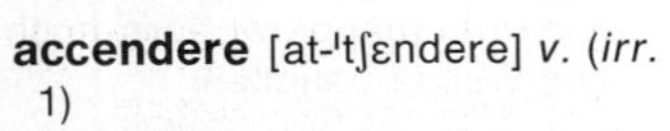

accendere [at-'tʃɛndere] *v.* (*irr.* 1)
Accendiamo la televisione, fra poco c'è il telegiornale.
anmachen, anzünden
Laß uns den Fernseher anmachen, gleich kommen die Nachrichten.

aprire [a'priːre] *v.* (*irr.* 5)
Non aprire la finestra, c'è troppo vento.
aufmachen, öffnen
Mach das Fenster nicht auf, es ist zu windig.

bruciare [bru'tʃaːre] *v.*
Per sbaglio ha bruciato importanti documenti.
verbrennen
Aus Versehen hat er wichtige Dokumente verbrannt.

cancellare [kantʃel-'laːre] *v.*
Riempire il modulo, cancellando le parti che non interessano.
auslöschen, (aus)streichen, durchstreichen
Formular ausfüllen, Nichtzutreffendes streichen.

chiudere [ki'uːdere] *v.* (*irr.* 12)
Hanno chiuso la porta con un gran colpo.
zumachen, schließen
Sie haben die Tür mit einem lauten Knall zugemacht.

conservare [konser'vaːre] *v.*
La mamma ha conservato tutte le foto di quando eravamo bambini.
aufbewahren, aufheben
Mutter hat alle Kinderfotos von uns aufgehoben.

coprire [ko'priːre] *v.* (*irr.* 19)
Copritevi bene, fuori fa molto freddo.
(be)decken, zudecken
Deckt euch gut zu, draußen ist es sehr kalt.

fissare [fis-'saːre] *v.*
Hai qualcosa per fissare questo calendario?
befestigen, festmachen
Hast du etwas, um diesen Kalender zu befestigen?

piegare [pieˈgaːre] *v.* Prima di metterle nell'armadio, le camice vanno stirate e piegate.	**falten, biegen** Bevor sie in den Schrank kommen, werden die Hemden gebügelt und zusammengelegt.
ritirare [ritiˈraːre] *v.* Chi va in città a ritirare il mio vestito?	**(ab)holen; zurückziehen** Wer fährt in die Stadt, um meinen Anzug abzuholen?
rompere [ˈrompere] *v.* (*irr.* 67) Giocando i bambini hanno rotto un vetro.	**(zer)brechen, kaputt machen** Beim Spielen haben die Kinder eine Glasscheibe zerbrochen.
servirsi (di qc.) [serˈvirsi] *v.* Da quando abita qui, non si è mai servito dell'ascensore.	(etw.) **benutzen; sich** (einer Sache) **bedienen** Seitdem er hier wohnt, hat er noch nie den Aufzug benutzt.
spegnere [ˈspɛːɲere] *v.* (*irr.* 79) Per spegnere un fuoco così bisogna far venire i pompieri.	**(aus)löschen, abschalten** Um so ein Feuer zu löschen, muß man die Feuerwehr holen.
stendere [ˈstɛndere] *v.* (*irr.* 85) D'estate è più comodo stendere la biancheria all'aperto.	**ausbreiten**; (*Wäsche*) **aufhängen** Im Sommer ist es bequemer, die Wäsche im Freien aufzuhängen.
strappare [strap-ˈpaːre] *v.* Il ladro le ha strappato la borsetta ed è fuggito.	**(zer)reißen, ausreißen, entreißen** Der Dieb hat ihr die Handtasche weggerissen und ist geflohen.
tagliare [taˈʎaːre] *v.* Mi tagli una fetta di torta?	**(ab)schneiden, zuschneiden** Schneidest du mir ein Stück Torte ab?
tendere [ˈtɛndere] *v.* (*irr.* 85) Sorrideva tendendogli le braccia.	**spannen, strecken** Sie streckte ihm lächelnd die Arme entgegen.
usare [uˈzaːre] *v.* Finirono la traduzione senza usare il vocabolario.	**verwenden, benutzen** Sie beendeten die Übersetzung, ohne das Wörterbuch zu benutzen.
uso [ˈuːzo] *m* No, non è per la ditta ma per uso personale.	**Gebrauch** *m*, **Verwendung** *f* Nein, das ist nicht für die Firma, sondern zum persönlichen Gebrauch.

«2001–4000»

adoperare [adopeˈraːre] *v.*	**verwenden, benutzen**
Non vuole che la figlia adoperi la moto.	Er will nicht, daß die Tochter das Motorrad benutzt.
applicare [ap-pliˈkaːre] *v.*	**auflegen, aufkleben**
Il cerotto va applicato sulla parte dolorante.	Das Pflaster wird auf die schmerzende Stelle geklebt.
avvolgere [av-ˈvɔldʒere] *v.* (*irr.* 66)	**umwickeln, einwickeln**
Avvolgiti in una coperta, starai più caldo.	Wickle dich in eine Decke ein, so wird dir wärmer.
carico [ˈkaːriko), **-a** (di) *agg.* (*pl. m* -chi, *f* -che)	**beladen** (mit)
Una signora carica di pacchetti cercava di attraversare la strada.	Eine mit Päckchen beladene Frau versuchte die Straße zu überqueren.
danneggiare [dan-ned-ˈdʒaːre] *v.*	**beschädigen**
La troppa pioggia ha danneggiato il raccolto dell'uva.	Der viele Regen hat der Traubenernte geschadet.
impiegare [impieˈgaːre] *v.*	**anwenden**
Per fare il pane impiega solo farina integrale.	Zum Brotbacken verwendet er nur Vollkornmehl.
intasare [intaˈsaːre] *v.*	**verstopfen**
Lo scarico è intasato: l'acqua non scorre più.	Der Abfluß ist verstopft, das Wasser fließt nicht mehr ab.
premere [ˈprɛːmere] *v.*	**drücken**
Premere il bottone in caso di emergenza.	Im Notfall Knopf drücken.
staccare [stak-ˈkaːre] *v.*	**abtrennen, abnehmen**
Staccare e conservare come ricevuta.	Abtrennen und als Quittung aufbewahren.
trasformare [trasforˈmaːre] *v.*	**umwandeln**
Il vecchio castello è stato trasformato in un albergo.	Das alte Schloß wurde in ein Hotel umgewandelt.
utilizzare [utilid-ˈdzaːre] *v.*	**verwenden, benutzen**
Per essere competitivi utilizzano i mezzi più moderni.	Um konkurrenzfähig zu sein, benutzen sie die modernsten Mittel.

1.1.2.8 UMGANG MIT DINGEN UND LEBEWESEN

«1–2000»

abbandonare [ab-bando'naːre] *v.*	**verlassen**
Ha abbandonato casa e famiglia ed è scomparso.	Er hat Haus und Familie verlassen und ist verschwunden.
accogliere [ak-'kɔːʎere] *v.* (*irr.* 13)	**aufnehmen; genehmigen**
Lo hanno accolto come un figlio.	Sie haben ihn wie einen Sohn aufgenommen.
aver cura di [aver'kuːradi]	**achtgeben auf, sorgen für**
Ha sempre avuto molta cura della famiglia.	Er hat immer gut für die Familie gesorgt.
badare (a) [ba'daːre] *v.*	**aufpassen, achten** (auf)
E chi bada ai bambini mentre sono fuori?	Und wer paßt auf die Kinder auf, während ich weg bin?
cambiare [kambi'aːre] *v.*	**wechseln, (ver)ändern**
Hanno cambiato parere di nuovo.	Sie haben ihre Meinung wieder geändert.
La nuova pettinatura la cambia completamente.	Die neue Frisur verändert sie völlig.
cercare [tʃer'kaːre] *v.*	**suchen**
Cerchiamo un posto tranquillo dove passare le vacanze.	Wir suchen einen ruhigen Ort, an dem wir die Ferien verbringen können.
cogliere ['kɔːʎere] *v.* (*irr.* 13)	**pflücken**
Durante la passeggiata abbiamo colto molti fiori.	Während des Spaziergangs haben wir viele Blumen gepflückt.
colpo ['kolpo] *m*	**Schlag** *m*, **Stoß** *m*, **Coup** *m* (*fig.*)
Colpo da 500 milioni alla Cassa di Risparmio.	500-Millionen-Coup bei der Sparkasse.
dirigere [di'riːdʒere] *v.* (*irr.* 31)	**leiten**
Il vecchio Carli ha diretto la ditta con mano sicura per più di vent'anni.	Der alte Carli hat die Firma über zwanzig Jahre mit sicherer Hand geleitet.
evitare [evi'taːre] *v.*	**(ver)meiden**
Evitate le polemiche inutili ed avrete meno nemici.	Meidet unnötige Polemiken und ihr werdet weniger Feinde haben.

fermare [fer'maːre] *v.*	**anhalten**
Cercava di fermare qualche auto senza riuscirci.	Er versuchte vergeblich, irgendein Auto anzuhalten.
impedire [impe'diːre] *v.* (-isc-)	**(ver)hindern, hemmen**
Al momento il dottor Bini è impedito, riferirò.	Im Augenblick ist Herr Doktor Bini verhindert, ich werde es ausrichten.
lasciare [laʃ-'ʃaːre] *v.*	**verlassen**
L'ha lasciata dopo tanti anni di matrimonio.	Er hat sie nach vielen Ehejahren verlassen.
legare [le'gaːre] *v.*	**fest-, anbinden, fesseln**
I rapitori l'avevano legata ad una sedia.	Die Entführer hatten sie an einen Stuhl gefesselt.
nascondere [nas'kondere] *v.* (*irr.* 48)	**verstecken, verbergen**
Ha nascosto a tutti le sue vere intenzioni.	Er hat vor allen seine wahren Absichten verborgen.
preoccuparsi (per qn., qc.; di fare qc.) [preok-ku'parsi] *v.*	**sich** (um jdn, etw.) **Sorgen machen; sich bemühen** (um etw.; etw. zu tun); **sich** (um jdn, etw.) **kümmern**
Vi siete preoccupati di avvisare Carlo del nostro arrivo?	Habt ihr euch darum gekümmert, daß Karl von unserer Ankunft benachrichtigt wird?
rovinare [rovi'naːre] *v.*	**beschädigen, verderben**
Con il suo comportamento ha rovinato tutto.	Durch sein Benehmen hat er alles verdorben.
separare [sepa'raːre], **(-rsi)** *v.*	**(sich) trennen**
Le è dispiaciuto molto separarsi da lui.	Es hat ihr sehr leid getan, sich von ihm zu trennen.
stringere ['strindʒere] *v.* (*irr.* 83)	**(zusammen)drücken**
Non vedevo l'ora di stringerla fra le braccia.	Ich konnte es kaum erwarten, sie in die Arme zu schließen.
tenere [te'neːre] *v.* (*irr.* 86)	**halten, behalten**
Vanno sempre in giro tenendosi per mano.	Sie laufen immer Hand in Hand herum.
toccare [tok-'kaːre] *v.*	**berühren, anrühren, anfassen**
Si prega di non toccare la merce esposta.	Es wird darum gebeten, die ausgestellte Ware nicht zu berühren.

trattare [trat-ˈtaːre] *v.*	**behandeln**
Non permetterti un'altra volta di trattarmi così.	Erlaube dir nicht noch einmal, mich so zu behandeln.
trattenere [trat-teˈneːre], **(-rsi)** *v.* (*irr.* 86)	**(sich) auf-, zurückhalten**
Penso che dovrà trattenersi a Berlino (per) una settimana.	Ich denke, er wird sich in Berlin eine Woche aufhalten müssen.
trovare [troˈvaːre] *v.*	**finden; treffen**
Non trovava più il portafoglio.	Er fand die Brieftasche nicht mehr.
D'accordo, ci troviamo tutti da Marisa.	Einverstanden, wir treffen uns alle bei Marisa.

«2001–4000»

afferrare [af-fer-ˈraːre] *v.*	**greifen, packen**
Lo afferrò per un braccio e lo trascinò via.	Er packte ihn am Arm und zog ihn weg.
appoggiare (a) [ap-pod-ˈdʒaːre] *v.*	**anlehnen** (an)
Io non appoggerei la scala così, può cadere.	So würde ich die Leiter nicht anlehnen, sie kann umkippen.
approfittare (di) [ap-profit-ˈtaːre] *v.*	**profitieren** (von)
Tutto il gruppo approfitterà della tua esperienza.	Die ganze Gruppe wird von deiner Erfahrung profitieren.
calmare [kalˈmaːre] *v.*	**beruhigen, lindern**
Queste gocce servono a calmare i dolori.	Diese Tropfen dienen dazu, die Schmerzen zu lindern.
combattere [komˈbat-tere] *v.*	**bekämpfen**
Sembra non vi siano «ricette» sicure per combattere l'inflazione.	Scheinbar gibt es keine sicheren „Rezepte", um die Inflation zu bekämpfen.
tener conto (di qc.) [tenerˈkonto]	(etw.) **berücksichtigen**
Bisogna tener conto di ciò.	Man sollte das berücksichtigen.
esaminare [ezamiˈnaːre] *v.*	**prüfen, untersuchen**
La commissione esamina le proposte nella prossima seduta.	Die Kommission prüft die Vorschläge in der nächsten Sitzung.

lotta [ˈlɔt-ta] *f* La lotta contro la fame nel mondo non è purtroppo conclusa.	**Kampf** *m*, **Ringen** *n* Der Kampf gegen den Hunger in der Welt ist leider noch nicht zu Ende.
proteggere (da) [proˈtɛd-dʒere] *v.* (*irr.* 58) Ecco un'ottima crema per proteggere la pelle dal sole.	**(be)schützen** (vor) Das ist eine sehr gute Creme, um die Haut vor der Sonne zu schützen.
ricorrere (a) [riˈkor-rere] *v.* (*irr.* 21) Hanno deciso di ricorrere alla polizia.	**sich wenden** (an); **greifen** (zu) Sie haben beschlossen, sich an die Polizei zu wenden.
riferirsi a [rifeˈrirsia] *v.* (-isc-) Nessuno capiva a cosa si riferissero.	**sich beziehen, sich berufen auf** Niemand verstand, worauf sie sich bezogen.
rinchiudere [riŋkiˈuːdere] *v.* (*irr.* 12) L'oro è stato subito rinchiuso in cassaforte.	**einschließen, verschließen** Das Gold wurde sofort im Tresor eingeschlossen.
sopportare [sop-porˈtaːre] *v.* Molte piante sopportano male il freddo.	**ertragen, vertragen** Viele Pflanzen vertragen Kälte schlecht.
sostenere [sosteˈneːre] *v.* (*irr.* 86) I moltissimi tifosi sostengono la loro squadra applaudendo e gridando.	**unterstützen, beistehen** Die zahlreichen Fans unterstützen ihre Mannschaft durch Applaus und Zurufe.
sostituire (con) [sostituˈiːre] *v.* (-isc-) Sostituiranno il vecchio guardiano con uno più giovane.	**ersetzen** (durch), **auswechseln** Sie werden den alten Wächter durch einen jüngeren ersetzen.
trascurare [traskuˈraːre] *v.* Trascura completamente il suo aspetto esteriore.	**vernachlässigen** Er vernachlässigt völlig seine äußere Erscheinung.

1.1.2.9 LERNEN UND WISSEN
(Siehe auch SCHULE UND AUSBILDUNG 1.2.4)

(Siehe auch SCHULE UND AUSBILDUNG 1.2.4)

«1–2000»

capace (di) [kaˈpaːtʃe] *agg.* Certe persone sono capaci di tutto.	**fähig** (zu) Manche Menschen sind zu allem fähig.
conoscenza [konoʃ-ˈʃɛntsa] *f* Cercasi segretaria con buone conoscenze del tedesco.	**Kenntnis** *f* Sekretärin mit guten Deutschkenntnissen gesucht.
conoscere [koˈnoʃ-ʃere] *v.* (*irr.* 18) Sempre più gente conosce oggi sempre più lingue.	**kennen, können** Immer mehr Menschen können heute immer mehr Sprachen.
conosciuto [konoʃ-ˈʃuːto], **-a** *agg.* La musica italiana è molto conosciuta anche nella Repubblica Federale.	**bekannt** Die italienische Musik ist auch in der Bundesrepublik sehr bekannt.
contare [konˈtaːre] *v.* Era impossibile contare tutta quella gente!	**zählen** Es war unmöglich, all diese Leute zu zählen!
dimenticare [dimentiˈkaːre] *v.* Purtroppo si dimentica più in fretta che non si impari.	**vergessen** Leider vergißt man schneller, als man lernt.
per esempio [pereˈzempio] *avv.* A settembre, per esempio, la temperatura media è di 27 gradi.	**zum Beispiel** Im September, zum Beispiel, beträgt die mittlere Temperatur 27 Grad.
esperienza [esperiˈɛntsa] *f* Anche un'esperienza sbagliata può essere utile.	**Erfahrung** *f* Auch eine schlechte Erfahrung kann nützlich sein.
imparare [impaˈraːre] *v.* Sbagliando s'impara.	**lernen** Durch Fehler lernt man.
insegnare [inseˈɲaːre] *v.* Mi ha insegnato a capire la poesia romantica.	**lehren, beibringen** Er hat mich gelehrt, die romantische Dichtung zu verstehen.
a memoria [ameˈmɔːria] *avv.* Oggi a scuola non s'imparano più lunghe poesie a memoria.	**auswendig** In der Schule lernt man heutzutage keine langen Gedichte mehr auswendig.

osservare [os-serˈvaːre] *v.*	**beobachten**
Osservando la natura cerchiamo di capirne i segreti.	Wir beobachten die Natur und versuchen so, ihre Geheimnisse zu verstehen.
ricordare [rikorˈdaːre] *v.*	**sich erinnern an**
Come fa a ricordare tutti questi nomi?	Wie schafft er es, sich an all diese Namen zu erinnern?
sapere [saˈpeːre] *v.* (*irr.* 69)	**wissen**
Non so se hanno il telefono.	Ich weiß nicht, ob sie Telefon haben.
sapere [saˈpeːre] *v.* (*irr.* 69)	**können** (= *gelernt haben*)
Anna sapeva giocare molto bene a tennis.	Anne konnte sehr gut Tennis spielen.
(venire a) sapere [(veˈniːrea)-saˈpeːre]	**erfahren, hören**
Ho saputo che hai cambiato casa.	Ich habe gehört, daß du umgezogen bist.
scienza [ˈʃɛntsa] *f*	**Wissenschaft** *f*
Tutte le scienze hanno fatto enormi progressi.	Alle Wissenschaften haben riesige Fortschritte gemacht.
semplice [ˈsemplitʃe] *agg.*	**einfach**
Semplice è il contrario di complicato.	Einfach ist das Gegenteil von kompliziert.

«2001–4000»

applicare [ap-pliˈkaːre] *v.*	**anwenden**
E poi avete anche applicato la regola sbagliata.	Und außerdem habt ihr auch die falsche Regel angewendet.
biblioteca [biblioˈtɛːka] *f* (*pl.* -che)	**Bücherei** *f*
Nella biblioteca comunale il libro non c'era.	Das Buch war in der Stadtbücherei nicht vorhanden.
calcolare [kalkoˈlaːre] *v.*	**(be)rechnen**
Come si calcolano gli interessi?	Wie berechnet man die Zinsen?
dotato [doˈtaːto], **-a** *agg.*	**begabt**
Tua figlia è molto dotata per la danza classica.	Deine Tochter ist für das klassische Ballett sehr begabt.
ignorare [iɲoˈraːre] *v.*	**nicht wissen**
Ancora si ignorano le cause della disgrazia.	Noch weiß man nichts über die Ursachen des Unglücks.

pratica ['pra:tika] *f* (*pl.* -che) Molte cose si imparano solo con la pratica.	**Praxis** *f*, **Erfahrung** *f* Viele Dinge lernt man erst durch die Praxis.
ricerca [ri'tʃerka] *f* (*pl.* -che) Lo stato metterà a disposizione i mezzi finanziari per la ricerca.	**Forschung** *f* Der Staat wird finanzielle Mittel für die Forschung zur Verfügung stellen.
scoperta [sko'pɛrta] *f* La scoperta della penicillina è avvenuta per caso.	**Entdeckung** *f* Die Entdeckung des Penizillins geschah durch Zufall.
soluzione [solutsi'o:ne] *f* Proprio le soluzioni più semplici sembrano qualche volta le più difficili.	**Lösung** *f* Gerade die einfachsten Lösungen scheinen manchmal die schwierigsten zu sein.

1.1.3 SPRACHE UND SPRECHABSICHTEN

1.1.3.1 ALLGEMEINES

«1–2000»

voler dire [voler'di:re] «Mangiare» vuol dire in tedesco ,,essen".	**bedeuten, heißen** ,,Mangiare" heißt auf deutsch ,,essen".
espressione [espres-si'o:ne] *f* Questa è un'espressione che non si usa più.	**Ausdruck** *m* Das ist ein Ausdruck, den man nicht mehr gebraucht.
frase ['fra:ze] *f* Studiando questo libro imparerai 4000 frasi.	**Satz** *m* Wenn du dieses Buch durcharbeitest, wirst du 4000 Sätze lernen.
lingua ['liŋgua] *f* L'italiano e il tedesco sono due delle lingue del Mercato Comune.	**Sprache** *f* Deutsch und Italienisch sind zwei Sprachen der Europäischen Gemeinschaft.
linguaggio [liŋgu'ad-dʒo] *m* (*pl.* -gi) Il linguaggio della medicina conta da solo circa mezzo milione di parole.	**(Fach-)Sprache** *f* Allein die medizinische Fachsprache zählt ungefähr eine halbe Million Wörter.

parola [pa'rɔːla] *f* Molte parole hanno due o tre significati.	**Wort** *n* Viele Wörter haben zwei oder drei Bedeutungen.
senso ['sɛnso] *m* Quello che ha detto aveva un doppio senso.	**Sinn** *m*, **Bedeutung** *f* Das, was er sagte, hatte einen doppelten Sinn.
significare [siɲifi'kaːre] *v.* Come posso tradurre se non so cosa significa?	**bedeuten** Wie kann ich übersetzen, wenn ich nicht weiß, was es bedeutet?
significato [siɲifi'kaːto] *m* Ah sì, ora il significato è chiaro!	**Bedeutung** *f* Ach ja, jetzt ist die Bedeutung klar!
vocabolario [vokabo'laːrio] *m* (*pl.* -ri) Certi scrittori hanno un vocabolario molto ampio.	**Wortschatz** *m* Manche Schriftsteller haben einen sehr großen Wortschatz.

«2001–4000»

aggettivo [ad-dʒet-'tiːvo] *m* Gli aggettivi possono stare nelle lingue romanze o prima o dopo il sostantivo.	**Adjektiv** *n* In den romanischen Sprachen können die Adjektive vor oder nach dem Substantiv stehen.
avverbio [av-'vɛrbio] *m* (*pl.* -bi) Gli avverbi italiani si formano per lo più con la desinenza «-mente».	**Adverb** *n* Die italienischen Adverbien bildet man meistens mit der Endung „-mente".
femminile [fem-mi'niːle] *agg.* Nel novanta percento dei casi i nomi femminili terminano in «-a».	**weiblich** In neunzig Prozent aller Fälle enden die weiblichen Substantive auf „-a".
grammatica [gram-'maːtika] *f* (*pl.* -che) Per imparare bene una lingua è necessaria anche la grammatica.	**Grammatik** *f* Um eine Sprache richtig zu erlernen, ist auch die Grammatik notwendig.
maschile [mas'kiːle] *agg.* Il pronome «lui» è maschile.	**männlich** Das Fürwort „er" ist männlich.
nome ['noːme] *m* In italiano non esistono nomi neutri.	**Substantiv** *n* Im Italienischen gibt es keine sächlichen Substantive.

participio [parti'tʃi:pio] *m* (*pl.* -pi) Il participio passato di «fare» è «fatto».	**Partizip** *n* Das Partizip Perfekt von „fare" heißt „fatto".
plurale [plu'ra:le] *m* Nella prossima lezione impareremo come si forma il plurale.	**Plural** *m*, **Mehrzahl** *f* In der nächsten Stunde werden wir lernen, wie man die Mehrzahl bildet.
singolare [siŋgo'la:re] *m* Alcune parole hanno solo singolare, p. es. coraggio.	**Singular** *m*, **Einzahl** *f* Einige Wörter werden nur im Singular gebraucht, z. B. Mut.
sostantivo [sostan'ti:vo] *m* Anche in italiano esistono sostantivi composti.	**Substantiv** *n* Auch im Italienischen gibt es zusammengesetzte Substantive.
termine ['tɛrmine] *m* Otite è un termine medico.	**Fachausdruck** *m*, **Terminus** *m* Otitis ist ein medizinischer Fachausdruck.
verbo ['vɛrbo] *m* I verbi irregolari più importanti sono un centinaio.	**Verb** *n* Die wichtigsten unregelmäßigen Verben belaufen sich auf ca. hundert.
vocabolo [vo'ka:bolo] *m* Per la prossima volta studiate i vocaboli della 16ª lezione.	**Vokabel** *f* Lernt bis zum nächsten Mal die Vokabeln der 16. Lektion.

1.1.3.2 SPRECHEN

«1–2000»

chiamare [kia'ma:re] *v.* Bambini, la mamma vi ha chiamati!	**rufen** Kinder, die Mama hat euch gerufen!
conversazione [konversatsi'o:ne] *f* La conversazione è stata lunga ma interessante.	**Gespräch** *n*, **Unterhaltung** *f* Das Gespräch war lang aber interessant.
dichiarare [dikia'ra:re] *v.* Dichiarò che avrebbe lasciato la ditta al più presto.	**erklären** Er erklärte, daß er die Firma so schnell wie möglich verlassen würde.

dire [ˈdiːre] *v.* (*irr.* 30) Avete detto al portiere di svegliarci alle sette?	**sagen** Habt ihr dem Portier gesagt, daß er uns um sieben Uhr wecken soll?
discorso [disˈkorso] *m* Ha voluto ringraziare tutti con un breve discorso.	**Rede** *f* Er wollte allen mit einer kurzen Rede danken.
discussione [diskus-siˈoːne] *f* La discussione sembrava non voler finire più.	**Diskussion** *f* Die Diskussion schien kein Ende nehmen zu wollen.
discutere (di, su) [disˈkuːtere] *v.* (*irr.* 32) Da giovani discutevamo spesso di donne, politica, religione.	**diskutieren** (über) Als wir jung waren, diskutierten wir oft über Frauen, Politik, Religion.
esprimere [esˈpriːmere] *v.* (*irr.* 37) Il suo viso esprimeva tutta la sua rabbia.	**ausdrücken, äußern** Sein Gesicht drückte seine ganze Wut aus.
gridare [griˈdaːre] *v.* Non gridare così, non sono mica sordo!	**schreien** Schrei nicht so, ich bin doch nicht taub!
parlare (di, su) [parˈlaːre] *v.* Dopo poche settimane parlavano già un po' d'italiano.	**sprechen** (von, über) Nach wenigen Wochen sprachen sie schon etwas Italienisch.
raccontare [rak-konˈtaːre] *v.* La nonna ci raccontava le storie più belle.	**erzählen** Die Großmutter erzählte uns die schönsten Geschichten.
ripetere [riˈpɛːtere] *v.* Per favore ripeta la frase, non l'ho capita.	**wiederholen** Bitte wiederholen Sie den Satz, ich habe ihn nicht verstanden.
silenzio [siˈlɛntsio] *m* Dopo qualche minuto il silenzio era insopportabile.	**Stille** *f*, **Schweigen** *n* Nach einigen Minuten war die Stille unerträglich.
star zitto [starˈtsit-to] Certa gente non riesce a star zitta.	**still sein, still bleiben** Manche Leute können nicht still sein.
tacere [taˈtʃeːre] *v.* (*irr.* 84) Tacendo non fai che peggiorare la situazione.	**schweigen, verschweigen** Indem du schweigst, verschlimmerst du die Lage nur noch.

urlare [ur'la:re] *v.* — **heulen, schreien**
Non sempre chi urla ha ragione. — Wer schreit, hat nicht immer recht.

voce ['vo:tʃe] *f* — **Stimme** *f*
Ha una voce molto bella. — Sie hat eine sehr schöne Stimme.

«2001–4000»

chiacchierare [kiak-kie'ra:re] *v.* — **plaudern, sich unterhalten**
E' triste non avere nessuno con cui chiacchierare. — Es ist traurig, niemanden zu haben, mit dem man sich unterhalten kann.

fare due/quattro chiacchiere ['fa:re'du:e/ku'at-troki'ak-kiere] — **plaudern, sich unterhalten**
Paola è fuori, è andata da un amico a fare quattro chiacchiere. — Paola ist nicht da, sie ist zu einem Freund gegangen, um ein wenig zu plaudern.

colloquio [kol-'lɔ:kuio] *m* (*pl.* -qui) — **Gespräch** *n*
Sperano che un colloquio a quattr'occhi chiarisca il problema. — Sie hoffen, daß ein Gespräch unter vier Augen das Problem klären wird.

dichiarazione [dikiaratsi'o:ne] *f* — **Erklärung** *f*
Il portavoce della Casa Bianca non ha voluto fare dichiarazioni. — Der Pressesprecher des Weißen Hauses wollte keine Erklärung abgeben.

esclamare [eskla'ma:re] *v.* — **ausrufen**
Perché avete preso quella bici se non era la vostra? – esclamò Don Camillo. — Warum habt ihr das Fahrrad da genommen, wenn es euch nicht gehört? – rief Don Camillo aus.

grido ['gri:do] *m* — **Schrei** *m*
Al vederlo non ha potuto trattenere un grido di gioia. — Bei seinem Anblick konnte sie einen Freudenschrei nicht unterdrücken.

pronunciare [pronun'tʃa:re] *v.* — **aussprechen**
Non riescono a pronunciare la erre italiana. — Es gelingt ihnen nicht, das italienische „r" auszusprechen.

racconto [rak-'konto] *m* — **Erzählung** *f*
Era un racconto che non finiva più. — Das war eine Erzählung ohne Ende.

1.1.3.3 SCHREIBEN UND LESEN

«1–2000»

autore [au'toːre] *m* Chi è l'autore di «Don Camillo e Peppone»?	**Verfasser** *m*, **Autor** *m* Wer ist der Verfasser von „Don Camillo und Peppone"?
foglio ['fɔːʎo] *m* (*pl.* -gli) 100 fogli di carta da lettere costano 2500 Lire.	**Blatt** *n* 100 Blatt Briefpapier kosten 2500 Lire.
leggere ['lɛd-dʒere] *v.* (*irr.* 42) Già a scuola leggeva moltissimo.	**lesen** Schon in der Schule las er sehr viel.
lettera ['lɛt-tera] *f* L'alfabeto italiano ha 21 lettere.	**Buchstabe** *m* Das italienische Alphabet hat 21 Buchstaben.
letteratura [let-tera'tuːra] *f* Molte opere della letteratura tedesca moderna vengono tradotte in italiano.	**Literatur** *f* Viele Werke der modernen deutschen Literatur werden ins Italienische übersetzt.
libro ['liːbro] *m* Non esco finché non ho finito questo libro.	**Buch** *n* Ich gehe nicht aus, bevor ich dieses Buch nicht ausgelesen habe.
prendere nota (di qc.) ['prɛnde-re'nɔːta] Signorina, prenda nota di questo appuntamento.	(etw.) **aufschreiben** Fräulein . . ., schreiben Sie diesen Termin auf.
pagina ['paːdʒina] *f* Si veda la tabella di pagina 33.	**Seite** *f* Man vergleiche die Tabelle auf Seite 33.
poesia [poe'ziːa] *f* Più di tutto mi piaceva la poesia romantica.	**Dichtung** *f*, **Gedicht** *n* Mir gefiel vor allem die romantische Dichtung.
punto ['punto] *m* Qui alla fine della frase manca il punto	**Punkt** *m* Hier fehlt der Punkt am Ende des Satzes
romanzo [ro'mandzo] *m* E' uno dei romanzi più interessanti che io abbia mai letto.	**Roman** *m* Das ist einer der interessantesten Romane, die ich je gelesen habe.

(romanzo) giallo [(ro'mandzo)'dʒal-lo] *m*	**Krimi(nalroman)** *m*
I gialli di Simenon sono conosciutissimi anche in Italia.	Die Krimis von Simenon sind auch in Italien sehr bekannt.
scrittore [skrit-'toːre] *m*, **scrittrice** [skrit-'triːtʃe] *f*	**Schriftsteller(in)** *m(f)*
Oriana Fallaci è una scrittrice italiana moderna.	Oriana Fallaci ist eine moderne italienische Schriftstellerin.
scrivere ['skriːvere] *v.* (*irr.* 75)	**schreiben**
Le scriverò appena arrivo.	Ich werde Ihnen schreiben, sobald ich da bin.
titolo ['tiːtolo] *m*	**Titel** *m*, **Überschrift** *f*
Ho dimenticato il titolo del film.	Ich habe den Titel des Films vergessen.

«2001–4000»

accento [at-'tʃɛnto] *m*	**Akzent(zeichen)** *m(n)*
Parole italiane come «città, caffè» ecc. portano l'accento.	Italienische Wörter wie „città, caffè" usw. tragen einen Akzent.
corrispondenza [kor-rispon-'dɛntsa] *f*	**Briefwechsel** *m*
La corrispondenza Goethe – Schiller esiste anche in edizione italiana.	Den Briefwechsel zwischen Goethe und Schiller gibt es auch in einer italienischen Ausgabe.
descrivere [des'kriːvere] *v.* (*irr.* 75)	**beschreiben**
Ha descritto come pochi l'atmosfera di Roma, la sua città.	Er hat wie kaum ein anderer die Atmosphäre Roms, seiner Stadt, beschrieben.
lettura [let-'tuːra] *f*	**Lektüre** *f*
La lettura di Seneca è ancora oggi di enorme attualità.	Noch heute ist die Lektüre Senecas hochaktuell.
matita [ma'tiːta] *f*	**Bleistift** *m*
Per disegnare preferisco la matita.	Ich zeichne am liebsten mit Bleistift.
passaggio [pas-'sad-dʒo] *m* (*pl.* -gi)	**Stelle** *f*
Sottolinea i passaggi più interessanti del libro.	Er unterstreicht in dem Buch die interessantesten Stellen.

penna biro [ˈpen-naˈbiːro] *f*, **biro** [ˈbiːro] *f* (*unv.*)	**Kugelschreiber** *m*
Per scrivere si serve sempre di biro nere.	Zum Schreiben benutzt er immer schwarze Kugelschreiber.
(penna) stilografica [(ˈpen-na) stiloˈgraːfika] *f* (*pl.* [penne] stilografiche), **stilo** [ˈstiːlo] *f* (*unv.*)	**Füllfederhalter** *m*, **Füller** *m* (F)
A festeggiare la guarigione gli regaliamo una stilografica d'argento.	Um seine Genesung zu feiern, schenken wir ihm einen silbernen Füller.
pennarello [pen-naˈrɛl-lo] *m*	**Filzstift** *m*
Gli errori erano stati segnati con un pennarello rosso.	Die Fehler sind mit einem roten Filzstift gekennzeichnet worden.
stile [ˈstiːle] *m*	**Stil** *m*
Ha uno stile in prosa inconfondibile.	Sie hat einen unverwechselbaren Prosastil.
testo [ˈtɛsto] *m*	**Text** *m*
Leggete e traducete il testo seguente.	Lesen und übersetzen Sie den folgenden Text.
virgola [ˈvirgola] *f*	**Komma** *n*
Qui mancano tutte le virgole.	Hier fehlen alle Kommas.
volume [voˈluːme] *m*	**Band** *m*
L'edizione completa è formata da quattro volumi.	Die Gesamtausgabe besteht aus vier Bänden.

1.1.3.4 SPRECHABSICHTEN

1.1.3.4.1 Auskunft

«1–2000»

aggiungere [ad-ˈdʒundʒere] *v.* (*irr.* 40)	**hinzufügen**
Scusa, vorrei aggiungere due parole.	Entschuldige, ich möchte ein paar Worte hinzufügen.
annunciare [an-nunˈtʃaːre] *v.*	**ankündigen, melden**
Sono entrati senza farsi annunciare.	Sie sind reingegangen, ohne sich melden zu lassen.

avvertire (di) [av-verˈtiːre] *v.*	**benachrichtigen** (von); **warnen** (vor)
Avvertite la zia del nostro arrivo.	Benachrichtigt die Tante von unserer Ankunft.
Ti avverto, non voglio scherzi.	Ich warne dich, ich dulde keine Scherze.
chiarire [kiaˈriːre] *v.* (-isc-)	**klären, klarmachen**
Avete potuto chiarire tutto?	Konntet ihr alles klären?
chiedere (qc. a qn.) [kiˈɛːdere] *v.* (*irr.* 11)	**fragen,** (jdn um etw.) **bitten**
Gli hanno chiesto dei soldi.	Sie haben ihn um Geld gebeten.
cioè [tʃoˈɛː]	**das heißt** (d. h.), **und zwar**
L'aereo parte fra 7 minuti, cioè alle 9 in punto.	Das Flugzeug startet in 7 Minuten, d. h. Punkt 9 Uhr.
consigliare [konsiˈʎaːre] *v.*	**(be)raten**
Non so, cosa mi consigliate?	Ich weiß nicht, was ratet ihr mir?
consiglio [konˈsiːʎo] *m* (*pl.* -gli)	**Rat(schlag)** *m*
Apprezziamo molto i tuoi consigli.	Wir schätzen deine Ratschläge sehr.
domanda [doˈmanda] *f*	**Frage** *f*
Fa sempre delle domande strane.	Er stellt immer seltsame Fragen.
domandare (qc. a qn.) [domanˈdaːre] *v.*	(jdn nach etw.) **fragen**
Domandiamo a quella signora ...	Fragen wir diese Frau da ...
gesto [ˈdʒɛsto] *m*	**Geste** *f*, **Gebärde** *f*
Molti gesti hanno un loro significato.	Viele Gesten haben ihre eigene Bedeutung.
indicare [indiˈkaːre] *v.*	**zeigen, angeben**
Può indicarci un buon albergo?	Können Sie uns ein gutes Hotel angeben?
informare [inforˈmaːre] *v.*	**informieren, benachrichtigen**
Bisogna informare il direttore.	Man muß den Direktor benachrichtigen.
informarsi [inforˈmarsi] *v.*	**sich erkundigen, sich informieren**
Si sono informati subito dei (*auch* sui) prezzi.	Sie haben sich sofort nach den Preisen erkundigt.
informazione [informatsiˈoːne] *f*	**Information** *f*, **Auskunft** *f*
Fra poco avrete tutte le informazioni che volete.	In Kürze werdet ihr alle Informationen haben, die ihr wollt.

mostrare [mos'traːre] *v.*	**zeigen**
Venga, Le mostrerò la camera.	Kommen Sie, ich zeige Ihnen das Zimmer.
notizia [no'tiːtsia] *f*	**Nachricht** *f,* **Neuigkeit** *f*
Ecco il giornale della sera con le ultime notizie.	Da ist die Abendzeitung mit den neuesten Nachrichten.
novità [novi'ta] *f* (*unv.*)	**Neuigkeit** *f,* **Neuheit** *f*
Queste sono le ultime novità della Fiera di Milano.	Das sind die letzten Neuheiten von der Mailänder Messe.
problema [pro'blɛːma] *m* (*pl.* -i)	**Problem** *n,* **Frage** *f*
Devo parlarvi di un problema.	Ich muß mit euch über ein Problem sprechen.
rispondere (a) [ris'pondere] *v.* (*irr.* 65)	**antworten** (auf), **beantworten**
Ha risposto subito di no.	Er hat sofort mit Nein geantwortet.
Non hanno ancora risposto al nostro telegramma.	Sie haben unser Telegramm noch nicht beantwortet.
risposta [ris'posta] *f*	**Antwort** *f*
Speriamo che la risposta sia positiva.	Wir hoffen auf eine positive Antwort.
segno ['seːɲo] *m*	**Zeichen** *n*
Fammi un segno quando devo cominciare.	Gib mir ein Zeichen, wenn ich anfangen soll.
spiegare [spie'gaːre] *v.*	**erklären**
E allora spiegatele la differenza!	Und nun erklärt ihr den Unterschied!
tema ['tɛːma] *m* (*pl.* -i)	**Thema** *n,* **Motiv** *n*
E' un tema di cui nessuno voleva parlare.	Das ist ein Thema, über das niemand sprechen wollte.

«2001–4000»

esporre [es'por-re] *v.* (*irr.* 55)	**darlegen**
Cercherò di esporvi tutti gli svantaggi.	Ich werde versuchen, euch alle Nachteile darzulegen.
essere al corrente (di) ['ɛs-serealkor-'rɛnte]	**auf dem laufenden sein, informiert sein** (über)
Il direttore non era al corrente del nuovo contratto.	Der Leiter war über den neuen Vertrag nicht informiert.

raccomandare [rak-koman-ˈdaːre] *v.* Questo locale mi è stato raccomandato da amici.	**empfehlen** Dieses Lokal ist mir von Freunden empfohlen worden.
riferire [rifeˈriːre] *v.* (-isc-) Quando le riferirono del fatto, scoppiò a piangere.	**berichten** Als man ihr von dem Fall berichtete, brach sie in Tränen aus.
segnalare [seɲaˈlaːre] *v.* Il tabellone segnala le destinazioni e l'orario dei voli.	**anzeigen; hinweisen** (auf) Die große Tafel zeigt die Flugziele und -zeiten an.
segreto [seˈgreːto], **-a** *agg.* Voleva tener segreta la sua vera identità.	**geheim** Er wollte seine wahre Identität geheimhalten.
trattarsi di [trat-ˈtarsidi] *v.* Si trattava di una grossa somma di denaro che era sparita.	**sich handeln um** Es handelte sich um eine große Geldsumme, die verschwunden war.

1.1.3.4.2 Meinungsäußerung

«1–2000»

considerare (come) [konside-ˈraːre] *v.* La consideriamo come una della famiglia.	**betrachten** (als) Wir betrachten sie als Familienmitglied.
credere [ˈkreːdere] *v.* Credo che non si possa trovare una soluzione. La credevamo ricca.	**glauben; halten für** Ich glaube, daß man keine Lösung finden kann. Wir hielten sie für reich.
dovere [doˈveːre] *v.* (*irr.* 36) Dev'essere pazzo per guidare così.	**müssen** Er muß verrückt sein, so zu fahren.
giudicare [dʒudiˈkaːre] *v.* Giudicate voi se ha ragione o meno.	**(be)urteilen** Ob er recht hat oder nicht, sollt ihr beurteilen.
impressione [impres-siˈoːne] *f* La prima impressione è quella che conta.	**Eindruck** *m* Der erste Eindruck ist entscheidend.

intendere [in'tɛndere] *v.* (*irr.* 85)	**sagen wollen, meinen**
A volte era proprio difficile capire cosa intendesse.	Manchmal war es wirklich schwer zu verstehen, was er meinte.
opinione [opini'oːne] *f*	**Meinung** *f*, **Ansicht** *f*
Le vostre opinioni sono troppo radicali.	Eure Ansichten sind zu radikal.
parere [pa'reːre] *v.* (*irr.* 51; essere)	**scheinen**
Ti pare giusto quello che fai?	Scheint es dir richtig, was du machst?
pensare [pen'saːre] *v.*	**denken, meinen**
Pensava di farti un piacere.	Er dachte, er würde dir einen Gefallen tun.
(Che) cosa ne pensa, signora?	Wie denken Sie darüber? (Was meinen Sie dazu?)
secondo me, te ... [se'kondo-'me, te ...]	**meiner, deiner ... Meinung nach**
Che cosa faranno secondo voi?	Was werden sie eurer Meinung nach machen?
sembrare [sem'braːre] *v.* (essere)	**scheinen**
Gli sembrava impossibile arrivare in tempo.	Es schien ihm unmöglich, rechtzeitig anzukommen.
supporre [sup-'por-re] *v.* (*irr.* 55)	**annehmen, vermuten**
Supposto che la storia sia vera, ormai non possiamo farci niente.	Angenommen, (daß) die Geschichte stimmt, können wir jetzt nichts mehr daran ändern.
Suppongo che Livio non sarà d'accordo.	Ich vermute, daß Livio nicht einverstanden sein wird.
trovare [tro'vaːre] *v.*	**finden**
Se la trovi simpatica, diglielo.	Wenn du sie sympathisch findest, sag es ihr.
Sì, trovo proprio che ha ragione.	Ja, ich finde wirklich, daß er recht hat.

«2001–4000»

affermazione [af-fermatsi'oː-ne] *f*	**Behauptung** *f*
Le tue affermazioni sono assolutamente ingiustificate.	Deine Behauptungen sind absolut ungerechtfertigt.

comunicare [komuni'ka:re] *v.* Comunicavano più a gesti che a parole.	**mitteilen; sich verständigen** Sie verständigten sich mehr durch Gesten als mit Worten.
conclusione [koŋkluzi'o:ne] *f* E che conclusioni ne hai tratte?	**Schlußfolgerung** *f* Und welche Schlußfolgerungen hast du nun daraus gezogen?
critica ['kri:tika] *f* (*pl.* -che) Non sopporta critiche.	**Kritik** *f* Er verträgt keine Kritik.
parere [pa're:re] *m* Allora nessuno condivideva il suo parere.	**Meinung** *f*, **Ansicht** *f* Damals teilte niemand seine Meinung.
prendere per ['prɛndereper] L'hanno preso per un ladro e volevano arrestarlo.	**halten für** Sie haben ihn für einen Dieb gehalten und wollten ihn festnehmen.
punto di vista ['puntodi'vista] *m* Dopo aver sentito vari punti di vista era indeciso.	**Standpunkt** *m* Nachdem er verschiedene Standpunkte gehört hatte, war er unschlüssig.
rilevare [rile'va:re] *v.* Come hanno rilevato gli esperti, le misure di sicurezza erano insufficienti.	**feststellen, hervorheben, betonen** Wie die Experten festgestellt haben, waren die Sicherheitsvorkehrungen ungenügend.
ritenere [rite'ne:re] *v.* (*irr.* 86) Ritengono che si possa fare in due giorni. Non riteniamo giusta la sua decisione.	**annehmen, halten für** Sie nehmen an, daß man es in zwei Tagen machen kann. Wir halten seine Entscheidung nicht für richtig.
sostenere [soste'ne:re] *v.* (*irr.* 86) Lui però sostiene di non averne saputo niente.	**behaupten, versichern** Er aber behauptet, nichts davon gewußt zu haben.
supponendo che (+ *cong.*) [sup-po'nɛndoche], **supponendo di** (+ *inf.*) [sup-po'nɛndodi] Supponendo di aver perso la borsa ne ha comprata un'altra.	**in der Annahme, daß; in der Annahme** (+ *Infinitivsatz*) In der Annahme, die Tasche verloren zu haben, hat er sich eine neue gekauft.
visto che ['vistoke] Visto che non telefonavi, noi ce ne siamo andati.	**da; in Anbetracht dessen, daß** Da du nicht angerufen hast, sind wir weggegangen.

1.1.3.4.3 Zustimmung und Ablehnung

«1–2000»

d'accordo [dak-ˈkordo] *avv.* Se siete d'accordo, partiamo subito.	**einverstanden, abgemacht** Wenn ihr einverstanden seid, fahren wir sofort ab.
ammettere [am-ˈmet-tere] *v.* (*irr.* 43) Non è facile ammettere i propri errori.	**zugeben** Es ist nicht leicht, die eigenen Fehler zuzugeben.
aver ragione [aver-raˈdʒoːne] Hai ragione, telefoniamo subito.	**recht haben** Du hast recht, laß uns sofort anrufen.
aver torto [averˈtɔrto] Non vuole mai aver torto.	**unrecht haben** Er will nie unrecht haben.
essere contrario (a qc.) [ˈɛs-serekonˈtraːrio] Purtroppo la direzione è contraria al nostro progetto.	**dagegen sein, gegen** (etw.) **sein** Leider ist die Leitung gegen unser Projekt.
essere a favore di qc. [ˈɛs-sereafaˈvoːredi], **essere per** qc. [ˈɛs-sereper] Io sono per più tolleranza e contro i pregiudizi.	**für** etw. **sein** Ich bin für mehr Toleranz und gegen Vorurteile.
no [nɔ] *avv.* Ti è piaciuto? – No, per niente.	**nein** Hat es dir gefallen? – Nein, überhaupt nicht.
opporsi (a) [op-ˈporsi] *v.* (*irr.* 55) Si oppose decisamente alla richiesta.	**sich widersetzen** (+ *Dat.*) Er widersetzte sich der Forderung mit Entschiedenheit.
permesso [perˈmes-so] *m* Certo, aveva il mio permesso.	**Erlaubnis** *f* Sicher, er hatte meine Erlaubnis.
permettere [perˈmet-tere] *v.* (*irr.* 43) Mi permetterò di fare alcune osservazioni.	**erlauben, gestatten** Ich werde mir erlauben, einige Anmerkungen zu machen.
potere [poˈteːre] *v.* (*irr.* 56) Non sa se può venire. Scusi, posso parlarLe un momento?	**können, dürfen** Er weiß nicht, ob er kommen kann. Entschuldigen Sie, darf ich Sie einen Augenblick sprechen?

proibire [proiˈbiːre] *v.* (-isc-) Le hanno proibito di vederlo.	**verbieten, untersagen** Sie haben ihr verboten, ihn zu sehen.
sì [si] *avv.* Vi dice sempre di sì, ma poi non fa niente.	**ja** Er sagt zu euch immer ja, tut dann aber nichts.
è/fa lo stesso [ɛ/faloˈstes-so] Tè o caffè? – Per me è lo stesso.	**es ist gleich** Tee oder Kaffee? – Das ist mir gleich.
uguale [uguˈaːle] *agg.* Se per voi è uguale, andiamo al cinema.	**gleich(gültig)** Wenn es euch gleich ist, gehen wir ins Kino.

«2001–4000»

approvare [ap-proˈvaːre] *v.* Non abbiamo mai approvato i tuoi metodi.	**billigen** Wir haben deine Methoden nie gebilligt.
certamente [tʃertaˈmente] *avv.* Non lo ha certamente fatto apposta.	**bestimmt, sicherlich** Er hat das bestimmt nicht absichtlich getan.
certo [ˈtʃɛrto] *avv.* Sei già stata da Laura? – Ma certo.	**sicher, doch** Bist du schon bei Laura gewesen? – Aber sicher.
corrispondere [kor-risˈpondere] *v.* (*irr.* 65) L'ho vista subito, corrispondeva esattamente alla tua descrizione.	**entsprechen** Ich habe sie sofort gesehen, sie entsprach genau deiner Beschreibung.
fregarsene [freˈgarsene] *v.* (F) Loro se ne fregano di quel che dice la gente.	(jdm) **egal sein; darauf pfeifen** (F) Sie pfeifen auf das, was die Leute sagen.
negare [neˈgaːre] *v.* Gli accusati hanno negato di conoscere la vittima.	**verneinen, abstreiten** Die Angeklagten haben abgestritten, das Opfer zu kennen.
proibito [proiˈbiːto], **-a** *agg.* Le scene proibite saranno tolte dal film.	**verboten** Die verbotenen Szenen werden aus dem Film herausgeschnitten.

respingere [res'pindʒere] *v.* (*irr.* 81)	**zurückweisen, ablehnen**
La richiesta di revisione della sentenza è stata respinta.	Der Antrag auf Revision des Urteils ist zurückgewiesen worden.
rifiutare [rifiu'taːre] *v.*	**ablehnen, abschlagen**
Che senso ha se rifiutano tutte le proposte?	Was für einen Sinn hat es, wenn sie alle Vorschläge ablehnen?
rifiutarsi [rifiu'tarsi] *v.*	**sich weigern**
Si rifiuta ostinatamente di parlarle.	Er weigert sich hartnäckig, mit ihr zu sprechen.
vietare [vie'taːre] *v.*	**verbieten**
Il medico gli ha vietato di bere bevande alcooliche.	Der Arzt hat ihm verboten, alkoholische Getränke zu sich zu nehmen.

1.1.3.4.4 Gewißheit und Zweifel

«1–2000»

appunto [ap-'punto] *avv.*	**genau, gerade**
Stavamo appunto parlando di te.	Wir sprachen gerade von dir.
assicurare [as-siku'raːre] *v.*	**versichern, zusichern**
Mi hanno assicurato che torneranno subito.	Sie haben mir versichert, daß sie sofort wiederkommen.
certo ['tʃɛrto], **-a** *agg.*	**sicher**
Era certa di non aver sbagliato.	Sie war sicher, sich nicht geirrt zu haben.
certo ['tʃɛrto], **certamente** [tʃerta'mente] *avv.*	**gewiß, bestimmt**
Crede proprio di averlo dimenticato là? – Certo.	Glauben Sie wirklich, daß Sie es dort vergessen haben? – Bestimmt.
chiaro [ki'aːro], **-a** *agg.*	**klar**
Il tuo discorso non è stato abbastanza chiaro da poter capire tutto.	Deine Rede war nicht klar genug, um alles verstehen zu können.
chissà [kis-'sa] *avv.*	**wer weiß**
Chissà quando ci rivedremo.	Wer weiß, wann wir uns wiedersehen.

colpire [kol'piːre] *v.* (-isc-) La sua risolutezza ha un po' colpito tutti.	**beeindrucken** Seine Entschlossenheit hat alle ein wenig beeindruckt.
convincere [kon'vintʃere] *v.* (*irr.* 93) Non sembrava molto convinto.	**überzeugen** Er schien nicht sehr überzeugt zu sein.
davvero [dav-'veːro] *avv.* Si tratta davvero di un'occasione unica.	**wirklich** Es handelt sich wirklich um eine einzigartige Gelegenheit.
dubbio ['dub-bio] *m* (*pl.* -bi) Non abbiamo mai avuto dubbi in proposito.	**Zweifel** *m* Wir haben diesbezüglich nie Zweifel gehabt.
esatto [e'zat-to], **-a** *agg.* Puoi fare tu un rapporto esatto della situazione?	**genau, richtig** Kannst du einen genauen Bericht über die Lage geben?
evidente [evi'dɛnte] *agg.* Le sue intenzioni erano molto evidenti.	**offenbar, deutlich** Seine Absichten waren sehr eindeutig.
evidentemente [evidente'mente] *avv.* Evidentemente hanno perso il treno.	**offenbar, offensichtlich** Offensichtlich haben sie den Zug verpaßt.
falso ['falso], **-a** *agg.* Ma questa banconota è falsa!	**falsch** Aber dieser Geldschein ist falsch!
fatto ['fat-to] *m* Il fatto è questo, che Alfredo non ha mai avuto soldi.	**Tatsache** *f* Tatsache ist, daß Alfred nie Geld gehabt hat.
forse ['forse] *avv.* Forse non sono ancora usciti.	**vielleicht** Vielleicht sind sie noch nicht ausgegangen.
garantire [garan'tiːre] *v.* (-isc-) Nessuno può garantirti il successo.	**zusichern, garantieren** Niemand kann dir den Erfolg garantieren.
giusto ['dʒusto], **-a** *agg.* Qual'è allora la risposta giusta?	**richtig, genau** Welche ist nun die richtige Antwort?
oscuro [os'kuːro], **-a** *agg.* I suoi piani erano ancora piuttosto oscuri.	**unklar, geheimnisvoll** Seine Pläne waren noch ziemlich unklar.

possibile [pos-ˈsiːbile] *agg.* Questa è solo una delle soluzioni possibili.	**möglich** Das ist bloß eine der möglichen Lösungen.
probabile [proˈbaːbile] *agg.* Secondo voi qual'è il risultato più probabile?	**wahrscheinlich** Welches ist eurer Meinung nach das wahrscheinlichere Ergebnis?
proprio [ˈprɔːprio] *avv.* Il lavoro era proprio noioso.	**wirklich** Die Arbeit war wirklich langweilig.
sicuro [siˈkuːro], **-a** *agg.* Non sono sicuri di finire per le otto.	**sicher, gewiß** Sie sind sich nicht sicher, ob sie um acht Uhr fertig sind.
sicuramente [sikuraˈmente], **(di) sicuro** [(di)siˈkuːro] *avv.* Venezia è sicuramente una delle città più amate.	**sicher(lich)** Venedig ist sicherlich eine der beliebtesten Städte.
veramente [veraˈmente] *avv.* Ma veramente volevo partire subito.	**tatsächlich, eigentlich** Aber eigentlich wollte ich sofort abfahren.
verità [veriˈta] *f* (*unv.*) Credi che dica la verità?	**Wahrheit** *f* Meinst du, er sagt die Wahrheit?
vero [ˈveːro], **-a** *agg.* E' difficile dire quali siano i veri motivi.	**wahr** Es ist schwer zu sagen, was die wahren Gründe sind.

«2001–4000»

affermare [af-ferˈmaːre] *v.* Se affermassero qualcosa d'altro, mentirebbero.	**behaupten** Wenn sie etwas anderes behaupteten, würden sie lügen.
certezza [tʃerˈtet-tsa] *f* Non posso affermarlo con certezza assoluta.	**Sicherheit** *f*, **Gewißheit** *f* Ich kann das nicht mit absoluter Gewißheit bejahen.
confermare [konferˈmaːre] *v.* Le Sue dichiarazioni hanno confermato le nostre supposizioni.	**bestätigen** Ihre Äußerungen haben unsere Vermutungen bestätigt.
dubitare (di) [dubiˈtaːre] *v.* Dubita che lei gli abbia raccontato tutta la verità.	**bezweifeln; zweifeln** (an) Er bezweifelt, daß sie ihm die volle Wahrheit erzählt hat.

escludere [es'klu:dere] *v.*	**ausschließen**
Una nuova crisi di governo non è più da escludere.	Eine neue Regierungskrise ist nicht mehr auszuschließen.
incerto [in'tʃɛrto], **-a** *agg.*	**unsicher, ungewiß**
Una persona incerta non ama prendere decisioni.	Ein unsicherer Mensch trifft nicht gerne Entscheidungen.
mistero [mis'tɛ:ro] *m*	**Geheimnis** *n*
E' un mistero come spariscano le cose in questa casa.	Es ist ein Geheimnis, wie die Dinge in diesem Haus verschwinden.
possibilità [pos-sibili'ta] *f* (*unv.*)	**Möglichkeit** *f*, **Chance** *f*
Le possibilità di vincere al lotto sono una su tanti milioni.	Die Chancen, im Lotto zu gewinnen, stehen eins zu vielen Millionen.
potere [po'te:re] *v.* (*irr.* 56)	**können**
Signor Landi, può venire oggi alle 11 e 30?	Herr Landi, können Sie heute um 11.30 Uhr kommen?
preciso [pre'tʃi:zo], **-a** *agg.*	**genau, präzis(e)**
Ti ho fatto una domanda precisa, rispondi!	Ich habe dir eine präzise Frage gestellt, antworte!
pretendere [pre'tɛndere] *v.* (*irr.* 85)	**verlangen; sich einbilden**
Fallì per aver preteso l'impossibile.	Er scheiterte, weil er Unmögliches verlangt hatte.
Pretendono d'aver visto Lisa a Genova.	Sie bilden sich ein, Lisa in Genua gesehen zu haben.
prova ['prɔ:va] *f*	**Beweis** *m*
Della sua colpevolezza non c'è neanche una prova.	Es gibt keinerlei Beweise für seine Schuld.
provare [pro'va:re] *v.*	**beweisen**
Se siete così sicuri, provatelo!	Wenn ihr so sicher seid, beweist es!
reale [re'a:le] *agg.*	**wirklich, tatsächlich**
I guadagni reali sono diminuiti nella prima metà dell'anno.	Die tatsächlichen Gewinne sind in der ersten Hälfte des Jahres gesunken.
vago ['va:go], **-a** *agg.* (*pl. m* -ghi, *f* -ghe)	**unklar, unbestimmt**
Le loro idee in proposito erano molto vaghe.	Ihre Vorstellungen waren diesbezüglich sehr unklar.

verificare [verifi'ka:re] *v.* — **überprüfen, nachprüfen**
Il nuovo test serve a verificare le conoscenze degli scolari. — Der neue Test dient dazu, die Kenntnisse der Schüler zu überprüfen.

1.1.3.4.5 Positive Wertung

«1–2000»

adatto [a'dat-to], **-a** *agg.* — **geeignet, passend**
Non abbiamo ancora trovato la persona adatta. — Wir haben noch keine geeignete Person gefunden.

amare [a'ma:re] *v.* — **mögen, lieben, gern haben**
E' uno che non ama i lunghi discorsi. — Er ist jemand, der keine langen Reden mag.
Nostra madre ama cucinare. — Unsere Mutter kocht gern.

bene ['bɛ:ne] *m* — **Gut** *n*, **Wohl** *n*
L'ha fatto per il tuo bene. — Er hat es zu deinem Besten getan.

bene ['bɛ:ne] *avv.* — **gut, wohl**
Faresti bene a stare zitto. — Du würdest gut daran tun, still zu sein.

buono [bu'ɔ:no], **-a** *agg.* — **gut, freundlich**
E' sempre stato un buon padre. — Er war immer ein guter Vater.

comodo ['kɔ:modo], **-a** *agg.* — **bequem, angenehm**
A volte la macchina è più comoda del treno. — Manchmal ist das Auto bequemer als der Zug.

interessante [interes-'sante] *agg.* — **interessant**
C'è qualcosa di interessante alla TV? — Gibt es etwas Interessantes im Fernsehen?

magnifico [ma'ɲi:fiko], **-a** *agg.* (*pl. m* -ci, *f* -che) — **herrlich, prächtig**
Erediterà una casa magnifica. — Er wird ein herrliches Haus erben.

meglio ['mɛ:ʎo] *avv.* — **besser**
Non sarebbe meglio rimandare l'appuntamento? — Wäre es nicht besser, den Termin zu verschieben?

meraviglioso [meravi'ʎo:so], **-a** *agg.* — **wunderbar, wunderschön**
Vi ringrazio, è stata una serata meravigliosa. — Ich danke euch, es war ein wunderschöner Abend.

migliore [miˈʎoːre] *agg.* — **besser, beste(r, -s)**

Speravano di ricevere una proposta migliore. — Sie hofften, ein besseres Angebot zu bekommen.

Vieni, ti presento la mia migliore amica. — Komm, ich stelle dir meine beste Freundin vor.

---

perfetto [perˈfɛt-to], **-a** *agg.* — **perfekt, vollendet, vollkommen**

Nessuno è perfetto. — Niemand ist vollkommen.

---

piacere [piaˈtʃeːre] *m* — **Vergnügen** *n*; **Gefallen** *m*

Prima il dovere e poi il piacere. — Erst die Pflicht und dann das Vergnügen.

---

piacere [piaˈtʃeːre] *v.* (*irr.* 53; essere) — **mögen, gern haben**

Gli piace molto la musica di Vivaldi. — Er mag die Musik von Vivaldi sehr.

---

pratico [ˈpraːtiko], **-a** *agg.* (*pl. m* -ci, *f* -che) — **praktisch**

Gli ha regalato una borsa da viaggio praticissima. — Sie hat ihm eine sehr praktische Reisetasche geschenkt.

---

preferire [prefeˈriːre] *v.* (-isc-) — **lieber haben, lieber mögen, vorziehen**

Scusa, ma preferirei restare solo. — Entschuldige, aber ich möchte lieber allein sein.

---

simpatico [simˈpaːtiko], **-a** *agg.* (*pl. m* -ci, *f* -che) — **sympathisch**

Non solo è bella ma anche simpatica. — Sie ist nicht nur schön, sondern auch sympathisch.

---

straordinario [straordiˈnaːrio], **-a** *agg.* (*pl. m* -ri) — **außergewöhnlich**

Sua madre è una donna straordinaria. — Seine Mutter ist eine außergewöhnliche Frau.

---

utile [ˈuːtile] *agg.* — **nützlich**

Ci è stato molto utile sentire la vostra opinione. — Es war uns sehr nützlich, eure Meinung zu hören.

«2001–4000»

ammirare [am-miˈraːre] *v.* — **bewundern**

Ammirarono il panorama dimenticando tutto il resto. — Alles andere vergessend, bewunderten sie das Panorama.

---

carino [kaˈriːno], **-a** *agg.* — **süß, lieb**

E' una ragazza veramente carina! — Sie ist wirklich ein süßes Mädchen!

convenire [konveˈniːre] *v.* (*irr.* 92; essere)	**günstig sein, sich lohnen**
Dice che non conviene andarci per quattro giorni.	Er meint, daß es sich nicht lohnt, für vier Tage dorthin zu fahren.
notevole [noˈteːvole] *agg.*	**bemerkenswert**
Ha fatto progressi notevoli.	Er hat bemerkenswerte Fortschritte gemacht.
positivo [poziˈtiːvo], **-a** *agg.*	**positiv**
Vedi che la cosa ha anche i suoi lati positivi?	Siehst du, daß die Sache auch ihre positiven Seiten hat?
splendido [ˈsplɛndido], **-a** *agg.*	**glänzend, prächtig**
Vi ospiteranno in una splendida villa dell'Ottocento.	Sie werden euch in einer prächtigen Villa aus dem 19. Jahrhundert unterbringen.
valere la pena [vaˈleːrelaˈpeːna]	**sich lohnen, der Mühe wert sein**
Può darsi che (ne) valga la pena, prova!	Kann sein, daß es sich lohnt, versuch's!

1.1.3.4.6 Negative Wertung

«1–2000»

brutto [ˈbrut-to], **-a** *agg.*	**häßlich**
Come può piacerti una cosa così brutta?	Wie kann dir so etwas Häßliches gefallen?
cattivo [kat-ˈtiːvo], **-a** *agg.*	**schlecht**
Le cattive compagnie lo hanno rovinato.	Der schlechte Umgang hat ihn verdorben.
inutile [iˈnuːtile] *agg.*	**unnütz, sinnlos**
E' inutile, non serve a niente.	Es ist sinnlos, das bringt nichts.
male [ˈmaːle] *m*	**Böse** *n*, **Übel** *n*, **Schlimme** *n*
Il male era che non avevano più soldi.	Das Schlimme war, daß sie kein Geld mehr hatten.
male [ˈmaːle] *avv.*	**schlecht**
Perché ti sei comportato così male?	Warum hast du dich so schlecht benommen?
negativo [negaˈtiːvo], **-a** *agg.*	**negativ, verneinend**
Non ci aspettavamo una risposta negativa.	Mit einer negativen Antwort rechneten wir nicht.

odiare [odi'a:re] *v.*	**hassen**
Non ho mai saputo perché la odiasse tanto.	Ich habe nie gewußt, warum er sie so haßte.
peggio ['pɛd-dʒo] *avv.*	**schlechter, schlimmer**
Peggio di così non poteva andare.	Schlimmer (als so) konnte es nicht ausgehen.
ridicolo [ri'di:kolo], **-a** *agg.*	**lächerlich**
Con il loro atteggiamento si sono resi ridicoli.	Sie haben sich mit ihrer Haltung lächerlich gemacht.
strano ['stra:no), **-a** *agg.*	**sonderbar, merkwürdig**
Dice sempre delle strane cose.	Er sagt immer sonderbare Dinge.
terribile [ter-'ri:bile] *agg.*	**schrecklich, furchtbar**
E' stato un'esperienza terribile per tutti.	Es war für alle eine schreckliche Erfahrung.

«2001–4000»

antipatico [anti'pa:tiko], **-a** *agg.* (*pl. m* -ci, *f* -che)	**unsympathisch**
Hanno fatto di tutto per rendersi antipatici.	Sie haben alles getan, um unsympathisch zu wirken.
lamentare [lamen'ta:re] *v.*	**klagen (über)**
Le imprese lamentano un notevole calo delle ordinazioni.	Die Unternehmen klagen über einen starken Auftragsrückgang.
lamentarsi [lamen'tarsi] *v.*	**sich beklagen, sich beschweren**
I vicini si sono lamentati a causa della (*auch* per la) festa di ieri.	Die Nachbarn haben sich wegen der gestrigen Fete beschwert.
noioso [noi'o:so], **-a** *agg.*	**langweilig**
Tutti i modi di scrivere sono permessi tranne quelli noiosi.	Man darf schreiben, wie man will, nur nicht langweilig.
peggiore [ped-'dʒo:re] *agg.*	**schlechter, schlechteste(r, -s); schlimmer, schlimmste(r, -s)**
Ora la situazione è peggiore di prima.	Jetzt ist die Lage schlimmer als vorher.
Hai concluso il peggior affare della tua vita.	Du hast das schlechteste Geschäft deines Lebens gemacht.
pessimo ['pɛs-simo], **-a** *agg.*	**sehr schlecht**
E' veramente un pessimo risultato.	Das ist wirklich ein sehr schlechtes Ergebnis.

scarso ['skarso], **-a** (di) *agg.* — **dürftig; arm** (an)
Dopo la siccità estiva i raccolti sono stati scarsi. — Nach der Sommerdürre ist die Ernte kärglich gewesen.

1.1.3.4.7 Wunsch und Bitte

«1–2000»

aver bisogno (di) [averbi'zoːɲo] — **brauchen, benötigen**
Aveva solo bisogno di un po' di riposo. — Er brauchte nur etwas Ruhe.

bisogno [bi'zoːɲo] *m* — **Bedürfnis** *n*
Da giorni sentiva il bisogno di parlare con qualcuno. — Seit Tagen spürte er das Bedürfnis, mit jemandem zu sprechen.

chiedere (qc. a qn.) [ki'ɛːdere] *v.* (*irr.* 11) — (jdn um etw.) **bitten**
Non posso chiedere ancora più soldi ai miei genitori. — Ich kann meine Eltern nicht um noch mehr Geld bitten.

desiderare [deside'raːre] *v.* — **wünschen**
Cosa desidera? – Vorrei dei pomodori. — Sie wünschen? – Ich hätte gern ein paar Tomaten.

desiderio [desi'dɛːrio] *m* (*pl.* -ri) — **Wunsch** *m*
Il suo più grande desiderio era (di) tornare in Italia. — Sein größter Wunsch war, nach Italien zurückzukehren.

domandare (qc. a qn.) [doman'daːre] *v.* — (jdn um etw.) **bitten**
E così non domandarono il permesso a nessuno. — Und so baten sie niemanden um Erlaubnis.

insistere [in'sistere] *v.* (*pp.* insistito) — **darauf bestehen**
Scusate se insisto ma è importante. — Entschuldigt, wenn ich darauf bestehe, aber es ist wichtig.

necessario [netʃes-'saːrio], **-a** *agg.* (*pl. m* -ri) — **nötig, notwendig**
Era proprio necessario farla venire? — War es wirklich nötig, sie kommen zu lassen?

occorrere [ok-'kor-rere] *v.* (*irr.* 21; essere) — **brauchen, benötigen**
Mi occorre il tuo aiuto. — Ich brauche deine Hilfe.

pregare [pre'gaːre] *v.* — **bitten**
Si fa sempre pregare a lungo. — Er läßt sich immer lange bitten.

proporre [pro'por-re] *v.* (*irr.* 55) Le abbiamo proposto di dividere le spese.	**vorschlagen** Wir haben ihr vorgeschlagen, die Kosten zu teilen.
proposta [pro'posta] *f* La loro proposta è stata accettata subito.	**Vorschlag** *m* Ihr Vorschlag wurde sofort angenommen.
rivolgere [ri'vɔldʒere] *v.* (*irr.* 66) Rivolgendogli quella domanda, l'hai offeso.	(*Bitte, Frage*) **stellen, richten** (an) Dadurch, daß du ihm diese Frage gestellt hast, hast du ihn beleidigt.
scegliere ['ʃeːʎere] *v.* (*irr.* 70) Hanno già scelto? – No, ma intanto ci porti da bere.	**(aus)wählen** Haben Sie schon gewählt? – Nein, aber bringen Sie uns inzwischen etwas zu trinken.
voglia ['vɔːʎa] *f* Oggi non ho voglia di uscire, sarà per un'altra volta.	**Lust** *f*, **Verlangen** *n* Heute habe ich keine Lust auszugehen, ein andermal.
volere [vo'leːre] *v.* (*irr.* 95) Dite chiaramente cosa volete!	**wollen** Sagt klar und deutlich, was ihr wollt!
vorrei [vor-'rɛi] Vorrebbe tanto che tu andassi a trovarlo.	**ich möchte** Er möchte so sehr, daß du ihn besuchst.

«2001–4000»

apposta [ap-'pɔsta] *avv.* Mi dispiace, non l'ho fatto apposta.	**absichtlich** Es tut mir leid, ich habe es nicht absichtlich getan.
augurio (di, per) [au'guːrio] *m* (*pl.* -ri) Le porgo i più sinceri auguri di pronta guarigione.	**(Glück-)Wunsch** (zu, für) Mit meinen besten Wünschen für eine schnelle Genesung.
invitare [invi'taːre] *v.* Le autorità invitarono i dimostranti ad abbandonare l'edificio.	**auffordern** Die Behörden forderten die Demonstranten auf, das Gebäude zu verlassen.
preghiera [pregi'ɛːra] *f* Non ha mai ascoltato le preghiere di nessuno.	**Bitte** *f* Er hat nie auf die Bitten anderer gehört.

richiesta (di) [riki'ɛsta] *f*	**Forderung** *f*, **Anfrage** *f* (nach), **Bitte** *f* (um)
Le loro richieste di denaro sono diventate pesanti.	Ihre Geldforderungen sind erdrückend geworden.
Non abbiamo ancora ricevuto nessuna richiesta ufficiale.	Wir haben noch keine offizielle Anfrage erhalten.
rinunciare (a) [rinun'tʃaːre] *v.*	**verzichten** (auf)
Non si rinuncia a troppe cose nella vita?	Verzichtet man nicht auf zu vieles im Leben?
scelta ['ʃelta] *f*	**(Aus-)Wahl** *f*
Non c'è molta scelta ma i prezzi sono buonissimi.	Die Auswahl ist nicht groß, aber die Preise sind sehr niedrig.
servire [ser'viːre] *v.* (essere)	**brauchen, benötigen**
Mi serve un po' più (di) tempo.	Ich brauche etwas mehr Zeit.
volerci [vo'lertʃi] *v.* (*irr.* 95; essere)	**erfordern, brauchen, benötigen**
Per (fare) questo lavoro ci vuole personale specializzato.	Für diese Arbeit braucht man Fachkräfte.

1.1.3.4.8 Höflichkeitsformeln

«1–2000»

arrivederci [ar-rive'dertʃi], **arrivederLa** (*förmlich*) [ar-rive-'derla]	**auf Wiedersehen**
Grazie di tutto e arrivederci.	Danke für alles und auf Wiedersehen.
buonasera [buona'seːra]	**guten Abend,** *am Nachmittag* **guten Tag**
In Italia si dice «buonasera» già alle tre del pomeriggio.	In Italien sagt man schon um drei Uhr nachmittags „buonasera".
buongiorno [buon'dʒorno]	**guten Tag; guten Morgen**
Buongiorno dottore, come sta?	Guten Tag, Herr Doktor, wie geht es Ihnen?
caro ['kaːro], **-a** *agg.*	**lieb**
Cara Maria, (*Briefanfang*)	Liebe Maria,
ciao! ['tʃaːo] *interi.*	**Tag!, grüß dich!** (F)
Ciao Luisa, come stai?	Grüß dich, Luisa! Wie geht es dir?

ciao! [ˈtʃaːo] *interi.* Allora a domani, ciao.	**tschüß!** (F) Also bis morgen, tschüß!
come va? [komeˈva] E come va da voi? – Così così.	**wie geht's?** Und wie geht's bei euch? – So lala.
grazie [ˈgraːtsie] *interi.* Grazie per il passaggio e buon viaggio.	**danke** Danke fürs Mitnehmen und gute Fahrt.
per favore [perfaˈvoːre], **per piacere** [perpiaˈtʃeːre] Per favore abbassa un po' la radio.	**bitte** Bitte stell das Radio etwas leiser.
piacere [piaˈtʃeːre] Le presento mia moglie. – Piacere, signora.	**ich freue mich, sehr erfreut** Darf ich Ihnen meine Frau vorstellen? – Sehr erfreut.
prego [ˈprɛːgo] Grazie per la bella serata. – Prego, è stato un piacere avervi qui.	**bitte** Danke für den schönen Abend. – Bitte, es war eine Freude, euch hier zu haben.
(ma) prego [(ma)ˈprɛːgo] Mi permette di telefonare? – Ma prego.	**bitte (sehr), aber bitte** Erlauben Sie, daß ich telefoniere? – Bitte sehr.
presentare [prezenˈtaːre] *v.* Strano che non ti abbiano ancora presentato il nuovo collega.	**vorstellen** Seltsam, daß man dir den neuen Kollegen noch nicht vorgestellt hat.
scusa(mi) [ˈskuːza(mi)] Scusa ma devo proprio andare.	**entschuldige (mich)** Entschuldige, aber ich muß wirklich gehen.
(mi) scusi [(mi)ˈskuːzi] Mi scusi se La disturbo a quest'ora, ma è urgente.	**entschuldigen Sie, Verzeihung** Entschuldigen Sie, daß ich um diese Zeit störe, aber es ist dringend.
signora [siˈɲoːra] *f* Buongiorno, signora, in che posso servirLa? La signora Bruni è fuori. Gentile Signora, (*Briefanfang*)	**Frau** (+ *Name, sonst unübersetzt*) Guten Tag, was kann ich für Sie tun? Frau Bruni ist nicht da. Sehr geehrte Frau (+ *Name*)

signore [si'ɲoːre] *m*	**Herr** (+ *Name, sonst unübersetzt*)
Il signore desidera?	Sie wünschen?
Vorrei parlare con il signor Pellegrini.	Ich möchte Herrn Pellegrini sprechen.
signorina [siɲo'riːna] *f*	**Fräulein** (+ *Name, sonst unübersetzt*)
A che piano abita la signorina Marchi?	Auf welcher Etage wohnt Fräulein Marchi?
va bene [va'bɛːne]	**in Ordnung, einverstanden**
Va bene, saremo là alle dieci.	In Ordnung, wir werden um zehn Uhr dort sein.

«2001–4000»

a dopo! [a'dɔːpo]	**bis bald!, bis gleich!**
a lunedì! [alune'di]	**bis Montag!**
a più tardi! [apiu'tardi]	**bis später!, bis nachher!**
a presto! [a'prɛsto]	**bis bald!**
altrettanto [altret-'tanto] *avv.*	**gleichfalls, ebenfalls**
Buon appetito! – Grazie, altrettanto.	Guten Appetit! – Danke, gleichfalls.
avanti! [a'vanti] *interi.*	**herein!**
buon appetito! [buonap-pe'tiːto]	**guten Appetit!**
buona fortuna! [bu'ɔːnafor'tuːna]	**viel Glück!**
buon viaggio! [buɔnvi'ad-dʒo]	**gute Reise!**
cincin! [tʃin'tʃin] *interi.*	**prost!**
di niente [dini'ɛnte]	**keine Ursache, bitte (sehr)**
La ringrazio per avermi accompagnata. – Di niente, l'ho fatto volentieri.	Danke, daß Sie mich begleitet haben. – Keine Ursache, das habe ich gern getan.
mi (di)spiace [mi(di)spi'aːtʃe]	**(es) tut mir leid**
Mi dispiace che tu non stia meglio.	Es tut mir leid, daß es dir (noch) nicht besser geht.
(non) fa niente [(non)fani'ɛnte]	**macht nichts**
Ho dimenticato di comprarti il giornale. – Fa niente.	Ich habe vergessen, dir die Zeitung zu kaufen. – Macht nichts.
non c'è di che [non'tʃɛdi'ke]	**keine Ursache, gern geschehen**
E grazie tante per il vostro aiuto. – Non c'è di che.	Und vielen Dank für eure Hilfe. – Gern geschehen.

non importa [nonim'porta]	**macht nichts, das ist nicht so wichtig**
Non trovo più quella fattura. – Non importa, non preoccuparti.	Ich finde die Rechnung nicht mehr. – Macht nichts, mach dir keine Sorgen.
(che) peccato [(ke)pek-'ka:to]	**(wie) schade**
Dobbiamo proprio andare. – Peccato!	Wir müssen wirklich gehen. – Schade!
salute! [sa'lu:te]	**prost, zum Wohl!; Gesundheit!** (*wenn jemand niest*)
saluti affettuosi [sa'lu:tiaf-fettu'o:si]	**herzliche, liebe Grüße** (*Briefschluß*)
cordiali saluti [kordi'a:lisa'lu:ti]	**herzliche Grüße** (*Briefschluß*)
distinti saluti [dis'tintisa'lu:ti]	**mit besten Grüßen** (*Briefschluß*)
serviti ['serviti], **Si serva** [si'serva]	**bedien(e) dich, (bitte) bedienen Sie sich**
Ecco il dessert, si serva!	Hier ist der Nachtisch, bitte bedienen Sie sich!

1.1.3.4.9 Ausrufe und Gesprächsfloskeln

«1–2000»

ah! [a:]	**ach!**
Ah, è così, ma la cosa non finisce qui.	Ach, so ist das, aber damit ist die Sache noch nicht beendet.
ahi! ['a:i]	**au!**
Ahi, mi hai fatto male!	Au, du hast mir weh getan!
allora [al-'lo:ra]	**(na) also, (na) dann**
E allora lascia perdere!	Dann laß es eben!
attenzione! [at-tentsi'o:ne]	**Achtung!, Vorsicht!**
Attenzione! Il signor Carli è pregato di recarsi al deposito bagagli.	Achtung! Herr Carli wird zur Gepäckaufbewahrung gebeten.
beh [bɛ]	**na ja**
Beh, decidete voi!	Na ja, entscheidet ihr!
bene ['bɛ:ne]	**na schön, na gut**
Bene, sentiamo cosa vogliono.	Na schön, hören wir uns an, was sie wollen.

e con ciò? [ekonˈtʃɔ], **e con questo?** [ekonkuˈesto] Ti hanno cercato tutta la mattina ... – E con ciò?	**na und?** Man hat dich den ganzen Morgen gesucht ... – Na und?
dai! [ˈdaːi] **Dai, spicciati!**	**komm!, los!, vorwärts!** **Komm, beeil dich!**
dunque [ˈduŋkue] Questa sarebbe dunque la figlia di Enrico ...	**nun, also** Das wäre also Heinrichs Tochter ...
ebbene [eb-ˈbɛːne] Ebbene, che ne dici?	**nun, na** Nun, was sagst du dazu?
ecco [ˈɛk-ko] Ecco, io avrei fatto diversamente.	**nun, tja** (F) Tja, ich hätte es anders gemacht.
eh [ɛː] Cosa volete ancora, eh? Basta così, eh!	**he** (F), **eh** (F) Was wollt ihr noch, he? Schluß jetzt, eh!
ehi! [ˈei] Ehi voi, venite qui!	**he(da)!** (F) He, kommt her!
eppure [ep-ˈpuːre] Eppure è così, ne sono sicuro!	**und doch** Und es ist doch so, ich bin mir sicher!
forza! [ˈfɔrtsa] Forza, siete già in ritardo!	**los!, ran!** (F) Los, ihr seid schon zu spät dran!
infatti [inˈfat-ti] Di domenica infatti non si ferma mai in città.	**nämlich, in der Tat** Sonntags bleibt er nämlich nie in der Stadt.
insomma [inˈsom-ma] Insomma! Qui non si capisce più niente!	**kurz (und gut); na endlich; also** Also, hier versteht man gar nichts mehr!
ma [ma] Ma faccia qualcosa!	**doch** Tun Sie doch etwas!
magari! [maˈgaːri] Magari tornasse!	**und wie!; schön wär's!** Schön wär's, wenn er zurückkäme!
mah! [maː] Mah! Forse hai ragione tu, però mi sembra strano.	**wer weiß!; mag sein!** Wer weiß! Vielleicht hast du recht, mir kommt es aber merkwürdig vor.

mica ['mi:ka]	**gar nicht, keineswegs, doch nicht**
Mica male!	Gar nicht übel!
Non volevo mica farlo arrabbiare!	Ich wollte ihn keineswegs ärgern!
Vieni, mica ti mordo!	Komm, ich beiße doch nicht!
oh! [ɔ:]	**oh!, ach!**
Oh, bene! Così facciamo colazione subito.	Oh, gut! Also frühstücken wir gleich.
peccato [pek-'kato]	**schade**
Peccato che tu non sia venuto, è stato bellissimo.	Schade, daß du nicht gekommen bist, es war sehr schön.
un po' [un'pɔ]	**mal, nun**
Parliamo un po' seriamente.	Laß uns mal ernsthaft miteinander reden.
pronto! ['pronto] (*am Telefon*)	**hallo!**
Pronto, qui Salvatori, mi può passare la signorina Bini?	Hallo, hier ist Salvatori, können Sie mich mit Fräulein Bini verbinden?
pure ['pu:re]	**doch, nur**
Dica pure ...	Sagen Sie doch ...
Venga pure!	Kommen Sie nur!
via! ['vi:a]	**weg!; komm!, aber geh!** (F)
Via di qui!	Weg hier!
Via, non piangere così!	Komm, weine nicht so!
una buona volta [unabu'ɔ:na-'vɔlta]	**endlich (ein)mal**
E smettetela una buona volta!	Hört endlich mal auf damit!

«2001–4000»

addio! [ad-'di:o]	**leb wohl!**
Ti auguro ogni bene, addio.	Ich wünsche dir alles Gute, leb wohl!
aiuto! [ai'u:to]	**Hilfe!**
Dall'ascensore bloccato si sentiva gridare: «Aiuto, aiuto ...!»	Aus dem steckengebliebenen Aufzug hörte man „Hilfe, Hilfe" schreien.
basta! ['basta]	**es reicht!**
Adesso basta, smettila di dire stupidaggini!	Hör jetzt auf mit dem Quatsch, es reicht!

per carità! [perkari'ta] Per carità, non continuare a chiedermi quanto mi devi!	**ich bitte dich (Sie)!** Ich bitte dich, frag doch nicht dauernd, wieviel du mir schuldest!
in ogni caso [in'oːɲi'kaːzo] Ti scriverò in ogni caso.	**auf jeden Fall, jedenfalls** Ich werde dir auf jeden Fall schreiben.
coraggio! [ko'rad-dʒo] Coraggio ragazzi, fra un'ora abbiamo finito.	**Mut!** Mut Jungs, in einer Stunde sind wir fertig!
Dio mio! ['diːo'miːo], **mio Dio!** ['miːo'diːo] Mio Dio, ho dimenticato di staccare il ferro da stiro!	**mein Gott!** Mein Gott, ich habe vergessen das Bügeleisen abzustellen!
figurati! [fi'guːrati] Ma figurati, quello non accetterà mai le tue condizioni!	**ich bitte dich!; stell dir vor!** Aber ich bitte dich, der wird deine Bedingungen niemals akzeptieren!
si figuri! [sifi'guːri] Si figuri che per questo pessimo lavoro è stato anche lodato!	**stellen Sie sich vor!** Stellen Sie sich vor, für diese miserable Arbeit ist er auch noch gelobt worden!
fuori! [fu'ɔːri] Non voglio vederti neanche un minuto in più, fuori di qui!	**raus!** Ich will dich keine Minute länger mehr sehen, raus hier!
maledizione! [maleditsi'oːne] Maledizione, oggi va proprio tutto storto!	**verdammt!, verflixt!** Verdammt, heute geht aber auch alles schief!
piantala! [pi'antala] Ne ho abbastanza dei tuoi rimproveri, piantala una buona volta!	**hör auf!** Ich habe genug von deinen Vorwürfen, hör endlich damit auf!
presto! ['prɛsto] Presto, vieni qui e dà un'occhiata a questo!	**schnell!** Schnell, komm her und sieh dir das an!
santo cielo! ['santo'tʃɛːlo] Santo cielo! Non mi dirai che sei venuto a piedi!	**um Himmels willen!** Um Himmels willen! Sag bloß, du bist zu Fuß gekommen!
viva! ['viːva] Oggi sono cominciate le vacanze: viva l'estate!	**hoch!, es lebe!** Heute haben die Ferien begonnen: Es lebe der Sommer!

zitto! ['tsit-to], **zitti!** ['tsit-ti] Zitti, per favore, così non si può lavorare!	**(sei) still!, (seid) still!** Seid bitte still, so kann man nicht arbeiten!

1.1.4 DER MENSCH UND DIE GESELLSCHAFT

1.1.4.1 IDENTIFIZIERUNG

«1–2000»

bambino [bam'bi:no] *m*, **-a** *f* Il bambino dei vicini ha pianto tutta la sera.	**Kind** *n*, **Baby** *n* Das Kind der Nachbarn hat den ganzen Abend geweint.
chiamarsi [kia'marsi] *v.* Come si chiama il nuovo direttore?	**heißen** Wie heißt der neue Direktor?
cognome [ko'ɲo:me] *m* Ha un cognome straniero.	**Familienname** *m*, **Zuname** *m* Er hat einen ausländischen Familiennamen.
donna ['dɔn-na] *f* In Italia le donne hanno il diritto di voto da circa 40 anni.	**Frau** *f* In Italien haben die Frauen seit ungefähr 40 Jahren das Wahlrecht.
età [e'ta] *f* (*unv.*) L'età minima per votare è 18 anni.	**Alter** *n* Das Mindestwahlalter beträgt 18 Jahre.
nazionalità [natsionali'ta] *f* (*unv.*) Con il matrimonio una donna può anche perdere la sua nazionalità.	**Staatsangehörigkeit** *f* Durch Heirat kann eine Frau ihre Staatsangehörigkeit auch verlieren.
nome ['no:me] *m* Scriva nome e cognome in stampatello.	**Name** *m* Schreiben Sie Vor- und Zunamen in Druckschrift.
persona [per'so:na] *f* Ad aspettarlo c'erano solo poche persone.	**Person** *f* Es warteten nur wenige Personen auf ihn.
ragazza [ra'gat-tsa] *f* Un gruppo di ragazze giocava in palestra.	**Mädchen** *n* In der Turnhalle spielte eine Mädchengruppe.
ragazzo [ra'gat-tso] *m* Il nostro gruppo è composto di tre ragazzi e due ragazze.	**Junge** *m* Unsere Gruppe besteht aus drei Jungen und zwei Mädchen.

signora [siˈɲoːra] *f* La padrona è una signora di circa 60 anni.	**Dame** *f*, **Frau** *f* Die Besitzerin ist eine Dame von ungefähr 60 Jahren.
signore [siˈɲoːre] *m* Sono sicuro di aver visto quel signore da qualche altra parte.	**Herr** *m* Ich bin sicher, daß ich diesen Herrn schon anderswo gesehen habe.
signorina [siɲoˈriːna] *f* Nel nuovo ufficio di mio cugino lavorano tre signorine.	**Fräulein** *n*, **junge Dame** *f* Im neuen Büro meines Vetters arbeiten drei junge Damen.
sposato [spoˈzaːto], **-a** *agg.* Pochi sapevano che era sposata.	**verheiratet** Wenige wußten, daß sie verheiratet war.
tipo [ˈtiːpo] *m* E' stato qui un tipo che chiedeva di te.	**Typ** *m* (F), **Mann** *m* Ein Typ war hier und fragte nach dir.
umano [uˈmaːno], **-a** *agg.* La natura umana si mostra spesso debole.	**menschlich** Die menschliche Natur erweist sich oft als schwach.
uomo [uˈɔːmo] *m* (*pl.* **uomini**) Sui problemi dell'uomo moderno sono stati scritti molti libri.	**Mensch** *m*, **Mann** *m* Über die Probleme des modernen Menschen sind viele Bücher geschrieben worden.

«2001–4000»

adulto [aˈdulto] *m*, **-a** *f* Stando all'età è un adulto, però non si comporta come tale.	**Erwachsene(r)** *f*(*m*) Dem Alter nach ist er ein Erwachsener, aber er benimmt sich nicht als solcher.
carta d'identità [ˈkartadidentiˈta] *f* La carta d'identità italiana è valida dieci anni.	**Personalausweis** *m* Der italienische Personalausweis ist zehn Jahre gültig.
celibe [ˈtʃɛːlibe] *agg. u. sost. m* Credo che lui resterà sempre celibe.	**unverheiratet; Junggeselle** *m* Ich glaube, er wird immer Junggeselle bleiben.
cittadinanza [tʃit-tadiˈnantsa] *f* Gli negano ancora la cittadinanza.	**Staatsbürgerschaft** *f* Die Staatsbürgerschaft wird ihm noch verweigert.

divorziato [divortsi'a:to], **-a** *agg.* Da quando è divorziato non lo si riconosce più.	**geschieden** Seitdem er geschieden ist, ist er nicht mehr wiederzuerkennen.
documenti [doku'menti] *m/pl.* Alla dogana si accorse di aver dimenticato a casa tutti i documenti.	**Papiere** *n/pl.* Am Zoll stellte er fest, daß er all seine Papiere zu Hause vergessen hatte.
nubile ['nu:bile] *agg.* Una donna non sposata è nubile.	**ledig** *(nur von Frauen)* Eine unverheiratete Frau ist ledig.
passaporto [pas-sa'pɔrto] *m* Si procurò un passaporto falso e fuggì all'estero.	**Paß** *m* Er besorgte sich einen gefälschten Paß und floh ins Ausland.
razza ['rat-tsa] *f* Ai Giochi Olimpici parteciparono atleti di tutte le razze della terra.	**Rasse** *f* An den Olympischen Spielen nahmen Athleten aller Rassen der Erde teil.
sesso ['sɛs-so] *m* Anche in italiano il sesso naturale e quello grammaticale non vanno sempre d'accordo.	**Geschlecht** *n* Auch im Italienischen stimmen das natürliche und das grammatikalische Geschlecht nicht immer überein.

1.1.4.2 FAMILIE

«1–2000»

famiglia [fa'mi:ʎa] *f* Le famiglie numerose diventano sempre più rare.	**Familie** *f* Kinderreiche Familien werden immer seltener.
figlia ['fi:ʎa] *f* Avevano un debole per la figlia più giovane.	**Tochter** *f* Sie hatten eine Schwäche für die jüngste Tochter.
figlio ['fi:ʎo] *m* (*pl.* -gli) Il figlio di Alberto vuole diventare avvocato.	**Sohn** *m* Der Sohn von Albert will Rechtsanwalt werden.
fratello [fra'tɛl-lo] *m* Un mio fratello vive a Padova da anni.	**Bruder** *m* Einer meiner Brüder lebt seit Jahren in Padua.

genitori [dʒeni'toːri] *m/pl.* Qualche volta veniva a scuola accompagnato dai genitori.	**Eltern** *pl.* Manchmal kam er in Begleitung der Eltern in die Schule.
madre ['maːdre] *f* E' sempre stata un'ottima madre.	**Mutter** *f* Sie ist immer eine sehr gute Mutter gewesen.
mamma ['mam-ma] *f* Cosa regaliamo alla mamma per il suo compleanno?	**Mutti** *f*, **Mama** *f* Was schenken wir (der) Mama zum Geburtstag?
marito [ma'riːto] *m* Mio marito non è in casa, richiami più tardi.	**(Ehe-)Mann** *m* Mein Mann ist nicht zu Hause, rufen Sie später wieder an.
matrimonio [matri'mɔːnio] *m* (*pl.* -ni) Dopo il matrimonio sono cambiati molto.	**Heirat** *f*, **Ehe** *f* Nach der Heirat haben sie sich sehr verändert.
moglie ['moːʎe] *f* (*pl.* -gli) Mia moglie ha deciso che andremo al mare.	**(Ehe-)Frau** *f* Meine Frau hat beschlossen, daß wir ans Meer fahren.
nipote [ni'poːte] *m, f* Giuliano ha già una nipote e due nipoti.	**Neffe** *m*, **Nichte** *f*; **Enkel(in)** *m*(*f*) Giuliano hat schon eine Nichte und zwei Neffen.
nonna ['nɔn-na] *f* La nonna portava sempre qualcosa per i bambini.	**Großmutter** *f*, **Oma** *f* Oma brachte immer etwas für die Kinder mit.
nonno ['nɔn-no] *m* E' già diventato nonno per la seconda volta.	**Großvater** *m*, **Opa** *m* Er ist schon zum zweiten Mal Großvater geworden.
padre ['paːdre] *m* Nostro padre amava molto la montagna.	**Vater** *m* Unser Vater liebte die Berge sehr.
papà [pa'pa] *m* (*unv.*) Papà, dove andiamo questa estate in vacanza?	**Vati** *m*, **Papa** *m* Papa, wohin fahren wir diesen Sommer in Urlaub?
parente [pa'rɛnte] *m, f* Una lontana parente gli ha lasciato molti soldi.	**Verwandte(r)** *f*(*m*) Eine entfernte Verwandte hat ihm viel Geld hinterlassen.
sorella [so'rɛl-la] *f* La mia sorella più giovane parla un po' il tedesco.	**Schwester** *f* Meine jüngste Schwester spricht etwas Deutsch.

sposarsi [spoˈzarsi] *v.* E' probabile che si sposeranno in chiesa.	**heiraten, sich verheiraten** Wahrscheinlich lassen sie sich kirchlich trauen.
zia [ˈtsiːa] *f* Una zia di mio marito era una famosa pittrice.	**Tante** *f* Eine Tante meines Mannes war eine berühmte Malerin.
zio [ˈtsiːo] *m* (*pl.* zii) Il fratello della madre o del padre si chiama zio.	**Onkel** *m* Den Bruder der Mutter oder des Vaters nennt man Onkel.

«2001–4000»

cognato [koˈɲaːto] *m,* **-a** *f* Va più d'accordo con la cognata che con la moglie.	**Schwager** *m,* **Schwägerin** *f* Er versteht sich mit seiner Schwägerin besser als mit seiner Frau.
cugino [kuˈdʒiːno) *m,* **-a** *f* Non so neanche quanti cugini e cugine ho.	**Vetter** *m,* **Cousine** *f* Ich weiß gar nicht, wie viele Vettern und Cousinen ich habe.
divorziare [divortsiˈaːre] *v.* I suoi genitori hanno deciso di divorziare.	**sich scheiden lassen** Seine Eltern haben beschlossen, sich scheiden zu lassen.
fidanzato [fidanˈtsaːto] *m,* **-a** *f* Non vuoi far conoscere la fidanzata alla tua famiglia?	**Verlobte(r)** *f*(*m*) Willst du deine Verlobte nicht deiner Familie vorstellen?
genero [ˈdʒɛːnero] *m* Nella ditta di Carlo lavora adesso anche il genero.	**Schwiegersohn** *m* In Karls Firma arbeitet jetzt auch der Schwiegersohn.
nozze [ˈnɔt-tse] *f/pl.* Le nozze si terranno nella Chiesa di San Pietro il 9 aprile alle 11.	**Hochzeit** *f* Die Hochzeit findet am 9. April um 11 Uhr in der Peterskirche statt.
nuora [nuˈɔːra] *f* Era impaziente di conoscere la nuora.	**Schwiegertochter** *f* Er war ungeduldig, seine Schwiegertochter kennenzulernen.
suocero [suˈɔːtʃero] *m,* **-a** *f* Sulle suocere si raccontano numerose barzellette.	**Schwiegervater** *m,* **-mutter** *f* Über Schwiegermütter werden zahlreiche Witze erzählt.
suoceri [suˈɔːtʃeri] *m/pl.* Da quando si è sposata non ha più visto i suoceri.	**Schwiegereltern** *pl.* Seitdem sie geheiratet hat, hat sie die Schwiegereltern nicht mehr gesehen.

1.1.4.3 SOZIALE BINDUNGEN

«1–2000»

amicizia [ami'tʃi:tsia] *f* I giovani d'oggi credono molto nell'amicizia.	**Freundschaft** *f* Die heutige Jugend glaubt sehr an die Freundschaft.
amico [a'mi:ko] *m* (*pl.* -ci), **-a** *f* (*pl.* -che) Ha festeggiato la laurea con amici e amiche.	**Freund(in)** *m*(*f*) Er hat die Promotion mit Freunden und Freundinnen gefeiert.
collega [kol-'lɛ:ga] *m* (*pl.* -ghi), *f* (*pl.* -ghe) E' una delle colleghe più giovani che lavorano qui.	**Kollege** *m,* **Kollegin** *f* Sie ist eine der jüngsten Kolleginnen, die hier arbeiten.
compagnia [kompa'ɲi:a] *f* La vostra compagnia le farà bene.	**Gesellschaft** *f,* **Begleitung** *f* Eure Gesellschaft wird ihr guttun.
compagno [kom'pa:ɲo] *m,* **-a** *f* Ti presento Luciano, un vecchio compagno di scuola.	**Kamerad(in)** *m*(*f*); **Freund(in)** *m*(*f*) Ich stelle dir Luciano vor, einen alten Schulfreund.
comune [ko'mu:ne] *agg.* Gli interessi comuni hanno impedito che litigassero di nuovo.	**gemeinsam** Die gemeinsamen Interessen verhinderten, daß sie sich erneut stritten.
in comune [inko'mu:ne] *avv.* Abbiamo scoperto di avere molte cose in comune.	**gemeinsam** Wir haben entdeckt, daß wir vieles gemeinsam haben.
gente ['dʒɛnte] *f* Anche la sera tardi c'era molta gente per le strade.	**Leute** *pl.* Auch spätabends waren viele Leute auf den Straßen.
gruppo ['grup-po] *m* Il gruppo è un elemento sociale molto importante.	**Gruppe** *f* Die Gruppe ist ein sehr wichtiges soziales Element.
società [sotʃe'ta] *f* (*unv.*) Certi valori sono importanti anche per la società d'oggi.	**Gesellschaft** *f* Bestimmte Werte sind auch für die heutige Gesellschaft wichtig.
vicino [vi'tʃi:no] *m,* **-a** *f* Chiediamo alla vicina se ci può aiutare.	**Nachbar(in)** *m*(*f*) Fragen wir die Nachbarin, ob sie uns helfen kann.

«2001–4000»

associazione [as-sotʃatsiˈoːne] *f*	**Vereinigung** *f*, **Gesellschaft** *f*
Nella nostra città ci sono moltissime associazioni politiche.	In unserer Stadt gibt es sehr viele politische Vereinigungen.
membro [ˈmɛmbro] *m* (*pl.* -bri)	**Mitglied** *n*
E' uno dei membri più giovani dell'Accademia.	Er ist eines der jüngsten Mitglieder der Akademie.
relazione [relatsiˈoːne] *f*	**Beziehung** *f*
Credo che la loro relazione non sia soltanto d'affari.	Ich glaube, ihre Beziehung ist nicht nur geschäftlicher Art.
sociale [soˈtʃaːle] *agg.*	**gesellschaftlich, sozial**
Purtroppo molti problemi sociali non sono stati ancora risolti.	Leider sind viele soziale Probleme noch nicht gelöst worden.
umanità [umaniˈta] *f* (*unv.*)	**Menschheit** *f*
Le armi nucleari possono distruggere l'umanità intera.	Die Atomwaffen können die ganze Menschheit vernichten.

1.1.4.4 BERUFE

«1–2000»

barbiere [barbiˈɛːre] *m*	**(Herren-)Friseur** *m*
Da più di vent'anni vado sempre dallo stesso barbiere.	Seit über zwanzig Jahren gehe ich immer zum gleichen Friseur.
giornalista [dʒornaˈlista] *m* (*pl.* -i), *f* (*pl.* -e)	**Journalist(in)** *m*(*f*)
Alla conferenza stampa erano presenti più di cento giornalisti.	Bei der Pressekonferenz waren mehr als hundert Journalisten anwesend.
ingegnere [indʒeˈɲɛːre] *m*	**Ingenieur** *m*
Il progetto dev'essere controllato da un ingegnere.	Der Entwurf muß von einem Ingenieur geprüft werden.
maestro [maˈɛstro] *m*, **-a** *f*	**Lehrer(in)** *m*(*f*) (*in der Grundschule*)
Nelle scuole elementari lavorano più maestre che maestri.	In den Grundschulen arbeiten mehr Lehrerinnen als Lehrer.
mestiere [mestiˈɛːre] *m*	**Beruf** *m*, **Handwerk** *n*
Cerchiamo qualcuno che sappia il suo mestiere.	Wir suchen jemanden, der sein Handwerk beherrscht.

operaio [ope'ra:io] *m* (*pl.* -rai), **-a** *f*	**Arbeiter(in)** *m*(*f*)
L'industria tessile dà lavoro a circa un milione di operai.	Die Textilindustrie beschäftigt ungefähr eine Million Arbeiter.
parrucchiere [par-ruk-ki'ɛ:re] *m*, **-a** *f*	**(Damen-)Friseur** *m*, **Friseuse** *f*
Un parrucchiere alla moda è anche molto caro.	Ein Modefriseur ist auch sehr teuer.
professore [profes-'so:re] *m*, **professoressa** [profes-so'res-sa] *f*	**Lehrer(in)** *m*(*f*) (*am Gymnasium*); **Studienrat** *m*, **-rätin** *f*; **Professor(in)** *m*(*f*)
Oggi non abbiamo matematica, il professore è malato.	Heute haben wir keine Mathe, der Lehrer ist krank.
segretaria [segre'ta:ria] *f*	**Sekretärin** *f*
Ha trovato impiego come segretaria.	Sie hat eine Anstellung als Sekretärin gefunden.
tecnico ['tɛkniko] *m* (*pl.* -ci)	**Techniker** *m*
Per riparare il guasto ci vuole un tecnico.	Um den Defekt zu reparieren, braucht man einen Techniker.

«2001–4000»

cuoco [ku'ɔ:ko] *m* (*pl.* -chi), **-a** *f* (*pl.* -che)	**Koch** *m*, **Köchin** *f*
E allora protesti dal cuoco.	Beschweren Sie sich doch beim Koch.
elettricista [elet-tri'tʃista] *m* (*pl.* -i)	**Elektriker** *m*
Da giorni aspetto l'elettricista.	Ich warte seit Tagen auf den Elektriker.
esperto [es'pɛrto] *m*, **-a** *f*	**Experte** *m*, **Expertin** *f*
Nel suo campo è veramente un esperto.	Auf seinem Gebiet ist er wirklich ein Experte.
fotografo [fo'tɔ:grafo] *m*, **-a** *f*	**Fotograf(in)** *m*(*f*)
I lavori di questo fotografo non mi piacciono per niente.	Die Arbeiten dieses Fotografen gefallen mir überhaupt nicht.
insegnante [inse'ɲante] *m*, *f*	**Lehrer(in)** *m*(*f*)
Era l'insegnante più odiato di tutta la scuola.	Er war der bestgehaßte Lehrer der ganzen Schule.

meccanico [mek-ˈkaːniko] *m* (*pl.* -ci)	**Mechaniker** *m*
Il meccanico ha impiegato delle ore per riparare il guasto.	Der Mechaniker brauchte Stunden, bis er den Fehler behoben hatte.
professione [profes-siˈoːne] *f*	**Beruf** *m*
Hanno fatto di tutto per cambiare professione.	Sie haben alles getan, um den Beruf zu wechseln.
professionista [profes-sioˈnista] *m* (*pl.* -i)	**Profi** *m*
Questo è un lavoro da veri professionisti!	Das ist die Arbeit von Profis!
specialista [spetʃaˈlista] *m* (*pl.* -i), *f* (*pl.* -e)	**Spezialist(in)** *m*(*f*); **Facharzt** *m*, **-ärztin** *f*
Al tuo posto mi rivolgerei ad uno specialista.	An deiner Stelle würde ich mich an einen Spezialisten wenden.

1.1.4.5 SOZIALE POSITION

«1–2000»

capo [ˈkaːpo] *m*	**Chef** *m*, **Oberhaupt** *n*
La decisione è stata presa dal capo dell'impresa.	Die Entscheidung wurde vom Chef des Unternehmens getroffen.
comandare [komanˈdaːre] *v.*	**befehlen**
Fate come dico, qui comando io!	Macht es so, wie ich sage, hier befehle ich!
direttore [diret-ˈtoːre] *m*, **direttrice** [diret-ˈtriːtʃe] *f*	**Leiter(in)** *m*(*f*), **Direktor(in)** *m*(*f*)
Il direttore La riceverà alle dieci e mezza.	Der Direktor wird Sie um halb elf empfangen.
dottore [dot-ˈtoːre] *m*	**Doktor** *m*
Con la laurea ha ottenuto il titolo di dottore.	Mit der Promotion hat er den Doktortitel erlangt.
influenza [influˈɛntsa] *f*	**Einfluß** *m*
La loro influenza sulla vita politica cresce di giorno in giorno.	Ihr Einfluß auf das politische Leben wächst von Tag zu Tag.
meritare [meriˈtaːre] *v.*	**verdienen, wert sein**
Vi siete proprio meritati una ricompensa.	Ihr habt euch wirklich eine Belohnung verdient.

obbedire [ob-be'diːre] *v.* (-isc-) Non è facile obbedire senza discutere.	**gehorchen** Es ist nicht einfach, ohne Diskussionen zu gehorchen.
onore [o'noːre] *m* Ci sarà un ricevimento in onore della delegazione straniera.	**Ehre** *f* Es wird einen Empfang zu Ehren der ausländischen Delegation geben.
ordinare [ordi'naːre] *v.* Chi ha ordinato di fermare i lavori?	**befehlen, anordnen** Wer hat angeordnet, die Arbeiten zu stoppen?
padrone [pa'droːne] *m*, **-a** *f* La padrona di casa è via per una settimana.	**Chef(in)** *m(f)*, **Wirt(in)** *m(f)* Die Hauswirtin ist für eine Woche verreist.
personalità [personali'ta] *f* (*unv.*) Erano presenti tutte le personalità del mondo politico.	**Persönlichkeit** *f* Alle Persönlichkeiten aus der Politik waren anwesend.
posizione [pozitsi'oːne] *f* Nella sua nuova posizione guadagna molto di più.	**Stellung** *f*, **Position** *f* In seiner neuen Position verdient er viel mehr.
presidente [presi'dɛnte] *m* Il presidente ha reso noto il risultato della votazione.	**Vorsitzender** *m*, **Präsident** *m* Der Vorsitzende hat das Ergebnis der Wahl bekanntgegeben.
riconoscere [riko'noʃ-ʃere] *v.* (*irr.* 18) Il passaporto è valido per tutti i paesi i cui governi sono riconosciuti dal governo italiano.	**anerkennen** Der Paß ist gültig für alle Länder, deren Regierungen von der italienischen Regierung anerkannt sind.
rispetto [ris'pɛt-to] *m* Tutti la trattavano con grande rispetto.	**(Hoch-)Achtung** *f*, **Respekt** *m* Alle behandelten sie mit großem Respekt.
titolo ['tiːtolo] *m* I titoli non hanno molta importanza per me.	**Titel** *m* Titel haben für mich keine große Bedeutung.

«2001–4000»

autorità [autori'ta] *f* (*unv.*) La sua autorità è indiscussa presso tutti i collaboratori.	**Autorität** *f*, **Ansehen** *n* Seine Autorität ist bei allen Mitarbeitern unumstritten.

1.1.4.6 POSITIVES UND NEUTRALES SOZIALVERHALTEN

«1–2000»

abbracciare [ab-brat-ˈtʃaːre] *v.* La abbracciò tenendola stretta.	**umarmen** Er umarmte sie und hielt sie an sich gedrückt.
accompagnare [ak-kompaˈɲaː-re] *v.* Chi mi accompagna all'aeroporto?	**begleiten** Wer begleitet mich zum Flughafen?
aiutare (qn.) [aiuˈtaːre] *v.* E mille grazie per averci aiutati!	(jdm) **helfen** Und vielen Dank, daß Sie uns geholfen haben!
aiuto [aiˈuːto] *m* Senza il vostro aiuto non sarebbe stato possibile finire il lavoro.	**Hilfe** *f* Ohne eure Hilfe wäre es nicht möglich gewesen, die Arbeit abzuschließen.
atteggiamento [at-ted-dʒa-ˈmento] *m* Il suo atteggiamento verso di me è molto cambiato.	**Haltung** *f*, **Verhalten** *n* Seine Haltung mir gegenüber hat sich sehr geändert.
baciare [baˈtʃaːre] *v.* In Italia ci si bacia spesso sulle guance.	**küssen** In Italien küßt man sich oft auf die Wangen.
bacio [ˈbaːtʃo] *m* (*pl.* -ci) Da' un bacio per me ai bambini.	**Kuß** *m* Gib den Kindern einen Kuß von mir.
civile [tʃiˈviːle] *agg.* Ogni persona civile rifiuta le dittature.	**gesittet, zivilisiert** Jeder zivilisierte Mensch lehnt Diktaturen ab.
contare (su qn., qc.) [konˈtaːre] *v.* Contiamo in ogni caso sulla tua partecipazione.	**sich verlassen** (auf jdn, etw.), **rechnen** (mit jdm, etw.) Wir rechnen auf jeden Fall mit deiner Teilnahme.
costume [kosˈtuːme] *m* La partita di calcio alla domenica è entrata nel costume.	**Gewohnheit** *f*, **Sitte** *f* Das Fußballspiel am Sonntag ist zur Gewohnheit geworden.
dovere [doˈveːre] *v.* (*irr.* 36) Devi assolutamente smettere di fumare.	**müssen, sollen** Du mußt unbedingt aufhören zu rauchen.

dovere [doˈveːre] *m* Le leggi fissano diritti e doveri del cittadino.	**Pflicht** *f* Die Gesetze legen Rechte und Pflichten des Bürgers fest.
esempio [eˈzempio] *m* Cercheremo di seguire il suo esempio.	**Beispiel** *n*, **Vorbild** *n* Wir werden versuchen, seinem Beispiel zu folgen.
faccenda [fat-ˈtʃɛnda] *f* E' una faccenda complicata di cui so pochissimo.	**Angelegenheit** *f* Das ist eine komplizierte Angelegenheit, von der ich sehr wenig weiß.
fiducia [fiˈduːtʃa] *f* Ha sempre avuto grande fiducia in sua sorella.	**Vertrauen** *n* Er hat immer großes Vertrauen zu seiner Schwester gehabt.
impegnare [impeˈɲaːre], **(-rsi)** (a) *v.* Finora tutti si sono impegnati a versare diecimila lire.	**(sich) verpflichten** (zu) Bisher haben sich alle dazu verpflichtet, zehntausend Lire zu bezahlen.
imporre [imˈpor-re] *v.* (*irr.* 55) Hanno provato ad imporre anche a me la loro volontà.	**aufzwingen, aufdrängen** Sie haben versucht, auch mir ihren Willen aufzuzwingen.
intendersi [inˈtɛndersi] *v.* (*irr.* 85) In fondo ci intendiamo bene.	**sich verstehen, sich vertragen** Im Grunde genommen verstehen wir uns gut.
maniere [maniˈɛːre] *f/pl.* Le persone di buone maniere sono piuttosto rare.	**Manieren** *f/pl.*, **Benehmen** *n* Leute mit guten Manieren sind ziemlich selten.
mantenere [manteˈneːre] *v.* (*irr.* 86) A volte non è facile mantenere la parola data.	**halten** Manchmal ist es nicht leicht, ein Versprechen zu halten.
modo [ˈmɔːdo] *m* Il loro modo di fare non mi convince.	**Art** *f*, **Weise** *f* Ihre Art und Weise überzeugt mich nicht.
morale [moˈraːle] *f* Anche in politica deve valere una certa morale.	**Moral** *f* Auch in der Politik muß eine gewisse Moral Gültigkeit haben.
occuparsi (di) [ok-kuˈparsi] *v.* Vieni, occupiamoci degli invitati.	**sich kümmern** (um), **sich beschäftigen** (mit) Komm, kümmern wir uns um die Gäste.

principio [prin'tʃiːpio] *m* (*pl.* -pi) I nostri principi non ci permisero d'accettare la proposta.	**Grundsatz** *m*, **Prinzip** *n* Unsere Grundsätze erlaubten uns nicht, den Vorschlag anzunehmen.
promettere [pro'met-tere] *v.* (*irr.* 43) Promettimi che non lo racconterai a nessuno!	**versprechen** Versprich mir, daß du es niemandem erzählst!
rapporto [rap-'pɔrto] *m* I suoi rapporti con la moglie sono di nuovo normali.	**Beziehung** *f* Seine Beziehung zu seiner Frau ist wieder normal.
ringraziare (qn. di *oder* per qc.) [riŋgratsi'aːre] *v.* La ringrazio molto per tutto ciò che ha fatto.	(jdm für etw.) **danken** Ich danke Ihnen für alles, was Sie getan haben.
rivolgersi (a) [ri'vɔldʒersi] *v.* (*irr.* 66) Non sapeva più a chi rivolgersi.	**sich wenden** (an) Er wußte nicht mehr, an wen er sich wenden sollte.
salutare [salu'taːre] *v.* Quando saluta mi sorride sempre.	**grüßen** Wenn sie grüßt, lächelt sie mich immer an.
scusare [sku'zaːre] *v.* Scusate il ritardo, ho perso l'autobus.	**entschuldigen** Entschuldigt die Verspätung, ich habe den Bus verpaßt.
scusarsi (di, per) [sku'zarsi] *v.* Si sono scusati per il disturbo e sono andati.	**sich entschuldigen** (wegen, für) Sie haben sich wegen der Störung entschuldigt und sind gegangen.
servire (qn., qc.) [ser'viːre] *v.* Ha servito lo stato per tutta la vita.	**dienen** (+ *Dat.*) Er hat sein Leben lang dem Staat gedient.
servizio [ser'viːtsio] *m* (*pl.* -zi) Grazie del servizio che mi hai reso.	**Dienst** *m* Danke für den Dienst, den du mir erwiesen hast.
tesoro [te'zɔːro] *m* Sei proprio un tesoro!	**Schatz** *m*, **Liebling** *m* Du bist wirklich ein Schatz!
uso ['uːzo] *m* I regali di Natale sono uno degli usi più diffusi.	**Brauch** *m*, **Sitte** *f* Sich Weihnachtsgeschenke zu machen, ist einer der am meisten verbreiteten Bräuche.

«2001–4000»

andare d'accordo [anˈdaːre-dak-ˈkɔrdo]	**sich vertragen**
Finora siamo sempre andati molto d'accordo.	Bisher haben wir uns immer gut vertragen.
augurare [auguˈraːre] *v.*	**wünschen**
Ti auguro di tutto cuore che vada bene.	Ich wünsche dir von ganzem Herzen, daß es klappt.
bene [ˈbɛːne] *m*	**Gute** *n*
Voleva solo far del bene.	Er wollte nur Gutes tun.
capirsi [kaˈpirsi] *v.* (-isc-)	**sich verstehen**
Sembrava che si capissero anche senza parole.	Sie schienen sich auch ohne Worte zu verstehen.
cedere [ˈtʃɛːdere] *v.*	**nachgeben**
Cede sempre per evitare liti.	Er gibt immer nach, um Streit zu vermeiden.
collaborazione [kol-laboratsi-ˈoːne] *f*	**Zusammenarbeit** *f*
La collaborazione di tutti ha garantito il successo.	Die Zusammenarbeit aller hat den Erfolg gesichert.
comportamento [komporta-ˈmento] *m*	**Benehmen** *n*
A giudicare dal comportamento è proprio una persona per bene.	Dem Benehmen nach zu urteilen, ist er ein feiner Mensch.
comportarsi [komporˈtarsi] *v.*	**sich benehmen**
Cosa credi di ottenere comportandoti così?	Was glaubst du damit zu erreichen, wenn du dich so benimmst?
educare [eduˈkaːre] *v.*	**erziehen**
Ancor'oggi ci si accorge che è stato educato severamente.	Man merkt ihm heute noch an, daß er streng erzogen wurde.
fidarsi (di qn.) [fiˈdarsi] *v.*	(jdm) **(ver)trauen**
Non fidatevi troppo dei cosiddetti amici!	Vertraut den sogenannten Freunden nicht zu sehr!
incaricare [iŋkariˈkaːre] *v.*	**beauftragen**
E' stata incaricata di formare una nuova commissione.	Sie wurde beauftragt, eine neue Kommission zu bilden.
merito [ˈmɛːrito] *m*	**Verdienst** *n*
Il merito va un po' a tutti quelli che mi hanno aiutato.	Das Verdienst gebührt ein wenig all denen, die mir geholfen haben.

obbligare [ob-bli'ga:re] *v.* Il suo lavoro lo obbliga a fare lunghi viaggi all'estero.	**verpflichten, zwingen** Sein Beruf zwingt ihn zu langen Reisen ins Ausland.
perdonare [perdo'na:re] *v.* Temo che non ti perdonerà questa stupidaggine.	**verzeihen** Ich fürchte, diese Dummheit wird sie dir nicht verzeihen.
premio ['prɛ:mio] *m* (*pl.* -mi) Hanno assegnato un premio al lavoratore più anziano.	**Preis** *m*, **Prämie** *f* Dem ältesten Arbeiter wurde eine Prämie zuerkannt.
provvedere (a) [prov-ve'de:re] *v.* (*irr.* 91) La città provvederà alla sistemazione dei senzatetto.	**sorgen** (für) Die Stadt wird für die Unterbringung der Obdachlosen sorgen.
risolvere [ri'sɔlvere] *v.* (*irr.* 6) Il problema della disoccupazione non è ancora risolto.	**lösen** Das Problem der Arbeitslosigkeit ist noch nicht gelöst.
soccorere [sok-'kor-rere] *v.* (*irr.* 21) Soccorrere chi ne ha bisogno dovrebbe essere una cosa ovvia.	**helfen, beistehen** Demjenigen zu helfen, der es braucht, sollte eine Selbstverständlichkeit sein.
umanità [umani'ta] *f* (*unv.*) Certi principi d'umanità non dovrebbero venire mai dimenticati!	**Menschlichkeit** *f* Bestimmte Gebote der Menschlichkeit sollten nie in Vergessenheit geraten!

1.1.4.7 NEGATIVES SOZIALVERHALTEN

«1–2000»

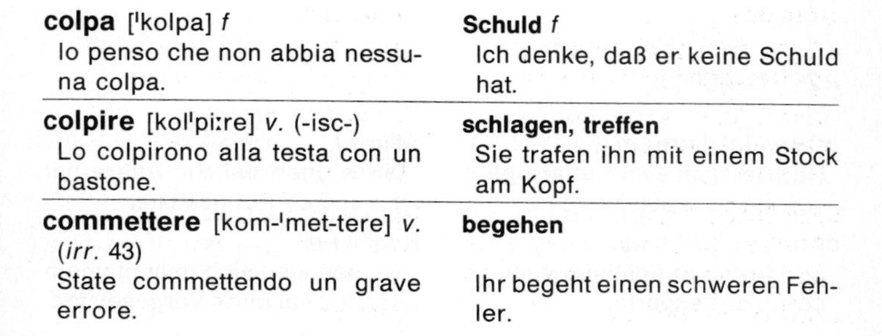

colpa ['kolpa] *f* Io penso che non abbia nessuna colpa.	**Schuld** *f* Ich denke, daß er keine Schuld hat.
colpire [kol'pi:re] *v.* (-isc-) Lo colpirono alla testa con un bastone.	**schlagen, treffen** Sie trafen ihn mit einem Stock am Kopf.
commettere [kom-'met-tere] *v.* (*irr.* 43) State commettendo un grave errore.	**begehen** Ihr begeht einen schweren Fehler.

costringere [kosˈtrindʒere] *v.* (*irr.* 22)	**zwingen**
I pirati dell'aria hanno costretto il pilota ad atterrare.	Die Luftpiraten haben den Piloten zur Landung gezwungen.
disturbare [disturˈbaːre] *v.*	**stören**
Non vogliono essere disturbati per nessun motivo.	Sie wollen auf keinen Fall gestört werden.
ingannare [iŋgan-ˈnaːre] *v.*	**täuschen, betrügen**
State attenti a non farvi ingannare!	Paßt auf, daß ihr nicht betrogen werdet!
mancanza [maŋˈkantsa] *f*	**Verfehlung** *f*, **Fehltritt** *m*
Una mancanza così grave non è scusabile.	Eine so schwere Verfehlung ist nicht zu entschuldigen.
mentire [menˈtiːre] *v.*	**lügen**
Ha promesso che non mentirà più.	Er hat versprochen, nicht mehr zu lügen.
offendere [of-ˈfɛndere] *v.* (*irr.* 49)	**beleidigen**
L'ha offesa senza alcun motivo.	Er hat sie ohne jeden Grund beleidigt.
prendere in giro [ˈprɛnderein-ˈdʒiːro]	**auf den Arm nehmen** (F)
E' vero, o mi stai prendendo in giro?	Ist es wahr, oder willst du mich auf den Arm nehmen?
rivelare [riveˈlaːre] *v.*	**verraten** (*preisgeben*)
Quando gli ho rivelato il vero motivo, ne fu molto stupito.	Als ich ihm den wahren Grund verriet, war er sehr überrascht.
tradire [traˈdiːre] *v.* (-isc-)	**betrügen; verraten**
La povera donna non poteva credere che il marito l'avesse tradita.	Die arme Frau konnte nicht glauben, daß ihr Mann sie betrogen hatte.

«2001–4000»

affare [af-ˈfaːre] *m*	**Affäre** *f*
Questo spiacevole affare gli è costato la reputazione.	Diese unerfreuliche Affäre hat ihn seinen Ruf gekostet.
conflitto [konˈflit-to] *m*	**Konflikt** *m*
Si trovano in continuo conflitto con i loro superiori.	Sie befinden sich in ständigem Konflikt mit ihren Vorgesetzten.

male [ˈmaːle] *m* Perché ce l'hai con lui, non ti ha fatto niente di male.	**Böse** *n*, **Schlechte** *n* Warum bist du so wütend auf ihn, er hat dir doch nichts Böses getan.
minacciare [minat-ˈtʃaːre] *v.* Minacciarli non servirà a niente.	**(be)drohen** Es wird nichts bringen, ihnen zu drohen.
picchiare [pik-kiˈaːre] *v.* Picchia i bambini per ogni stupidaggine.	**schlagen** Wegen jeder Kleinigkeit schlägt er seine Kinder.
seccare [sek-ˈkaːre] *v.* (F) Ci seccavano con continue telefonate.	**belästigen, stören; verärgern** Sie belästigten uns durch ständige Anrufe.

1.1.4.8 KONTAKTE UND VERANSTALTUNGEN

«1–2000»

appuntamento [ap-puntaˈmento] *m* L'appuntamento con la delegazione giapponese è previsto per domani pomeriggio.	**Verabredung** *f*, **Termin** *m* Der Termin mit der japanischen Delegation ist für morgen nachmittag vorgesehen.
assistere (a) [as-ˈsistere] *v.* (*pp.* assistito) Alla cerimonia assisteranno più di mille invitati.	**teilnehmen** (an), **beiwohnen** (+ *Dat.*), **zugegen sein** (bei) An der Feierlichkeit werden mehr als tausend geladene Gäste teilnehmen.
conoscenza [konoʃ-ˈʃɛntsa] *f* Avevano fatto conoscenza abbastanza in fretta. Ha fatto carriera grazie alle sue conoscenze.	**Bekanntschaft** *f*, **Beziehung** *f* Sie hatten ziemlich schnell Bekanntschaft geschlossen. Er hat dank seiner Beziehungen Karriere gemacht.
conoscere [koˈnoʃ-ʃere] *v.* (*irr.* 18) La conosco solo di vista. Si sono conosciuti a Venezia durante il carnevale.	**kennen, kennenlernen** Ich kenne sie nur vom Sehen. Sie haben sich in Venedig während des Karnevals kennengelernt.
festa [ˈfɛsta] *f* Hanno dato una grande festa in onore degli ospiti.	**Fest** *n*, **Feier** *f* Sie haben für die Gäste ein großes Fest gegeben.

frequentare [frekuen'taːre] *v.*	**Umgang haben mit, verkehren mit**
A mia moglie non piace la gente che frequento.	Meine Frau mag die Leute nicht, mit denen ich verkehre.
impegno [im'peːɲo] *m*	**Verpflichtung** *f*
Non posso, davvero, oggi ho troppi impegni.	Ich kann nicht, wirklich, ich habe heute zu viele Verpflichtungen.
incontrare (qn) [iŋkon'traːre] *v.*	(jdn) **treffen,** (jdm) **begegnen**
Davanti all'albergo ho incontrato per caso Michele.	Vor dem Hotel bin ich zufällig Michael begegnet.
incontro [iŋ'kontro] *m*	**Treffen** *n,* **Begegnung** *f*
Nonostante tutto l'incontro è stato molto cordiale.	Trotz allem ist die Begegnung sehr herzlich gewesen.
invitare [invi'taːre] *v.*	**einladen**
Se sei d'accordo, invitiamo i Carli domani a cena.	Wenn du einverstanden bist, laden wir die Carlis morgen zum Abendessen ein.
invito [in'viːto] *m*	**Einladung** *f*
Avete già spedito gli inviti?	Habt ihr schon die Einladungen verschickt?
libero ['liːbero], **-a** *agg.*	**frei**
Se stasera siete liberi, potremmo vederci dopo le 9.	Wenn ihr heute abend frei seid, könnten wir uns nach 9 Uhr sehen.
occupato [ok-ku'paːto], **-a** *agg.*	**beschäftigt**
Non ti sembra strano che sia sempre occupato?	Kommt es dir nicht seltsam vor, daß er immer beschäftigt ist?
ospite ['ɔspite] *m, f*	**Gast** *m*
Il numero degli ospiti stranieri in Italia aumenta di anno in anno.	Die Zahl der ausländischen Gäste in Italien wächst von Jahr zu Jahr.
presenza [pre'zɛntsa] *f*	**Anwesenheit** *f*
La presenza del ministro ha fatto accorrere molti fotografi.	Die Anwesenheit des Ministers ließ viele Fotografen herbeieilen.
riconoscere [riko'noʃ-ʃere] *v.* (*irr.* 18)	**(wieder)erkennen**
Come sei cambiato, non ti si riconosce più!	Wie du dich verändert hast, man erkennt dich nicht wieder!
riunione [riuni'oːne] *f*	**Versammlung** *f,* **Sitzung** *f*
La riunione avrà luogo esattamente fra una settimana.	Die Versammlung wird genau in einer Woche stattfinden.

andare a trovare [anˈdaːreatroˈvaːre] Andavano a trovarla ogni domenica.	**besuchen (gehen)** Sie besuchten sie jeden Sonntag.
venire a trovare [veˈniːreatroˈvaːre] Ho saputo che eri in ospedale così sono venuto a trovarti.	**besuchen (kommen)** Ich habe erfahren, daß du im Krankenhaus bist, also bin ich dich besuchen gekommen.
visita [ˈviːzita] *f* La sua visita ci ha fatto molto piacere.	**Besuch** *m* Ihr Besuch hat uns sehr gefreut.
far visita (a qn.) [farˈviːzita] Abbiamo pensato di farLe visita prima di partire.	(jdn) **besuchen** Wir haben gedacht, wir besuchen Sie vor der Abfahrt.
visitare [viziˈtaːre] *v.* Devi assolutamente visitare Pompei, è unica.	**besichtigen** Du mußt unbedingt Pompeji besichtigen, es ist einzigartig.

«2001–4000»

assente [as-ˈsɛnte] *agg.* Il direttore è assente, cosa devo riferire?	**abwesend** Der Direktor ist nicht da, was soll ich ausrichten?
conferenza [konfeˈrɛntsa] *f* La nuova conferenza per il disarmo avrà luogo a Ginevra.	**Vortrag** *m*; **Konferenz** *f* Die neue Abrüstungskonferenz wird in Genf stattfinden.
congresso [koŋˈgrɛs-so] *m* Al congresso funzionerà un servizio traduzioni.	**Tagung** *f*, **Kongreß** *m* Auf der Tagung wird es einen Übersetzungsdienst geben.
partecipare (a) [partetʃiˈpaːre] *v.* Si rifiuta di partecipare ancora alle riunioni.	**teilnehmen** (an) Er weigert sich, weiterhin an den Versammlungen teilzunehmen.
presente [preˈzɛnte] *agg.* E' vero, erano presenti più di 100 mila persone.	**anwesend** Stimmt, es waren mehr als 100 000 Personen anwesend.
relazione (con) [relatsiˈoːne] *f* Da diverso tempo la nostra relazione è un po' tesa.	**Beziehung** *f* (zu), **Verhältnis** *n* (zu) Seit einiger Zeit ist unsere Beziehung etwas gespannt.

riunirsi [riu'nirsi] *v.* (-isc-)	**sich versammeln, zusammenkommen**
I delegati si sono riuniti ieri per la terza volta.	Die Delegierten sind gestern zum dritten Mal zusammengekommen.

1.1.5 SCHICKSAL UND ZUFALL

«1–2000»

accadere [ak-ka'deːre] *v.*	**geschehen, sich ereignen**
Nessuno sapeva esattamente cosa fosse accaduto.	Niemand wußte genau, was geschehen war.
avvenimento [av-veni'mento] *m*	**Ereignis** *n*
L'apertura della Scala è uno degli avvenimenti dell'anno.	Die Eröffnung der Scala ist eines der Ereignisse des Jahres.
capitare [kapi'taːre] *v.*	**passieren, geschehen, widerfahren**
Oggi mi sono capitate le cose più impossibili.	Heute sind mir die unmöglichsten Sachen passiert.
caso ['kaːzo] *m*	**Fall** *m*
In casi gravi consultare il medico!	In schweren Fällen den Arzt aufsuchen!
per caso [per'kaːzo] *avv.*	**zufällig**
Hai per caso 1000 lire in moneta?	Hast du zufällig 1000 Lire klein?
crisi ['kriːzi] *f* (*unv.*)	**Krise** *f*
Non è una crisi preoccupante, passerà in fretta.	Es ist keine besorgniserregende Krise, sie wird schnell vorbei sein.
danno ['dan-no] *m*	**Schaden** *m*
Il danno è stato più grave di quanto pensassimo.	Der Schaden war größer, als wir dachten.
destino [des'tiːno] *m*	**Schicksal** *n*
C'è chi crede al destino e chi no.	Der eine glaubt an das Schicksal, der andere nicht.
difficoltà [dif-fikol'ta] *f* (*unv.*)	**Schwierigkeit** *f*
Certe difficoltà si risolvono da sole.	Gewisse Schwierigkeiten lösen sich von selbst.
disgrazia [diz'graːtsia] *f*	**Unglück** *n*, **Unfall** *m*
Una serie di disgrazie ha rovinato lui e il suo socio.	Eine Unglücksserie hat ihn und seinen Partner ruiniert.

fortuna [for'tu:na] *f*	**Glück** *n*, **Schicksal** *n*
Nella loro sfortuna hanno avuto fortuna.	Sie haben Glück im Unglück gehabt.
grave ['gra:ve] *agg.*	**schwer, ernst(haft)**
Se ci sono feriti gravi, chiamate subito un medico.	Wenn es Schwerverletzte gibt, holt sofort einen Arzt.
guaio [gu'a:io] *m* (*pl.* guai)	**Unglück** *n*
Dopo tanti guai non voleva più sentir parlare di nuovi esperimenti.	Nach so viel Unglück wollte er von neuen Experimenten nichts mehr hören.
incidente [intʃi'dɛnte] *m*	**Unfall** *m*
In un incidente sull'autostrada hanno perso la vita quattro persone.	Bei einem Unfall auf der Autobahn sind vier Menschen ums Leben gekommen.
leggero [led-'dʒɛ:ro], **-a** *agg.*	**leicht, ungefährlich**
Il contrario di grave è leggero.	Das Gegenteil von „grave" ist „leggero".
necessità [netʃes-si'ta] *f* (*unv.*)	**Notwendigkeit** *f*
Almeno erano d'accordo sulla necessità di vendere la casa.	Zumindest waren sie sich über die Notwendigkeit einig, das Haus zu verkaufen.
occasione [ok-kazi'o:ne] *f*	**Gelegenheit** *f*
Un'occasione così non si presenta tutti i giorni.	So eine Gelegenheit bietet sich nicht alle Tage.
perdere ['pɛrdere] *v.* (*irr.* 52)	**verlieren**
Era disperata per aver perso tutti gli assegni.	Sie war verzweifelt, weil sie alle Schecks verloren hatte.
pericolo [pe'ri:kolo] *m*	**Gefahr** *f*
Se d'estate piove poco, nei boschi c'è grave pericolo d'incendio.	Wenn es im Sommer wenig regnet, besteht in den Wäldern ernste Brandgefahr.
pericoloso [periko'lo:so], **-a** *agg.*	**gefährlich**
E' pericoloso avvicinarsi alle macchine!	Es ist gefährlich, sich den Maschinen zu nähern!
problema [pro'blɛ:ma] *m* (*pl.* -i)	**Problem** *n*
La disoccupazione è il problema numero uno per il nuovo governo.	Die Arbeitslosigkeit ist das Problem Nummer eins für die neue Regierung.
purtroppo [pur'trɔp-po] *avv.*	**leider**
Purtroppo non hanno potuto fermarsi che per poche ore.	Leider konnten sie nur wenige Stunden bleiben.

questione [kuesti'oːne] *f* Probabilmente è solo una questione di fortuna.	**Sache** *f*, **Problem** *n* Wahrscheinlich ist es eine reine Glückssache.
salvare [sal'vaːre] *v.* I due turisti sono stati salvati all'ultimo momento.	**retten** Die beiden Touristen wurden im letzten Augenblick gerettet.
succedere [sut-'tʃɛːdere] *v.* (*irr.* 15; essere) Da un po' di tempo qui succedono le cose più strane.	**geschehen, sich zutragen** Seit einiger Zeit geschehen hier die merkwürdigsten Dinge.
successo [sut-'tʃɛs-so] *m* Il primo romanzo della Morante è stato un grande successo.	**Erfolg** *m* Der erste Roman der Morante war ein großer Erfolg.
vincere ['vintʃere] *v.* (*irr.* 93) Una cifra record è stata vinta al lotto da un anonimo.	**gewinnen** Eine Rekordsumme wurde von einem Unbekannten im Lotto gewonnen.

«2001–4000»

avventura [av-ven'tuːra] *f* Hanno un debole per i romanzi e i film d'avventura.	**Abenteuer** *n* Sie haben eine Schwäche für Abenteuerromane und -filme.
coincidenza [kointʃi'dɛntsa] *f* La vita è fatta anche di strane coincidenze.	**Zufall** *m* Das Leben besteht auch aus sonderbaren Zufällen.
contribuire (a) [kontribu'iːre] *v.* (-isc-) Le esperienze difficili contribuiscono a formare il carattere.	**beitragen** (zu) Schwierige Erfahrungen tragen zur Charakterbildung bei.
miracolo [mi'raːkolo] *m* E' un miracolo che sia ancora viva!	**Wunder** *n* Es ist ein Wunder, daß sie noch lebt!
miseria [mi'zɛːria] *f* Non avevo mai visto tanta miseria come in questi quartieri.	**Elend** *n* So ein Elend wie in diesen Stadtvierteln hatte ich noch nie gesehen.
perdita ['pɛrdita] *f* Le dimissioni di Alberto significano per la ditta una perdita irreparabile.	**Verlust** *m* Alberts Kündigung bedeutet für die Firma einen nicht wiedergutzumachenden Verlust.

(ar)rischiare [(ar-)riskiˈaːre] *v.* In affari rischia il tutto per tutto.	**wagen, riskieren** Er riskiert bei seinen Geschäften Kopf und Kragen.
rischio [ˈriskio] *m* (*pl.* -chi) Secondo me ci sono troppi rischi.	**Risiko** *n* Meiner Meinung nach gibt es dabei zu viele Risiken.
sicurezza [sikuˈret-tsa] *f* E' meglio allacciare sempre le cinture di sicurezza.	**Sicherheit** *f* Es ist besser, die Sicherheitsgurte immer anzulegen.
sorte [ˈsɔrte] *f* Allora lasciamo decidere la sorte.	**Schicksal** *n*, **Los** *n* Nun lassen wir das Schicksal entscheiden.
subire [suˈbiːre] *v.* (-isc-) La nazionale di calcio ha subito un'altra sconfitta.	**erleiden** Die Fußballnationalmannschaft hat eine erneute Niederlage erlitten.
vantaggio [vanˈtad-dʒo] *m* (*pl.* -gi) Prima di decidere tieni conto di ogni vantaggio e svantaggio.	**Vorteil** *m* Ehe du dich entscheidest, erwäge alle Vor- und Nachteile.

1.2 Alltagswelt

1.2.1 DER MENSCH UND SEIN ZUHAUSE

1.2.1.1 HAUS UND WOHNUNG

«1–2000»

abitare [abiˈtaːre] *v.* Abitarono a Perugia per più di 30 anni.	**wohnen** Sie wohnten mehr als 30 Jahre in Perugia.
appartamento [ap-partaˈmento] *m* Adesso cerchiamo un appartamento fuori città.	**Wohnung** *f*, **Appartement** *n* Jetzt suchen wir eine Wohnung außerhalb der Stadt.
bagno [ˈbaːɲo] *m* Il bagno è in fondo al corridoio a destra.	**Bad(ezimmer)** *n* Das Bad ist rechts am Ende des Flurs.
camera (da letto) [ˈkaːmera(daˈlɛt-to)] *f* Dov'è Stefano? – Credo che sia in camera sua.	**(Schlaf-)Zimmer** *n* Wo ist Stefan? – Ich glaube, er ist in seinem Zimmer.

casa ['ka:sa] *f*	**Haus** *n*
All'inizio della strada c'è una grande casa a otto piani.	Am Anfang der Straße steht ein großes achtstöckiges Haus.
A casa sua non c'è mai nessuno.	Bei ihm/ihr zu Hause ist nie jemand da.
cambiare casa [kambi'a:re'ka:sa]	**umziehen**
Ha cambiato casa tre volte in un anno.	Er ist in einem Jahr dreimal umgezogen.
cortile [kor'ti:le] *m*	**Garten** *m (in einem Innenhof)*, **Hof** *m*
In centro si vedono poche case con cortile.	In der Stadtmitte sieht man wenige Häuser mit Garten.
cucina [ku'tʃi:na] *f*	**Küche** *f*
Se per te è lo stesso mangiamo in cucina.	Wenn es dir gleich ist, essen wir in der Küche.
da [da] *prep.*	**bei, zu**
La serata dai Marini è stata molto divertente.	Der Abend bei den Marinis ist sehr amüsant gewesen.
Vado un attimo da Sandra per vedere come sta.	Ich gehe einen Augenblick zu Sandra, um zu sehen, wie es ihr geht.
finestra [fi'nɛstra] *f*	**Fenster** *n*
E' abituato a dormire con le finestre aperte.	Er ist gewöhnt, bei offenen Fenstern zu schlafen.
giardino [dʒar'di:no] *m*	**Garten** *m*
Se è bel tempo tutti i bambini sono in giardino a giocare.	Wenn das Wetter schön ist, spielen alle Kinder im Garten.
ingresso [iŋ'grɛs-so] *m*	**Eingang** *m*
Le cassette per le lettere si trovano nell'ingresso.	Die Briefkästen befinden sich im Eingang.
muro ['mu:ro] *m* (*pl.* i muri *u.* le mura)	**Mauer** *f*, **Wand** *f*
Hanno costruito un muro per separare il giardino dalla strada.	Es wurde eine Mauer gezogen, um den Garten von der Straße abzugrenzen.
palazzo [pa'lat-tso] *m*	**Palast** *m*
La contessa abita ancora nel vecchio palazzo di famiglia.	Die Gräfin wohnt noch im alten Familienpalast.
parete [pa're:te] *f*	**(Innen-)Wand** *f*
A che parete vuoi appendere un quadro così grande?	An welcher Wand willst du ein so großes Bild aufhängen?

pavimento [pavi'mento] *m* — **Fußboden** *m*
In soggiorno il pavimento è di marmo. — Im Wohnzimmer ist der Fußboden aus Marmor.

piano [pi'aːno] *m* — **Stock(werk)** *m(n)*, **Etage** *f*
A che piano abita la famiglia Morandi? — In welchem Stock wohnt die Familie Morandi?

porta ['pɔrta] *f* — **Tür** *f*
Si prega di chiudere a chiave la porta d'ingresso dopo le 22. — Es wird gebeten, nach 22 Uhr die Eingangstür abzuschließen.

scala ['skaːla] *f* — **Treppe** *f*
Se lo incontro sulla scala non mi saluta più. — Wenn ich ihn auf der Treppe treffe, grüßt er mich nicht mehr.

stanza ['stantsa] *f* — **Zimmer** *n*, **Raum** *m*
Impiegato cerca appartamento a 3–4 stanze dal 1° maggio. — Angestellter sucht 3–4 Zimmer-Wohnung zum 1. Mai.

tetto ['tet-to] *m* — **Dach** *n*
Devo salire sul tetto per controllare l'antenna TV. — Ich muß aufs Dach, um die Fernsehantenne nachzusehen.

uscita [uʃ-'ʃiːta] *f* — **Ausgang** *m*
La casa aveva un'altra uscita sul retro. — Das Haus hatte einen zweiten Ausgang auf der Rückseite.

vetro ['veːtro] *m* — **(Fenster-)Scheibe** *f*
Giocando al pallone hanno rotto i vetri della palestra. — Beim Fußballspielen haben sie die Scheiben der Turnhalle zerbrochen.

villa ['vil-la] *f* — **Villa** *f*
Si è comprato una villa meravigliosa. — Er hat sich eine wunderbare Villa gekauft.

«2001–4000»

abitazione [abitatsi'oːne] *f* — **Wohnung** *f*
L'abitazione si trova al quarto piano a sinistra. — Die Wohnung befindet sich im vierten Stock links.

affittare [af-fit-'taːre] *v.* — **mieten, vermieten**
Non è meglio se affittiamo una villetta al mare? — Ist es nicht besser, wenn wir ein kleines Haus am Meer mieten?

prendere in affitto ['prɛndere-inaf-'fit-to] — **(an)mieten**
L'ultimo ufficio è stato preso in affitto da un'agenzia pubblicitaria. — Das letzte Büro wurde von einer Werbeagentur gemietet.

ammobiliato [am-mobili'a:to], **-a** *agg.*	**möbliert**
In questa stagione le camere ammobiliate sono molto care.	In dieser Jahreszeit sind die möblierten Zimmer sehr teuer.
ascensore [aʃ-ʃen'so:re] *m*	**Fahrstuhl** *m*, **Aufzug** *m*
Non prende mai l'ascensore, per principio.	Er benützt aus Prinzip nie den Aufzug.
balcone [bal'ko:ne] *m*	**Balkon** *m*
La sera gli piaceva star seduto sul balcone in mezzo ai fiori.	Abends liebte er es, auf dem Balkon inmitten der Blumen zu sitzen.
campanello [kampa'nɛl-lo] *m*	**Klingel** *f*
O non aprono o il campanello non funziona.	Entweder machen sie nicht auf oder die Klingel funktioniert nicht.
cantina [kan'ti:na] *f*	**Keller** *m*
Se vai in cantina, prendi qualche bottiglia di vino.	Wenn du in den Keller gehst, nimm ein paar Weinflaschen mit.
a casa [a'ka:sa] *avv.*	**zu Hause**
E' inutile, a quest'ora non è mai a casa.	Es ist zwecklos, um diese Zeit ist er nie zu Hause.
chiudere a chiave [ki'u:dere-aki'a:ve]	**abschließen**
Quando esce di casa chiude sempre la porta a chiave.	Wenn er die Wohnung verläßt, schließt er immer die Tür ab.
corridoio [kor-ri'do:io] *m* (*pl.* -doi)	**Flur** *m*, **Gang** *m*, **Korridor** *m*
Nel corridoio non c'era luce.	Im Gang war keine Beleuchtung.
entrata [en'tra:ta] *f*	**Eingang** *m*
E' proibito posteggiare biciclette nell'entrata.	Es ist verboten, Fahrräder im Eingang abzustellen.
gabinetto [gabi'net-to] *m*	**Toilette** *f*
In molte vecchie case i gabinetti si trovano sulle scale.	In vielen alten Häusern befinden sich die Toiletten im Treppenhaus.
riscaldamento (centrale) [riskalda'mento(tʃen'tra:le)] *m*	**(Zentral-)Heizung** *f*
A metà ottobre mettono in funzione il riscaldamento centrale.	Mitte Oktober wird die Zentralheizung in Betrieb genommen.

soggiorno [sod-ˈdʒorno] *m* — **Wohnzimmer** *n*
Apparecchio (la tavola) in soggiorno? — Soll ich im Wohnzimmer den Tisch decken?

toilette [twaˈlɛt] *f* (*unv.*) — **Toilette** *f*
Scusi, dov'è la toilette? — Entschuldigen Sie, wo ist die Toilette?

1.2.1.2 EINRICHTUNG

«1–2000»

frigorifero [frigoˈriːfero] *m*, **frigo** [ˈfriːgo] *m* (F) — **Kühlschrank** *m*
Non posso offrirti anche ghiaccio perché il frigo è rotto. — Ich kann dir kein Eis anbieten, weil der Kühlschrank kaputt ist.

letto [ˈlɛt-to] *m* — **Bett** *n*
Un letto a due era troppo grande per una stanza così piccola. — Für ein so kleines Zimmer war ein Doppelbett zu groß.

poltrona [polˈtroːna] *f* — **Sessel** *m*
Quando legge si siede sempre nella sua poltrona preferita. — Wenn sie liest, setzt sie sich immer in ihren Lieblingssessel.

quadro [kuˈaːdro] *m* — **Bild** *n*
Aveva un debole per le pareti piene di quadri. — Er hatte eine Schwäche für Wände voller Bilder.

rubinetto [rubiˈnet-to] *m* — **(Wasser-)Hahn** *m*
Il rubinetto per l'acqua calda è quello con il simbolo rosso. — Der Warmwasserhahn ist der mit dem roten Symbol.

sedia [ˈsɛːdia] *f* — **Stuhl** *m*
Per stasera dobbiamo farci prestare almeno 3 sedie. — Für heute abend müssen wir uns mindestens 3 Stühle leihen.

specchio [ˈspɛk-kio] *m* (*pl.* -chi) — **Spiegel** *m*
Prima di uscire controllò il nodo della cravatta allo specchio. — Vor dem Ausgehen überprüfte er den Krawattenknoten im Spiegel.

tavola [ˈtaːvola] *f* — **(Eß-)Tisch** *m*
A tavola, si mangia! — Zu Tisch, wir essen!
La tavola era già apparecchiata per 8. — Der Tisch war schon für 8 (Personen) gedeckt.

tavolo [ˈtaːvolo] *m* — **(Arbeits-)Tisch** *m*
Le forbici sono nel primo cassetto del tavolo. — Die Schere liegt in der ersten Schublade im Tisch.

«2001–4000»

armadio [arˈmaːdio] *m* (*pl.* -di)	**Schrank** *m*
Nel corridoio c'era un armadio a tre porte.	Im Flur stand ein dreitüriger Schrank.
cassetto [kas-ˈset-to] *m*	**Schublade** *f*
I cassetti della scrivania erano così pieni da non poterli aprire.	Die Schubladen des Schreibtisches waren so vollgestopft, daß man sie nicht aufmachen konnte.
cucina economica [kuˈtʃiːnaekoˈnɔːmika] *f* (*pl.* cucine economiche)	**Küchenherd** *m*
Una cucina economica elettrica è più sicura di una a gas.	Ein Elektroherd ist sicherer als ein Gasherd.
divano [diˈvaːno] *m*	**Couch** *f*
... Sarà, ma a me i divani in pelle non piacciono.	... Mag sein, Ledercouchen gefallen mir aber nicht.
doccia [ˈdot-tʃa] *f* (*pl.* -ce)	**Dusche** *f*
Volete fare una doccia prima di cena?	Wollt ihr vor dem Abendessen duschen?
elettrodomestici [elet-trodoˈmɛstitʃi] *m/pl.*	**Haushaltsgeräte** *n/pl.*
Possiede tutti gli elettrodomestici che ci si può immaginare.	Sie hat alles an Haushaltsgeräten, was man sich nur vorstellen kann.
fornello [forˈnɛl-lo] *m*	**Herd** *m*
Con i fornelli a gas è più facile cucinare.	Mit Gasherden ist es einfacher zu kochen.
illuminare [il-lumiˈnaːre] *v.*	**beleuchten**
Se l'ingresso non è illuminato non si leggono i nomi sui campanelli.	Wenn der Eingang unbeleuchtet ist, kann man die Namen an den Klingeln nicht lesen.
interruttore [inter-rut-ˈtoːre] *m*	**(Licht-)Schalter** *m*
L'interruttore è a destra della porta.	Der Schalter befindet sich rechts von der Tür.
lampada [ˈlampada] *f*	**Lampe** *f*
Come mai non si accendono le lampade del soggiorno?	Wieso gehen die Lampen im Wohnzimmer nicht an?
lampadina [lampaˈdiːna] *f*	**Glühbirne** *f*
Per il bagno è sufficiente una lampadina da 60 watt.	Für das Bad genügt eine 60-Watt-Birne.

lenzuolo [lentsuˈɔːlo] *m* (*im pl. f* **le lenzuola**) Per il mio letto uso solo lenzuola di cotone.	**Bettlaken** *n* Für mein Bett nehme ich nur Bettlaken aus Baumwolle.
materasso [mateˈras-so] *m* Si dorme meglio su un materasso a molle che non su quelli di gommapiuma.	**Matratze** *f* Auf Federkernmatratzen schläft man besser als auf Schaumgummimatratzen.
mobile [ˈmɔːbile] *m* Un antico mobile veneziano così può valere anche dieci milioni.	**Möbel(stück)** *n* So ein altes venezianisches Möbelstück kann auch zehn Millionen *(Lire)* wert sein.
mobili [ˈmɔːbili] *m/pl.* Hanno comprato tutti i mobili a rate.	**Einrichtung** *f*, **Mobiliar** *n* Sie haben die gesamte Einrichtung auf Raten gekauft.
presa di corrente [ˈpreːsadikor-ˈrɛnte] *f* La presa di corrente per il rasoio elettrico è a lato dello specchio.	**Steckdose** *f* Die Steckdose für den Elektrorasierer befindet sich neben dem Spiegel.
tavolino [tavoˈliːno] *m* I tavolini nella gelateria erano tutti occupati.	**Tisch** *m (in Gaststätten)* Die Tische in der Eisdiele waren alle besetzt.
tenda [ˈtɛnda] *f* Tanto per cambiare comprerò tende colorate.	**Vorhang** *m*, **Gardine** *f* Zur Abwechslung werde ich bunte Gardinen kaufen.
tovaglia [toˈvaːʎa] *f* Prendi una nuova tovaglia, questa è sporca.	**Tischtuch** *n* Nimm ein frisches Tischtuch, dieses ist schmutzig.
tovagliolo [tovaˈʎɔːlo] *m* I tovaglioli di carta saranno pratici ma a me non piacciono.	**Serviette** *f* Papierservietten mögen ganz praktisch sein, aber mir gefallen sie nicht.
vasca da bagno [ˈvaskadaˈbaːɲo] *f* (*pl.* -che . . .) S'era formata tanta schiuma da non vedere più la vasca da bagno.	**Badewanne** *f* Es hatte sich so viel Schaum gebildet, daß man die Badewanne nicht mehr sah.

1.2.1.3 GEBRAUCHSGEGENSTÄNDE

«1–2000»

borsa [ˈborsa] *f* Aspetta, ti aiuto a portare la borsa.	**Tasche** *f* Warte, ich helfe dir die Tasche tragen.
borsetta [borˈset-ta] *f* Era disperata perché le avevano rubato la borsetta.	**Handtasche** *f* Sie war verzweifelt, weil ihr die Handtasche gestohlen worden war.
chiave [kiˈaːve] *f* Ricordati di non lasciare mai le chiavi in macchina.	**Schlüssel** *m* Denk daran, nie die Schlüssel im Auto zu lassen.
corda [ˈkɔrda] *f* Forse è meglio legare il pacchetto con della corda.	**Schnur** *f* Es ist vielleicht besser, das Paket zu verschnüren.
forbici [ˈfɔrbitʃi] *f/pl.* (*auch* **forbice** [ˈfɔrbitʃe] *f sing.*) Queste forbici qui non tagliano più.	**Schere** *f* Die Schere hier schneidet nicht mehr.
orologio [oroˈlɔːdʒo] *m* (*pl.* -gi) Susi mi ha regalato un orologio con le fasi lunari.	**Uhr** *f* Susi hat mir eine Uhr mit Mondphasenanzeige geschenkt.
piatto [piˈat-to] *m* I piatti di plastica non ci sono mai piaciuti.	**Teller** *m* Plastikteller haben wir nie gemocht.
portafoglio [portaˈfɔːʎo] *m* (*pl.* -gli) Ah sì, vorrei anche un portafoglio di pelle.	**Brieftasche** *f* Ach ja, ich möchte auch noch eine lederne Brieftasche.
portamonete [portamoˈneːte] *m* (*unv.*) Gli è caduto il portamonete e gli spiccioli si sono sparsi dappertutto.	**Geldbörse** *f*, **Geldbeutel** *m*, **Portemonnaie** *n* Ihm ist das Portemonnaie runtergefallen, und die Münzen rollten in alle Richtungen.
sacchetto [sak-ˈket-to] *m* I sacchetti di plastica sono diventati un problema per l'ambiente.	**Tüte** *f*, **Sack** *m* Plastiktüten sind zu einem Problem für die Umwelt geworden.
sacco [ˈsak-ko] *m* (*pl.* -chi) Per trasportare il sacco di patate userò la bici.	**Sack** *m*, **Beutel** *m* Um den Sack Kartoffeln zu transportieren, werde ich das Fahrrad nehmen.

scatola [ˈskaːtola] *f* — **Schachtel** *f*
Per preparare il dolce ho bisogno ancora di una scatola di biscotti. — Für den Nachtisch brauche ich noch eine Schachtel Kekse.

«2001–4000»

apriscatole [apriˈskaːtole] *m* (*unv.*) — **Dosenöffner** *m*
Si è ferita con l'apriscatole. — Sie hat sich mit dem Dosenöffner verletzt.

aspirapolvere [aspiraˈpolvere] *m* (*unv.*) — **Staubsauger** *m*
Gli aspirapolvere moderni sono relativamente silenziosi. — Die modernen Staubsauger sind verhältnismäßig leise.

borsa della spesa [ˈborsadellaˈspeːsa] *f* — **Einkaufstasche** *f*
Non riusciva più a portare la borsa della spesa. — Sie konnte ihre Einkaufstasche kaum noch tragen.

cavatappi [kavaˈtap-pi] *m* (*unv.*) — **Korkenzieher** *m*
Con questo cavatappi non riesco ad aprire neanche una bottiglia. — Mit diesem Korkenzieher bekomme ich keine Flasche auf.

ferro da stiro [ˈfɛr-rodaˈstiːro] *m* — **Bügeleisen** *n*
Un ferro da stiro a vapore sarebbe di sicuro più comodo. — Ein Dampfbügeleisen wäre sicher bequemer.

fiammifero [fiam-ˈmiːfero] *m* — **Streichholz** *n*
I bambini non dovrebbero giocare mai con i fiammiferi. — Kinder sollten nie mit Streichhölzern spielen.

filo [ˈfiːlo] *m* — **Faden** *m*; **Draht** *m*
Mi serve del filo bianco per cucire questo bottone. — Ich brauche etwas weißen Faden, um diesen Knopf anzunähen.

occhiali [ok-kiˈaːli] *m/pl.* — **Brille** *f*
Se la vista è peggiorata, il medico ti prescriverà occhiali più forti. — Wenn sich deine Sehkraft verschlechtert hat, wird dir der Arzt eine stärkere Brille verordnen.

ombrello [omˈbrɛl-lo] *m* — **Regenschirm** *m*
Anche se sono più piccoli, gli ombrelli da donna costano come quelli da uomo. — Obwohl Damenschirme kleiner sind, kosten sie genauso viel wie Herrenschirme.

pentola [ˈpɛntola] *f* — **Kochtopf** *m*
Perché prendi per un po' di salsa una pentola così grande? — Warum nimmst du für so wenig Sauce einen so großen Topf?

piattino [piat-ˈtiːno] *m* — **Untertasse** *f*
Non vedi che questi piattini fanno parte di un altro servizio? — Siehst du nicht, daß diese Untertassen zu einem anderen Service gehören?

rete [ˈreːte] *f* — **(Strom-)Netz** *n*
Generalmente la tensione della rete è di 220 volt. — Im allgemeinen beträgt die Netzspannung 220 Volt.

scala [ˈskaːla] *f* — **Leiter** *f*
Per togliere le tende è meglio prendere una scala. — Es ist besser, eine Leiter zu verwenden, um die Gardinen abzunehmen.

sveglia [ˈzveːʎa] *f* — **Wecker** *m*
Non abbiamo sentito la sveglia. — Wir haben den Wecker nicht gehört.

1.2.2 KLEIDUNG UND SCHMUCK

«1–2000»

abbigliamento [ab-biʎaˈmento] *m* — **(Be-)Kleidung** *f*
Il reparto abbigliamento è al primo piano. — Die Konfektionsabteilung befindet sich im ersten Stock.

abito [ˈaːbito] *m* — **Anzug** *m*; **Kleid** *n*
L'abito da sera nero le stava benissimo. — Das schwarze Abendkleid stand ihr sehr gut.

(blue-)jeans [(bluː)ˈdʒiːnz] *m/pl.* — **(Blue) Jeans** *pl.*
I jeans sono diventati il simbolo di una generazione. — Die Jeans sind das Symbol einer Generation geworden.

camicetta [kamiˈtʃet-ta] *f* — **Bluse** *f*
Quanto costerà una camicetta così ma di seta? — Wieviel kostet wohl so eine Bluse, aber aus Seide?

camicia [kaˈmiːtʃa] *f* (*pl.* -cie *u.* -ce) — **Hemd** *n*
La camicia è bella ma il collo è troppo stretto. — Das Hemd ist schön, aber der Kragen ist zu eng.

cappello [kap-ˈpɛl-lo] *m* — **Hut** *m*
Stava lì con il cappello in mano senza dire niente. — Er stand da, mit dem Hut in der Hand, ohne etwas zu sagen.

costume [kos'tu:me] *m* Il costume rosso deve ancora essere stirato.	**Kostüm** *n*, **Tracht** *f* Das rote Kostüm muß noch gebügelt werden.
costume da bagno [kos'tu:me-da'ba:ɲo] *m* Mi metto un costume da bagno asciutto e torno subito.	**Badeanzug** *m* Ich ziehe mir einen trockenen Badeanzug an und komme gleich wieder.
elegante [ele'gante] *agg.* La nuova boutique è uno dei negozi più eleganti della città.	**elegant, fein** Die neue Boutique ist eines der elegantesten Geschäfte der Stadt.
maglia ['ma:ʎa] *f* Per carità, niente maglie di fibra sintetica!	**Pullover** *m*, **Trikot** *n* Um Himmels willen, keine Pullover aus Synthetik!
mettersi ['met-tersi] *v.* (*irr.* 43) Mi metto la giacca grigia o quella nera?	**(sich) anziehen** Soll ich die graue oder die schwarze Jacke anziehen?
moda ['mɔ:da] *f* La moda italiana si è fatta un nome in tutto il mondo.	**Mode** *f* Die italienische Mode hat sich in der ganzen Welt einen Namen gemacht.
nudo ['nu:do], **-a** *agg.* Alcuni turisti sono stati denunciati perché erano nudi.	**nackt** Einige Touristen wurden angezeigt, weil sie nackt waren.
scarpa ['skarpa] *f* Le scarpe di pelle sono diventate piuttosto care.	**Schuh** *m* Lederschuhe sind ziemlich teuer geworden.
tasca ['taska] *f* (*pl.* -che) Forse ho ancora soldi nelle tasche del cappotto.	**Tasche** *f (in Kleidung)* Vielleicht habe ich noch Geld in den Manteltaschen.
vestire [ves'ti:re], **(-rsi)** *v.* Va bene, ci vestiamo e partiamo subito.	**(sich) kleiden, (sich) anziehen** Gut, wir ziehen uns an und fahren sofort los.
vestito [ves'ti:to] *m* Gli piacciono soprattutto i vestiti a righe.	**Anzug** *m*; **Kleid** *n* Ihm gefallen vor allem gestreifte Anzüge.

«2001–4000»

biancheria [biaŋke'ri:a] *f* La biancheria si lava a 90 gradi.	**Wäsche** *f* Diese Wäsche wäscht man bei 90 Grad.

bottone [bot-ˈtoːne] *m* Sarà difficile trovare un bottone di pelle come questo.	**Knopf** *m* Es wird schwer sein, einen Lederknopf wie diesen zu finden.
calza [ˈkaltsa] *f* Per comprare le calze devi sapere la misura.	**(Damen-)Strumpf** *m* Um Strümpfe zu kaufen, mußt du die Größe wissen.
calzino [kalˈtsiːno] *m* Indipendentemente da come si veste porta sempre calzini bianchi.	**(Herren-)Socke** *f* Unabhängig von der Kleidung trägt er immer weiße Socken.
calzoni [kalˈtsoːni] *m/pl.* L'ultima moda prescrive calzoni piuttosto larghi.	**Hose** *f* Die neueste Mode schreibt ziemlich weite Hosen vor.
cambiarsi [kambiˈarsi] *v.* Per arrivare prima non si sono neanche cambiati.	**sich umziehen** Um früher da zu sein, haben sie sich nicht einmal umgezogen.
cappotto [kap-ˈpɔt-to] *m* Datemi i cappotti, li porto al guardaroba.	**Mantel** *m* Gebt mir die Mäntel, ich bringe sie zur Garderobe.
cerniera (lampo) [tʃerniˈɛːra-(ˈlampo)] *f* Mi si è rotta la cerniera della gonna.	**Reißverschluß** *m* Mir ist der Reißverschluß vom Rock kaputtgegangen.
cintura [tʃinˈtuːra] *f* Ha mangiato tanto da dover allentare la cintura.	**Gürtel** *m* Sie hatte so viel gegessen, daß sie den Gürtel lockern mußte.
collant [kɔˈlɑ̃] *m* (*unv.*) I collant sono più pratici delle calze normali.	**Strumpfhose** *f* Strumpfhosen sind praktischer als normale Strümpfe.
cravatta [kraˈvat-ta] *f* Gli impiegati portano tutti la cravatta.	**Krawatte** *f* Die männlichen Angestellten tragen alle eine Krawatte.
cucire [kuˈtʃiːre] *v.* (*irr.* 24) Certo che sa cucire, è una sarta!	**nähen** Natürlich kann sie nähen, sie ist doch Schneiderin!
fazzoletto [fat-tsoˈlet-to] *m* I fazzoletti di carta sono pratici e igienici.	**Taschentuch** *n* Papiertaschentücher sind praktisch und hygienisch.
giacca [ˈdʒak-ka] *f* (*pl.* -che) Dov'è possibile far accorciare una giacca?	**Jacke** *f* Wo kann man eine Jacke kürzen lassen?

gioiello [dʒoiˈɛl-lo] *m*	**Juwel** *m, n*
I gioielli rubati non sono più stati ritrovati.	Die gestohlenen Juwelen sind nicht mehr wiedergefunden worden.
gonna [ˈgon-na] *f*	**Rock** *m*
Le gonne ti stanno bene, dovresti portarle più spesso.	Röcke stehen dir gut, du solltest öfter welche tragen.
impermeabile [impermeˈaːbile] *m*	**Regenmantel** *m*
Può darsi che piova, prendi l'impermeabile.	Es kann Regen geben, nimm den Regenmantel.
indossare [indos-ˈsaːre] *v.*	**anziehen, anhaben**
La maggior parte degli uomini indossava uno smoking.	Die meisten Männer trugen einen Smoking.
pantaloni [pantaˈloːni] *m/pl.*	**Hose(n)** *f(pl.)*
Ti pare che questi pantaloni stiano bene con la giacca scura?	Meinst du, diese Hosen passen gut zu der dunklen Jacke?
pigiama [piˈdʒaːma] *m* (*pl.* -i)	**Schlafanzug** *m*
A mezzogiorno girava per la casa ancora in pigiama.	Mittags lief er immer noch im Schlafanzug in der Wohnung herum.
provare [proˈvaːre] *v.*	**anprobieren**
Dove posso provare questi vestiti?	Wo kann ich diese Kleider anprobieren?
spogliare [spoˈʎaːre], **(-rsi)** *v.*	**(sich) ausziehen**
In cinque minuti si sono spogliati e sono andati a letto.	In fünf Minuten waren sie ausgezogen und sind ins Bett gegangen.
stare [ˈstaːre] *v.* (*irr.* 82)	**stehen, passen**
Certi colori però non le stanno molto bene.	Allerdings stehen ihr bestimmte Farben nicht sehr gut.
stirare [stiˈraːre] *v.*	**bügeln**
Stiro ancora queste due camicie, poi ho finito.	Ich bügle noch diese zwei Hemden, dann bin ich fertig.
taglia [ˈtaːʎa] *f*	**(Konfektions-)Größe** *f*
Porta ancora la stessa taglia di 15 anni fa.	Sie trägt noch die gleiche Größe wie vor 15 Jahren.

1.2.3 ERNÄHRUNG

1.2.3.1 MAHLZEITEN, RESTAURANT

«1–2000»

antipasto [anti'pasto] *m* Come antipasto prendo un'insalata di frutti di mare.	**Vorspeise** *f* Als Vorspeise nehme ich einen Salat aus Meeresfrüchten.
caffè [kaf-'fɛ] *m* (*unv.*) Conosci il caffè Pedrocchi a Padova?	**Café** *n* Kennst du das Café Pedrocchi in Padua?
cena ['tʃeːna] *f* La cena non sarà pronta prima delle 8.	**Abendessen** *n* Das Abendessen wird nicht vor 8 Uhr fertig sein.
cibo ['tʃiːbo] *m* Soprattutto cercate di mangiare solo cibi naturali.	**Speise** *f*, **Nahrung** *f* Versucht vor allem, nur naturbelassene Speisen zu essen.
far colazione [farkolatsi'oːne] E' possibile far colazione in camera?	**frühstücken** Ist es möglich, auf dem Zimmer zu frühstücken?
conto ['konto] *m* Mi porti il conto, per favore.	**Rechnung** *f* Bringen Sie mir bitte die Rechnung.
dessert [des-'sɛːr] *m* (*unv.*) Come dessert volevano tutti una coppa di gelato misto.	**Dessert** *n*, **Nachtisch** *m* Als Nachtisch wollten alle einen Becher gemischtes Eis.
fame ['faːme] *f* Non è mai sazio, ha sempre fame.	**Hunger** *m* Er ist nie satt, er hat immer Hunger.
lista (dei cibi) ['lista(dei'tʃiːbi)] *f* Vediamo se nella lista del giorno c'è qualcosa di buono.	**(Speise-)Karte** *f* Mal sehen, ob es auf der Tageskarte was Gutes gibt.
mangiare [man'dʒaːre] *v.* Credo di aver mangiato troppo.	**essen** Ich muß wohl zuviel gegessen haben.
ordinare [ordi'naːre] *v.* Prima di tutto ordiniamo qualcosa da bere.	**bestellen** Zuerst einmal bestellen wir etwas zu trinken.
piatto [pi'at-to] *m* Ma questo non è un piatto da minestra!	**Teller** *m*, **Gericht** *n* Aber das ist kein Suppenteller!

primo (piatto) ['pri:mo(pi'at-to)] *m*	**erster Gang** *m*
Per primo c'era risotto alla marinara.	Als ersten Gang gab es ein Reisgericht nach Seemannsart.
secondo (piatto) [se'kondo-(pi'at-to)] *m*	**zweiter Gang** *m*
Quando portarono il secondo era già sazia.	Als der zweite Gang serviert wurde, war sie schon satt.
pranzo ['prandzo] *m*	**Mittagessen** *n*
Saltò il pranzo perché aveva fatto colazione molto tardi.	Er ließ das Mittagessen ausfallen, weil er sehr spät gefrühstückt hatte.
sala da pranzo ['sa:lada'prandzo] *f*	**Speisesaal** *m*
La sala da pranzo era quasi vuota.	Der Speisesaal war fast leer.
servire [ser'vi:re] *v.*	**bedienen, servieren**
Ci ha serviti un cameriere veramente gentile.	Wir wurden von einem sehr freundlichen Kellner bedient.
servizio [ser'vi:tsio] *m* (*pl.* -zi)	**Bedienung** *f*
Il servizio non è compreso nel prezzo.	Die Bedienung ist im Preis nicht inbegriffen.

«2001–4000»

apparecchiare (la tavola) [ap-parek-ki'a:re(la'ta:vola)], **preparare la tavola** [prepa'ra:re-la'ta:vola]	**den Tisch decken**
Ancora cinque minuti per apparecchiare poi si mangia.	Noch fünf Minuten, um den Tisch zu decken, dann essen wir.
appetito [ap-pe'ti:to] *m*	**Appetit** *m*
Da noi si dice, che l'appetito viene mangiando.	Bei uns sagt man, daß der Appetit beim Essen kommt.
bar [bar] *m* (*unv.*)	**Kneipe** *f (und)* **Stehcafé** *n*
Va bene, ci vediamo stasera al bar.	Gut, wir sehen uns heute abend in der Kneipe.
bollire [bol-'li:re] *v.*	**kochen**
Se hai bollito le uova per otto minuti, sono di sicuro sode.	Wenn du die Eier acht Minuten gekocht hast, sind sie sicher hart.

cameriere [kameri'eːre] *m*, **-a** *f* I camerieri erano occupatissimi perché il locale era pieno.	**Kellner(in)** *m*(*f*) Die Kellner waren sehr beschäftigt, da das Lokal voll war.
cenare [tʃe'naːre] *v.* Allora oggi ceniamo fuori!	**zu Abend essen** Laß uns doch heute auswärts zu Abend essen!
coltello [kol'tɛl-lo] *m* O la carne è molto dura o il coltello non taglia.	**Messer** *n* Entweder ist das Fleisch sehr zäh oder das Messer ist stumpf.
compreso [kom'preːso], **-a** *agg.* Sarà, ma dei pranzi completi a 10.000 lire tutto compreso non mi fido.	**inbegriffen** Mag sein, aber den Menüs zu 10 000 Lire, bei denen alles inbegriffen ist, traue ich nicht.
coperto [ko'pɛrto] *m* Inoltre devi calcolare 2000 lire per il coperto.	**Gedeck** *n* Außerdem mußt du 2000 Lire für das Gedeck rechnen.
cotto ['kɔt-to], **-a** *agg.* Come contorno prendiamo della verdura cotta.	**gekocht** Als Beilage nehmen wir gekochtes Gemüse.
crudo ['kruːdo], **-a** *agg.* Il San Daniele è un ottimo prosciutto crudo.	**roh** Der San Daniele ist ein hervorragender roher Schinken.
cucchiaino [kuk-kia'iːno] *m* Scusa, mi passi un cucchiaino per lo zucchero?	**Teelöffel** *m* Gibst du mir bitte einen Teelöffel für den Zucker?
cucchiaio [kuk-ki'aːio] *m* (*pl.* -ai) Per gli spaghetti mi servo di forchetta e cucchiaio.	**Löffel** *m* Bei Spaghetti nehme ich Gabel und Löffel.
cucinare [kutʃi'naːre] *v.* Non credevo che tu sapessi cucinare tanto bene.	**kochen** Ich hätte nicht geglaubt, daß du so gut kochen kannst.
dolce ['doltʃe] *m* Aveva mangiato tanto che rinunciò al dolce.	**Süßspeise** *f*, **Nachtisch** *m* Er hatte so viel gegessen, daß er auf die Nachspeise verzichtete.
ai ferri [ai'fɛr-ri] Andiamo spesso al lago solo per mangiare pesce ai ferri.	**gegrillt** Wir fahren oft zum See, einfach um gegrillten Fisch zu essen.
forchetta [for'ket-ta] *f* Che servizio, hanno dimenticato di portarci la forchetta!	**Gabel** *f* Was für eine Bedienung, sie haben vergessen, uns eine Gabel zu bringen!

gelateria [dʒelate'ri:a] *f* Nelle città tedesche s'incontrano tantissime gelaterie italiane.	**Eisdiele** *f* In den deutschen Städten trifft man auf sehr viele italienische Eisdielen.
locale [lo'ka:le] *m* Non aveva mai mangiato in un locale così di lusso.	**Lokal** *n* Sie hatte noch nie in einem so luxuriösen Lokal gegessen.
menù [me'nu] *m* (*unv.*) Per l'occasione il menù avrà sei portate.	**Menü** *n* Für diesen Anlaß wird das Menü sechs Gänge haben.
osteria [oste'ri:a] *f* Mi piace da morire l'atmosfera di certe vecchie osterie.	**Kneipe** *f*, **Gaststätte** *f* Die Atmosphäre in manchen alten Gaststätten mag ich unheimlich gern.
pasto ['pasto] *m* I pasti principali sono il pranzo e la cena.	**Mahlzeit** *f*, **Essen** *n* Die Hauptmahlzeiten sind das Mittag- und Abendessen.
piacere [pia'tʃe:re] *v.* (*irr.* 53; essere) Gli zucchini non mi sono mai piaciuti.	**schmecken** Zucchini haben mir nie geschmeckt.
pizzeria [pit-tse'ri:a] *f* In pizzeria puoi ancora mangiare con pochi soldi.	**Pizzeria** *f* In einer Pizzeria kannst du noch für wenig Geld essen.
posata [po'sa:ta] *f* Le posate sono nel primo cassetto a sinistra.	**Besteck** *n* Das Besteck ist in der ersten Schublade links.
pranzare [pran'dza:re] *v.* A che ora pranzate di solito?	**zu Mittag essen** Wann eßt ihr gewöhnlich zu Mittag?
preparare [prepa'ra:re] *v.* Come si prepara il pasticcio di lasagne?	**zubereiten** Wie wird der Lasagne-Auflauf zubereitet?
ristorante [risto'rante] *m* Per festeggiare hanno deciso di mangiare nel miglior ristorante della città.	**Restaurant** *n* Um zu feiern, haben sie beschlossen, im besten Restaurant der Stadt zu essen.
rosticceria [rostit-tʃe'ri:a] *f* In rosticceria puoi comprare e portare a casa le più diverse specialità italiane.	**Schnellrestaurant** *n*, **Selbstbedienungsrestaurant** *n* Im Selbstbedienungsrestaurant kannst du die verschiedensten italienischen Spezialitäten zum Mitnehmen kaufen.

sparecchiare (la tavola) [spa-rek-kiˈaːre(laˈtaːvola)]	**(den Tisch) abdecken, abräumen**
Quando avete finito, sparecchiate per favore.	Wenn ihr fertig seid, räumt bitte den Tisch ab.
stuzzicadenti [stut-tsikaˈdɛnti] *m* (*unv.*)	**Zahnstocher** *m*
Assieme ad olio, aceto, sale e pepe sulla tavola ci sono anche degli stuzzicadenti.	Zusammen mit Öl, Essig, Salz und Pfeffer stehen auch Zahnstocher auf dem Tisch.
tavola calda [ˈtaːvolaˈkalda] *f*	**Imbißstube** *f*
La tavola calda di fronte alla stazione è ancora aperta.	Die Imbißstube gegenüber dem Bahnhof hat noch geöffnet.

1.2.3.2 LEBENSMITTEL, SPEISEN

«1–2000»

bistecca [bisˈtek-ka] *f* (*pl.* -che)	**(Beef-)Steak** *n*
Se la bistecca non è magra, non la mangia.	Wenn das Steak nicht mager ist, ißt er es nicht.
carne [ˈkarne] *f*	**Fleisch** *n*
La carne di vitello è più cara di quella di maiale e di manzo.	Kalbfleisch ist teurer als Schweine- und Rindfleisch.
cioccolata [tʃok-koˈlaːta] *f*	**Schokolade** *f* (*Süßigkeit u. Getränk*)
Le cioccolate svizzere sono molto apprezzate.	Schweizer Schokolade wird sehr geschätzt.
formaggio [forˈmad-dʒo] *m* (*pl.* -gi)	**Käse** *m*
In ogni regione si producono dozzine di formaggi diversi.	In jeder Region werden Dutzende von verschiedenen Käsesorten hergestellt.
fresco [ˈfresko], **-a** *agg.* (*pl. m* -chi, *f* -che)	**frisch**
Nel nostro ristorante si usano solo ingredienti freschi.	In unserem Restaurant werden nur frische Zutaten verwendet.
gelato [dʒeˈlaːto] *m*	**(Speise-)Eis** *n*
Il gelato fatto in casa è proprio saporito.	Das hausgemachte Eis schmeckt wirklich gut.
insalata [insaˈlaːta] *f*	**Salat** *m*
Questa sera vi preparo una bella insalata mista.	Heute abend mache ich euch einen tollen gemischten Salat.

maccheroni [mak-keˈroːni] *m/pl.* I maccheroni sono uno dei molti tipi diversi di pasta.	**Makkaroni** *pl.* Makkaroni sind eine der vielen verschiedenen Nudelsorten.
minestra [miˈnɛstra] *f* Accidenti, la minestra è salatissima!	**Suppe** *f* Verflixt, die Suppe ist total versalzen!
olio [ˈɔːlio] *m* (*pl.* oli) Preferisco condire l'insalata con olio d'oliva.	**Öl** *n* Ich mache den Salat lieber mit Olivenöl an.
pane [ˈpaːne] *m* Il pane più sano è quello scuro, quello integrale.	**Brot** *n* Das gesündere ist das dunkle Brot, das Vollkornbrot.
panino [paˈniːno] *m* Per il viaggio puoi comprarti un panino imbottito.	**Brötchen** *n* Für die Reise kannst du dir ein belegtes Brötchen kaufen.
pasta [ˈpasta] *f* Da quando siamo qua abbiamo assaggiato venti tipi di pasta.	**Nudeln** *f/pl.*, **Teig(waren** *f/pl.*) *m* Seitdem wir da sind, haben wir zwanzig Nudelsorten probiert.
patata [paˈtaːta] *f* Come contorno vorrei purè di patate.	**Kartoffel** *f* Ich hätte gerne Kartoffelpüree als Beilage.
pesce [ˈpeʃ-ʃe] *m* Ho comprato del pesce fresco al porto.	**Fisch** *m* Ich habe am Hafen frischen Fisch gekauft.
pizza [ˈpit-tsa] *f* Andiamo a mangiare una pizza stasera?	**Pizza** *f* Gehen wir heute abend eine Pizza essen?
pollo [ˈpol-lo] *m* Non è poco un pollo arrosto per quattro?	**Hähnchen** *n* Ist ein Brathähnchen für vier Personen nicht zuwenig?
prosciutto [proʃ-ˈʃut-to] *m* Era indecisa se prendere prosciutto cotto o crudo.	**Schinken** *m* Sie war unentschlossen, ob sie gekochten oder rohen Schinken kaufen sollte.
spaghetti [spaˈget-ti] *m/pl.* Lei prende spaghetti al pomodoro, io al ragù.	**Spaghetti** *pl.* Sie nimmt Spaghetti mit Tomatensauce, ich mit Ragout.
tagliatelle [taʎaˈtel-le] *f/pl.* Le tagliatelle non dovrebbero essere così stracotte.	**Bandnudeln** *f/pl.* Die Bandnudeln sollten nicht so weichgekocht sein.

uovo [u'ɔːvo] *m* (*im pl. f* **le uova**) — **Ei** *n*
Le uova possono essere cucinate in molti modi. — Eier können auf sehr verschiedene Art zubereitet werden.

zucchero ['tsuk-kero] *m* — **Zucker** *m*
Ma non è troppo amaro il caffè senza zucchero? — Aber ist der Kaffee nicht zu bitter ohne Zucker?

«2001–4000»

aceto [a'tʃeːto] *m* — **Essig** *m*
Per favore non condisca l'insalata con aceto. — Bitte machen Sie den Salat nicht mit Essig an.

alimentazione [alimentatsi'oːne] *f* — **Ernährung** *f*, **Nahrung** *f*
Un'alimentazione equilibrata è indispensabile per la salute. — Eine ausgewogene Ernährung ist unerläßlich für die Gesundheit.

arrosto [ar-'rɔsto] *m* — **Braten** *m*
Con l'arrosto beviamo naturalmente vino rosso. — Zum Braten trinken wir natürlich Rotwein.

bollito [bol-'liːto] *m* — **gekochtes Fleisch** *n*
I bolliti misti con le diverse salse sono piaciuti a tutti. — Die diversen gekochten Fleischsorten mit verschiedenen Saucen haben allen geschmeckt.

brodo ['brɔːdo] *m* — **Fleischbrühe** *f*
In ospedale gli hanno dato solo brodo per tre giorni. — Im Krankenhaus bekam er drei Tage lang nur Brühe.

burro ['bur-ro] *m* — **Butter** *f*
Per la torta mi servono due etti di burro. — Für die Torte brauche ich 200 Gramm Butter.

fetta ['fet-ta] *f* — **Scheibe** *f*
Mi tagli una fetta di pane? — Schneidest du mir eine Scheibe Brot ab?

fritto misto ['frit-to'misto] *m* — **(gemischter) frittierter Fisch** *m*
Il fritto misto è una specialità di questo ristorante. — Frittierter Fisch ist eine Spezialität dieses Restaurants.

grasso ['gras-so], **-a** *agg.* — **fett**
La carne di maiale era troppo grassa. — Das Schweinefleisch war viel zu fett.

lesso [ˈles-so], **-a** *agg.* — **gekocht**
Non gli piace né la carne lessa né il pesce lesso. — Er mag weder gekochtes Fleisch noch gekochten Fisch.

maiale [maiˈaːle] *m* — **Schwein(efleisch)** *n*
Compra spesso carne di maiale perché è a buon mercato. — Sie kauft oft Schweinefleisch, weil es billig ist.

panna [ˈpan-na] *f* — **Sahne** *f*
Il mio gelato per favore senza panna. — Mein Eis bitte ohne Sahne.

pastasciutta [pastaʃ-ˈʃut-ta] *f* — **Nudeln** *f/pl.*, **Nudelgericht** *n*
La pastasciutta mi piace anche al burro e parmigiano. — Nudeln schmecken mir auch mit Butter und Parmesankäse.

pasticcio [pasˈtit-tʃo] *m* (*pl.* -ci) — **Auflauf** *m*
Telefono alla mamma e le chiedo la ricetta del pasticcio di maccheroni. — Ich rufe Mutti an und frage sie nach dem Rezept für den Makkaroni-Auflauf.

pepe [ˈpeːpe] *m* — **Pfeffer** *m*
La minestra è quasi pronta, manca solo un po' di pepe. — Die Suppe ist fast fertig, es fehlt nur noch etwas Pfeffer.

riso [ˈriːso] *m* — **Reis** *m*
Il riso ha cotto troppo a lungo, sembra colla. — Der Reis hat zu lange gekocht, er schmeckt wie Klebstoff.

salame [saˈlaːme] *m* — **Salami** *f*
Il salame era troppo piccante. — Die Salami war zu scharf.

sale [ˈsaːle] *m* — **Salz** *n*
Molti credono che versare il sale porta sfortuna. — Viele glauben, daß verschüttetes Salz Unglück bringt.

surgelato [surdʒeˈlaːto] *m u. agg.* — **Tiefkühlkost** *f*; **tiefgekühlt**
I surgelati si conservano in frigo per uno, due giorni. — Tiefkühlkost ist im Kühlschrank ein bis zwei Tage haltbar.

torta [ˈtorta] *f* — **Torte** *f*, **Kuchen** *m*
Come dessert ci porti una fetta di torta di mela. — Als Nachtisch bringen Sie uns ein Stück Apfelkuchen.

1.2.3.3 OBST UND GEMÜSE

«1–2000»

ciliegia [tʃiliˈɛːdʒa] *f* (*pl* -gie *u.* -ge) — **Kirsche** *f*
Ai primi di maggio si mangiano le prime ciliegie. — Anfang Mai ißt man die ersten Kirschen.

dolce ['doltʃe] *agg.* Un melone maturo dev'essere dolcissimo.	**süß** Eine reife Melone muß sehr süß sein.
fagioli [fa'dʒɔːli] *m/pl.* Come si chiamano quei fagioli grossi e bianchi?	**Bohnen** *f/pl.* Wie heißen die dicken weißen Bohnen dort?
fagiolini [fadʒo'liːni] *m/pl.* Come contorno prendo dei fagiolini.	**grüne Bohnen** *f/pl.* Als Beilage nehme ich grüne Bohnen.
frutta ['frut-ta] *f* Mangia molta frutta fresca che è sano.	**Obst** *n* Du solltest viel frisches Obst essen, das ist gesund.
insalata verde [insa'laːta'verde] *f* Ci metta anche un po' d'insalata verde, con olio e aceto.	**grüner Salat** *m* Tun Sie auch etwas grünen Salat dazu, mit Essig und Öl.
marmellata [marmel-'laːta] *f* La marmellata di castagne contiene meno zucchero di tutte.	**Marmelade** *f* Kastanienmarmelade enthält weniger Zucker als alle anderen.
mela ['meːla] *f* Se la vuoi, ti ho lavato una mela.	**Apfel** *m* Ich habe dir einen Apfel gewaschen, wenn du einen willst.
pera ['peːra] *f* Perché non c'è il gelato alla pera?	**Birne** *f* Warum gibt es kein Birneneis?
pesca ['pɛska] *f* (*pl.* -che) Mi piacciono soprattutto le pesche con la polpa gialla.	**Pfirsich** *m* Ich mag vor allem Pfirsiche mit gelbem Fleisch.
pomodoro [pomo'dɔːro] *m* Da noi troverai due tipi di pomodoro: uno per l'insalata, uno per la salsa.	**Tomate** *f* Bei uns wirst du zwei Tomatensorten finden: eine für Salat, eine für Saucen.
uva ['uːva] *f* Di solito le uve nere sono meno care delle uve bianche.	**(Wein-)Traube** *f* Die blauen Trauben sind gewöhnlich billiger als die grünen.

«2001–4000»

albicocca [albi'kɔk-ka] *f* (*pl.* -che) In questa stagione le albicocche non sono care.	**Aprikose** *f* In dieser Jahreszeit sind die Aprikosen nicht teuer.
arancia [a'rantʃa] *f* (*pl.* -ce) Subito dopo alzatosi beve il succo di due arance.	**Orange** *f*, **Apfelsine** *f* Gleich nach dem Aufstehen trinkt er den Saft von zwei Orangen.
banana [ba'naːna] *f* Le banane sono ricche di minerali.	**Banane** *f* Bananen sind reich an Mineralstoffen.
carota [ka'rɔːta] *f* Le carote tagliate sottili vanno benissimo per l'insalata.	**Möhre** *f*, **Karotte** *f* Feingeschnittene Möhren eignen sich sehr gut für Salat.
cocomero [ko'koːmero] *m* All'altro lato della strada si vendevano i cocomeri a fette.	**Wassermelone** *f* Auf der anderen Straßenseite wurden Wassermelonen in Scheiben verkauft.
fico ['fiːko] *m* (pl. -chi) I fichi che avete colti sono dolcissimi.	**Feige** *f* Die Feigen, die ihr gepflückt habt, sind sehr süß.
fragola ['fraːgola] *f* In un angolo del giardino coltiva fragole.	**Erdbeere** *f* In einer Ecke des Gartens baut er Erdbeeren an.
limone [li'moːne] *m* Vuoi il tè con latte o con limone?	**Zitrone** *f* Möchtest du den Tee mit Milch oder mit Zitrone?
maturo [ma'tuːro], **-a** *agg.* I frutti maturi hanno un sapore migliore.	**reif** Reife Früchte schmecken besser.
melone [me'loːne] *m* Che ne diresti di prosciutto e melone come antipasto?	**Melone** *f* Was hältst du von Schinken und Melone als Vorspeise?
pisello [pi'sɛl-lo, pi'zɛl-lo] *m* Non vuole nè piselli in scatola nè surgelati.	**Erbse** *f* Er will weder Erbsen aus der Dose noch tiefgekühlte.
prugna ['pruːɲa] *f* Nell'Italia del Nord si fa anche grappa di prugne.	**Pflaume** *f* In Norditalien macht man auch Pflaumenschnaps.

verdura [ver'duːra] *f*
Compriamo le verdure al mercato, perché là sono più fresche.

Gemüse *n*
Wir kaufen das Gemüse auf dem Markt, weil es dort frischer ist.

1.2.3.4 TRINKEN, RAUCHEN

«1–2000»

acqua minerale ['ak-kuamine'raːle] *f*
Siccome deve ancora guidare beve solo acqua minerale.

Mineralwasser *n*
Da er noch fahren muß, trinkt er nur Mineralwasser.

---

bere ['beːre] *v.* (*irr.* 9)
Ha bevuto in fretta la sua birra e se n'è andato.

trinken
Er hat schnell sein Bier getrunken und ist gegangen.

---

bicchiere [bik-ki'ɛːre] *m*
Dopo due bicchieri di spumante era già molto più allegro.

Glas *n*
Nach zwei Gläsern Sekt war er schon viel lustiger.

---

bottiglia [bot-'tiːʎa] *f*
In casa non ho più che una bottiglia di Martini bianco.

Flasche *f*
Ich habe nur noch eine Flasche weißen Martini im Haus.

---

caffè [kaf-'fɛ] *m* (*unv.*)
Cosa prendi a colazione, caffè oppure tè?

Kaffee *m*
Was trinkst du zum Frühstück, Kaffee oder Tee?

---

cappuccino [kap-put-'tʃiːno] *m*
Un vero cappuccino si fa con latte e non con panna.

Cappuccino *m*
Einen echten Cappuccino macht man mit Milch und nicht mit Sahne.

---

espresso [es'prɛs-so] *m*
In Italia per ordinare l'espresso basta dire «un caffè».

Espresso *m*
In Italien genügt es, «un caffè» zu sagen, um einen Espresso zu bestellen.

---

fumare [fu'maːre] *v.*
E' finalmente riuscito a smettere di fumare.

rauchen
Er hat es endlich geschafft, sich das Rauchen abzugewöhnen.

---

fumo ['fuːmo] *m*
Il fumo delle sigarette mi dà fastidio.

Rauch *m;* **Rauchen** *n*
Der Zigarettenqualm stört mich.

---

latte ['lat-te] *m*
Se il latte è andato a male, gettalo.

Milch *f*
Wenn die Milch sauer geworden ist, schütte sie weg.

limonata [limo'na:ta] *f* — **Limonade** *f*
Quando ha sete beve solo limonata. — Wenn er durstig ist, trinkt er nur Limonade.

sigaretta [siga'ret-ta] *f* — **Zigarette** *f*
Le sigarette dovrebbero essere considerate come una droga. — Zigaretten sollten als Droge betrachtet werden.

spremuta [spre'mu:ta] *f* — **(frisch ausgepreßter Frucht-)Saft** *m*
Per favore mi porti una spremuta d'arancia, senza zucchero. — Bitte bringen Sie mir einen Orangensaft, ohne Zucker.

tè [tɛ] *m* (*unv.*) — **Tee** *m*
E adesso ci facciamo una bella tazza di tè. — Und jetzt machen wir uns eine schöne Tasse Tee.

(vino) bianco [('vi:no)bi'aŋko] *m* (*pl.* -chi) — **Weißwein** *m*
Con il pesce prendiamo una bottiglia di bianco. — Zum Fisch trinken wir eine Flasche Weißwein.

(vino) rosato [('vi:no)ro'za:to] *m* — **Rosé** *m*
Il rosato va servito ben ghiacciato. — Rosé soll eiskalt serviert werden.

(vino) rosso [('vi:no)'ros-so] *m* — **Rotwein** *m*
Qui puoi trovare dozzine di vini rossi diversi. — Hier kannst du Dutzende von Rotweinsorten finden.

«2001–4000»

accendino [at-tʃen'di:no] *m* — **Feuerzeug** *n*
Se l'accendino non funziona, probabilmente manca il gas. — Wenn das Feuerzeug nicht funktioniert, ist wahrscheinlich kein Gas mehr drin.

amaro [a'ma:ro] *m* — **(Magen-)Bitter** *m*
Dopo un pasto abbondante bevono volentieri un amaro. — Nach einer üppigen Mahlzeit trinken sie gerne einen Magenbitter.

aranciata [aran'tʃa:ta] *f* — **Orangenlimonade** *f*
L'aranciata ha un sapore troppo dolce. — Orangenlimonade schmeckt zu süß.

bevanda [be'vanda] *f* — **Getränk** *n*
Quando fa caldo il consumo di bevande è enorme. — Wenn es heiß ist, ist der Getränkeverbrauch riesig.

birra ['bir-ra] *f* — **Bier** *n*
Qui hanno birra alla spina. — Hier gibt es Bier vom Faß.

liquore [liku'oːre] *m* — **Likör** *m*
L'amaretto è uno dei tipici liquori italiani. — Der Amaretto ist ein typisch italienischer Likör.

portacenere [porta'tʃeːnere] *m* (*unv.*) — **Aschenbecher** *m*
Il portacenere era pieno di mozziconi di sigaretta. — Der Aschenbecher quoll über von Zigarettenkippen.

sete ['seːte] *f* — **Durst** *m*
Avevano molta sete e non trovavano niente da bere. — Sie hatten großen Durst und fanden nichts zu trinken.

spumante [spu'mante] *m* — **Sekt** *m*
Lo spumante dolce non piace a tutti. — Süßer Sekt ist nicht jedermanns Geschmack.

succo ['suk-ko] *m* (*pl.* -chi) — **Saft** *m*
Il succo di pomodoro si beve con un po' di sale, pepe e limone. — Tomatensaft trinkt man mit ein wenig Salz, Pfeffer und Zitrone.

tabacco [ta'bak-ko] *m* (*pl.* -chi) — **Tabak** *m*
Il tabacco provoca più morti di ogni altra sostanza velenosa dell'ambiente. — Der Tabak fordert mehr Todesopfer als jeder andere Giftstoff unserer Umwelt.

tazza ['tat-tsa] *f* — **Tasse** *f*
Posso avere un altra tazza di tè? — Könnte ich noch eine Tasse Tee haben?

versare [ver'saːre] *v.* — **eingießen, einschenken**
Mi versi ancora un po' di birra? — Schenkst du mir noch etwas Bier ein?

1.2.4 SCHULE UND AUSBILDUNG
(Siehe auch LERNEN UND WISSEN 1.1.2.9)

1.2.4.1 ALLGEMEINES

«1–2000»

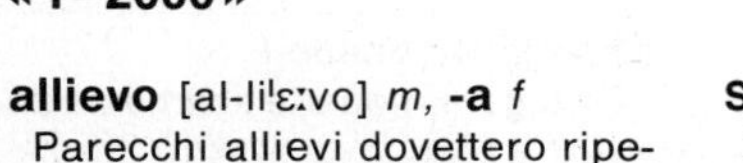

allievo [al-li'ɛːvo] *m*, **-a** *f* — **Schüler(in)** *m(f)*
Parecchi allievi dovettero ripetere l'anno scolastico. — Mehrere Schüler mußten das Schuljahr wiederholen.

ammettere [am-'met-tere] *v.* (*irr.* 43) — **zulassen**
Non è stato ammesso all'accademia di belle arti. — Er ist nicht zur Kunstakademie zugelassen worden.

classe ['klas-se] *f* Molti compagni di classe non li vedo più da anni.	**Klasse** *f* Viele Klassenkameraden sehe ich seit Jahren nicht mehr.
cultura [kul'tu:ra] *f* Per partecipare al concorso si richiede anche ottima cultura generale.	**Kultur** *f*, **Bildung** *f* Für die Teilnahme am Auswahlverfahren wird auch eine sehr gute Allgemeinbildung verlangt.
direzione [diretsi'o:ne] *f* I genitori hanno protestato in direzione.	**Leitung** *f*, **Direktion** *f* Die Eltern beschwerten sich bei der Schulleitung.
formazione [formatsi'o:ne] *f* Nella vita d'oggi la formazione professionale è importantissima.	**Ausbildung** *f* Im heutigen Leben ist die berufliche Ausbildung sehr wichtig.
frequentare [frekuen'ta:re] *v.* Da due anni frequenta una scuola privata.	**besuchen** Seit zwei Jahren besucht sie eine Privatschule.
imparare [impa'ra:re] *v.* In soli 9 mesi hanno imparato l'italiano.	**lernen** In nur 9 Monaten haben sie Italienisch gelernt.
insegnare [inse'ɲa:re] *v.* Sua sorella insegna inglese all'università.	**lehren, unterrichten** Seine Schwester lehrt Englisch an der Universität.
istituto [isti'tu:to] *m* La sede dell'istituto si trova in piazza Garibaldi.	**Institut** *n*, **Anstalt** *f* Der Sitz des Instituts befindet sich am Garibaldi-Platz.
lezione [letsi'o:ne] *f* Per migliorare hai bisogno di qualche lezione privata.	**Stunde** *f*, **Lektion** *f* Um bessere Noten zu bekommen, brauchst du einige Privatstunden.
scuola [sku'ɔ:la] *f* Nessuno sapeva perché avesse abbandonato la scuola.	**Schule** *f* Niemand wußte, warum er von der Schule abgegangen war.
studente [stu'dɛnte] *m*, **studentessa** [studen'tes-sa] *f* Il 1968 è stato l'anno della rivolta degli studenti.	**Student(in)** *m(f)* 1968 ist das Jahr der Studentenrevolte gewesen.
studiare [studi'a:re] *v.* Dopo aver studiato per anni, molti non trovano lavoro.	**studieren; lernen** Nachdem sie jahrelang studiert haben, finden viele keine Arbeit.

studio [ˈstuːdio] *m* (*pl.* -di)	**Studium** *n*
Lo studio della medicina è senza dubbio il più lungo.	Das Medizinstudium ist zweifellos das längste.
università [universiˈta] *f* (*unv.*)	**Universität** *f*
La più antica università d'Europa è quella di Bologna.	Die älteste Universität Europas ist die von Bologna.

«2001–4000»

aula [ˈaːula] *f*	**Klassenzimmer** *n*
L'aula era troppo piccola per quasi 40 scolari.	Das Klassenzimmer war für die fast 40 Schüler zu klein.
borsa di studio [ˈborsadiˈstuːdio] *f*	**Stipendium** *n*
Una borsa di studio gli ha permesso di andare all'estero.	Ein Stipendium hat ihm ermöglicht, ins Ausland zu gehen.
educazione [edukatsiˈoːne] *f*	**Erziehung** *f*
L'educazione dei giovani spetta soprattutto ai genitori.	Die Erziehung der Jugendlichen obliegt vor allem den Eltern.
insegnamento [inseɲaˈmento] *m*	**Unterricht** *m*
L'insegnamento della religione non è più obbligatorio.	Der Religionsunterricht ist nicht mehr obligatorisch.
liceo [liˈtʃɛːo] *m*	**Gymnasium** *n*
Frequenta il liceo ma ha grandi difficoltà.	Er besucht das Gymnasium, hat aber große Schwierigkeiten.
scolaro [skoˈlaːro] *m*, **-a** *f*	**Schüler(in)** *m*(*f*)
Per la prima volta c'erano più scolare che scolari.	Zum ersten Mal gab es mehr Schülerinnen als Schüler.
scolastico [skoˈlastiko], **-a** *agg.* (*pl. m* -ci, *f* -che)	**Schul..., schulisch**
L'anno scolastico va dagli inizi di settembre alla fine di giugno.	Das Schuljahr geht von Anfang September bis Ende Juni.
scuola elementare [skuˈɔːlaelemenˈtaːre] *f*	**Grundschule** *f* (*1.–5. Klasse*)
Gli anni nella scuola elementare sono stati molto belli.	Die Jahre in der Grundschule waren sehr schön.
scuola materna [skuˈɔːlamaˈtɛrna] *f*	**Kindergarten** *m*
Anche la scuola materna non è più gratis.	Auch der Kindergarten ist nicht mehr umsonst.

scuola media [skuˈɔːlaˈmɛːdia] *f*
Per molti la vita lavorativa comincia subito dopo la scuola media.

Mittelschule *f* (*6.–8. Klasse*)
Für viele beginnt das Berufsleben gleich nach der Mittelschule.

---

scuola serale [skuˈɔːlaseˈraːle] *f*
Frequentano una scuola serale per ottenere la maturità.

Abendschule *f*
Sie besuchen eine Abendschule, um das Abitur zu machen.

---

scuola superiore [skuˈɔːlasuperiˈoːre] *f*
Credo che i tipi di scuole superiori siano dieci.

Oberschule *f* (*9.–13. Klasse*)
Ich glaube, daß es an die zehn Oberschultypen gibt.

---

vacanza [vaˈkantsa] *f*
A Natale e a Pasqua le scuole hanno pochi giorni di vacanza.

Ferien *pl.*
Weihnachten und Ostern haben die Schulen nur wenige Tage Ferien.

1.2.4.2 UNTERRICHT UND PRÜFUNGEN

«1–2000»

compito [ˈkompito] *m*
Hai già fatto tutti i tuoi compiti?

(Haus-)Aufgabe *f*
Hast du alle deine Hausaufgaben schon gemacht?

---

corso [ˈkorso] *m*
Durante le vacanze estive ha frequentato un corso intensivo d'italiano.

Kurs(us) *m*
Sie hat während der Sommerferien einen Intensivkurs in Italienisch besucht.

---

esame [eˈzaːme] *m*
Si sa già che l'esame sarà difficilissimo.

Prüfung *f*, **Examen** *n*
Man weiß schon jetzt, daß die Prüfung sehr schwierig sein wird.

---

dare un esame [ˈdaːreuneˈzaːme]
Quando darai l'esame di statistica?

eine Prüfung ablegen, machen
Wann wirst du die Prüfung in Statistik machen?

---

passare/superare un esame [pasˈsaːre/supeˈraːreuneˈzaːme]
Ha superato tutti gli esami senza difficoltà.

eine Prüfung bestehen
Sie hat alle Prüfungen ohne Schwierigkeiten bestanden.

lingua straniera [ˈliŋguastraniˈɛːra] *f*	**Fremdsprache** *f*
Era particolarmente dotata per le lingue straniere.	Sie hatte eine besondere Begabung für Fremdsprachen.
matematica [mateˈmaːtika] *f* (*pl.* -che)	**Mathematik** *f*
Non capisco perché a molti la matematica non piace.	Ich verstehe nicht, warum viele Mathematik nicht mögen.
materia [maˈtɛːria] *f*	**Fach** *n*, **Stoff** *m*
Per la maturità dovevano preparare 8 materie.	Sie mußten 8 Fächer für das Abitur vorbereiten.
musica [ˈmuːzika] *f* (*pl.* -che)	**Musik** *f*
Fra le materie facoltative c'è anche la musica.	Zu den Wahlfächern zählt auch Musik.
ora (di lezione) [ˈoːra(diletsiˈoːne)] *f*	**(Unterrichts-)Stunde** *f*
Dopo la quarta ora potete andare a casa.	Nach der vierten Stunde könnt ihr nach Hause gehen.
scienze naturali [ˈʃɛntsenatuˈraːli] *f/pl.*	**Naturwissenschaften** *f/pl.*
La biologia è una delle scienze naturali.	Biologie gehört zu den Naturwissenschaften.
soggetto [sod-ˈdʒɛt-to] *m*	**Thema** *n*
Come soggetto della sua tesi ha scelto il romanticismo tedesco.	Als Thema für seine Dissertation hat er die deutsche Romantik gewählt.
storia [ˈstɔːria] *f*	**Geschichte** *f*
La storia è una delle scienze umane.	Geschichte gehört zu den Geisteswissenschaften.
tema [ˈtɛːma] *m* (*pl.* -i)	**Aufsatz** *m*
Per il tema in classe avrete 3 ore di tempo.	Ihr werdet für den Schulaufsatz 3 Stunden Zeit haben.
traduzione [tradutsiˈoːne] *f*	**Übersetzung** *f*
La traduzione dal tedesco all'italiano è più difficile che viceversa.	Die Übersetzung vom Deutschen ins Italienische ist schwieriger als umgekehrt.
voto [ˈvoːto] *m*	**Zensur** *f*, **Note** *f*
I voti positivi vanno in Italia dal 6 al 10.	Die guten und ausreichenden Zensuren reichen in Italien von 6 bis 10.

«2001–4000»

chimica [ˈkiːmika] *f*	**Chemie** *f*
Quest'anno imparerete la chimica inorganica.	Dieses Jahr lernt ihr anorganische Chemie.
correggere [kor-ˈrɛd-dʒere] *v.* (*irr.* 20)	**korrigieren, verbessern**
La professoressa d'italiano non corregge mai i temi prima d'una settimana.	Die Italienischlehrerin korrigiert die Aufsätze nie vor Ablauf einer Woche.
dizionario [ditsioˈnaːrio] *m* (*pl.* -ri)	**Wörterbuch** *n*
Durante il tema in classe potevano essere usati anche dizionari bilingui.	Bei der Klassenarbeit durften auch zweisprachige Wörterbücher benutzt werden.
errore [er-ˈroːre] *m*	**Fehler** *m*
Parlando inglese fanno ancora molti errori.	Wenn sie englisch sprechen, machen sie noch viele Fehler.
esercizio [ezerˈtʃiːtsio] *m* (*pl.* -zi)	**Übung** *f*
Molti esercizi sono troppo noiosi.	Viele Übungen sind zu langweilig.
geografia [dʒeograˈfiːa] *f*	**Geographie** *f*
La geografia è una delle materie più interessanti.	Geographie ist eines der interessantesten Fächer.
latino [laˈtiːno] *m*	**Latein** *n*
Il latino è una cosiddetta lingua morta.	Latein ist eine sogenannte tote Sprache.
lavagna [laˈvaːɲa] *f*	**Tafel** *f*
L'insegnante scrive alla lavagna le parole più difficili.	Der Lehrer schreibt die schwierigsten Wörter an die Tafel.
licenza [liˈtʃɛntsa] *f*	**Abschlußzeugnis** *n*
Senza la licenza media non ci si può iscrivere alle (scuole) superiori.	Ohne das Abgangszeugnis von der Mittelschule ist eine Anmeldung bei der Oberschule nicht möglich.
obbligatorio [ob-bligaˈtɔːrio], **-a** *agg.* (*pl. m* -ri)	**obligatorisch, Pflicht...**
Specialmente per le materie obbligatorie devi studiare di più.	Besonders für die Pflichtfächer mußt du mehr lernen.

orario (delle lezioni) [oˈraːrio-(del-leletsiˈoːni)] *m* (*pl.* -ri...) — **Stundenplan** *m*
L'orario viene reso noto il primo giorno di scuola. — Der Stundenplan wird am ersten Schultag bekanntgegeben.

promuovere [promuˈɔːvere] *v.* (*irr.* 46) — **versetzen**
Alla fine dell'anno sono stati promossi tutti. — Am Ende des Jahres wurden alle versetzt.

quaderno [kuaˈdɛrno] *m* — **Heft** *n*
Hanno conservato tutti i loro quaderni di scuola. — Sie haben ihre Schulhefte alle aufbewahrt.

ripetere [riˈpɛːtere] *v.* — **wiederholen**
Mio figlio dovrà ripetere la classe. — Mein Sohn wird die Klasse wiederholen müssen.

scritto [ˈskrit-to], **-a** *agg.* — **schriftlich**
La domanda scritta deve pervenire entro e non oltre il 7 maggio. — Die schriftliche Bewerbung muß spätestens bis zum 7. Mai eingereicht werden.

tradurre [traˈdur-re] *v.* (*irr.* 17) — **übersetzen**
Hanno tradotto il testo molto liberamente. — Sie haben den Text sehr frei übersetzt.

vocabolario [vokaboˈlaːrio] *m* (*pl.* -ri) — **Wörterbuch** *n*
Un buon vocabolario è uno strumento di consultazione indispensabile. — Ein gutes Wörterbuch ist ein unentbehrliches Nachschlagewerk.

1.2.5 ARBEITSWELT

«1–2000»

assumere [as-ˈsuːmere] *v.* (*irr.* 7) — **anstellen, einstellen**
Molte ditte non vogliono più assumere personale. — Viele Firmen wollen kein Personal mehr einstellen.

cassa malati [ˈkas-samaˈlaːti] *f*, **cassa mutua** [ˈkas-saˈmuːtua] *f* — **Krankenkasse** *f*
La cassa malati rimborsa solo le cure prescritte dal medico. — Die Krankenkasse erstattet nur die vom Arzt verordneten Kuren.

contributo [kontriˈbuːto] *m* — **Steuer** *f*, **Beitrag** *m*
Detratti i contributi guadagneranno sì e no un milione al mese. — Nach Abzug der Steuern werden sie ungefähr eine Million monatlich verdienen.

datore di lavoro [da'to:redila-'vo:ro] *m*	**Arbeitgeber** *m*
Anche lo stato è un datore di lavoro.	Auch der Staat ist ein Arbeitgeber.
fabbrica ['fab-brika] *f* (*pl.* -che)	**Fabrik** *f*, **Werk** *n*
Dopo la pausa estiva la nostra fabbrica riapre domani.	Nach der Sommerpause macht unser Werk morgen wieder auf.
lavorare [lavo'ra:re] *v.*	**arbeiten**
Da mesi lavorava più di 12 ore al giorno.	Seit Monaten arbeitete er mehr als 12 Stunden täglich.
lavoro [la'vo:ro] *m*	**Arbeit** *f*
Nel mondo del lavoro cresce lo scontento.	In der Arbeitswelt wächst die Unzufriedenheit.
occupazione [ok-kupatsi'o:ne] *f*	**Beschäftigung** *f*
L'opposizione esige dal governo una migliore politica di occupazione.	Die Opposition fordert von der Regierung eine bessere Beschäftigungspolitik.
operaio [ope'ra:io] *m* (*pl.* operai), **-a** *f*	**Arbeiter(in)** *m(f)*
Molti operai hanno ripreso a fare ore straordinarie.	Viele Arbeiter machen jetzt wieder Überstunden.
organizzare [organid-'dza:re] *v.*	**organisieren, veranstalten**
La regione organizza corsi di perfezionamento per le lavoratrici.	Die Landesverwaltung organisiert Fortbildungskurse für Arbeiterinnen.
padrone [pa'dro:ne] *m*, **-a** *f*	**Besitzer(in)** *m(f)*, **Arbeitgeber(in)** *m(f)*
La padrona era rispettata da tutti.	Die Besitzerin wurde von allen respektiert.
sindacato [sinda'ka:to] *m*	**Gewerkschaft** *f*
L'incontro dei sindacati con i rappresentanti del governo si è concluso un'ora fa.	Das Treffen der Gewerkschaften mit den Regierungsvertretern ist vor einer Stunde zu Ende gegangen.
stipendio [sti'pɛndio] *m* (*pl.* -di)	**Gehalt** *n*, **Besoldung** *f*
Hanno chiesto un aumento di stipendio dell'8 per cento.	Sie haben eine Gehaltserhöhung um 8 Prozent gefordert.
ufficio [uf-'fi:tʃo] *m* (*pl.* -ci)	**Büro** *n*, **Amt** *n*
Dove si trova l'ufficio personale?	Wo befindet sich das Personalbüro?

«2001–4000»

disoccupato [dizok-ku'pa:to], **-a** *agg.*	**arbeitslos**
Troppi giovani sono ancora disoccupati.	Noch immer sind zu viele Jugendliche arbeitslos.
disoccupazione [dizok-kupatsi'o:ne] *f*	**Arbeitslosigkeit** *f*
Tenendo conto della disoccupazione ha deciso di studiare per qualche anno ancora.	Angesichts der Arbeitslosigkeit entschloß sie sich, noch ein paar Jahre zu studieren.
ferie ['fɛ:rie] *f/pl.*	**Ferien** *pl.*, **Urlaub** *m*
Agli impiegati spettano 30 giorni di ferie all'anno.	Den Angestellten stehen jährlich 30 Urlaubstage zu.
funzione [funtsi'o:ne] *f*	**Funktion** *f*, **Amt** *n*, **Tätigkeit** *f*
Dopo una grave malattia il presidente ha ripreso le sue funzioni.	Nach schwerer Krankheit hat der Präsident seine Amtsgeschäfte wieder aufgenommen.
impiegato [impie'ga:to] *m*, **-a** *f*	**Angestellte(r)** *f*(*m*)
Gli impiegati più anziani hanno ricevuto un riconoscimento speciale.	Die ältesten Angestellten haben eine besondere Anerkennung erhalten.
impiegato di ruolo [impie'ga:todiru'ɔ:lo] *m*	**Beamter** *m*
Gli impiegati di ruolo richiedono un miglioramento delle pensioni.	Die Beamtenschaft verlangt eine Erhöhung der Pensionen.
impiego [impi'ɛ:go] *m* (*pl.* -ghi)	**Beschäftigung** *f*, **Stelle** *f*
Hanno trovato un impiego subito dopo l'università.	Gleich nach dem Studium haben sie eine Beschäftigung gefunden.
lavoratore [lavora'to:re] *m*, **lavoratrice** [lavora'tri:tʃe] *f*	**Arbeiter(in)** *m*(*f*)
I lavoratori hanno protestato contro l'aumento del prezzo dei pasti alla mensa.	Die Arbeiter haben gegen die Preiserhöhung für das Kantinenessen protestiert.
nominare [nomi'na:re] *v.*	**ernennen**
Con sua grande sorpresa è stato nominato vicedirettore.	Zu seiner großen Überraschung wurde er zum stellvertretenden Direktor ernannt.
officina [of-fi'tʃi:na] *f*	**Werkstatt** *f*
La macchina dovrà restare tre giorni in officina.	Das Auto wird drei Tage lang in der Werkstatt bleiben müssen.

paga ['paːga] *f* (*pl.* -ghe)
Le paghe sono state aumentate del 4,5% a partire dal 1° gennaio.

Lohn *m*
Die Löhne wurden rückwirkend ab 1. Januar um 4,5% erhöht.

busta paga ['busta'paːga] *f*
Dopo aver pagato l'affitto e le spese fisse nella busta paga resta ben poco.

Lohntüte *f*
Nach Zahlung der Miete und der fixen Kosten bleibt in der Lohntüte nur noch recht wenig.

personale [perso'naːle] *m*
Il personale si è riunito in assemblea straordinaria.

Personal *n*, **Belegschaft** *f*
Die Belegschaft hat sich zu einer außerordentlichen Sitzung zusammengefunden.

1.2.6 WIRTSCHAFTSLEBEN

1.2.6.1 ALLGEMEINES

«1–2000»

articolo [ar'tiːkolo] *m*
Ogni rappresentante è responsabile della vendita dei suoi articoli.

Artikel *m*, **Ware** *f*
Jeder Vertreter ist für den Verkauf seiner Artikel selbst verantwortlich.

commercio [kom-'mɛrtʃo] *m* (*pl.* -ci)
Il commercio fra la Repubblica Federale e l'Italia è molto attivo.

Handel *m*
Der Handel zwischen der Bundesrepublik und Italien ist sehr rege.

consumare [konsu'maːre] *v.*
In tutta l'Europa si consuma meno energia.

verbrauchen, konsumieren
In ganz Europa wird weniger Energie verbraucht.

consumatore [konsuma'toːre] *m*
La pubblicità influenza il comportamento dei consumatori.

Verbraucher *m*, **Konsument** *m*
Die Werbung beeinflußt das Verhalten der Verbraucher.

creare [kre'aːre] *v.*
Per creare nuovi prodotti sono stati investiti molti soldi.

herstellen, erzeugen
Es wurde viel Geld investiert, um neue Produkte herzustellen.

economia [ekono'miːa] *f*
Il governo lavora a un programma di ripresa dell'economia.

Wirtschaft *f*, **Ökonomie** *f*
Die Regierung arbeitet an einem Programm zur Belebung der Wirtschaft.

esportare [espor'ta:re] *v.* — **ausführen, exportieren**
Ai turisti è concesso di esportare soldi e merci solo limitatamente. — Touristen dürfen Geld und Waren nur beschränkt ausführen.

esportazione [esportatsi'o:ne] *f* — **Ausfuhr** *f*, **Export** *m*
Il nostro paese vive dell'esportazione dei suoi prodotti industriali. — Unser Land lebt vom Export seiner Industrieprodukte.

importare [impor'ta:re] *v.* — **einführen, importieren**
La frutta esotica viene importata in gran parte dal terzo mondo. — Exotische Früchte werden größtenteils aus der dritten Welt importiert.

impresa [im'pre:sa] *f* — **Unternehmen** *n*, **Betrieb** *m*
Le piccole e medie imprese formano la spina dorsale dell'industria italiana. — Die kleinen und mittleren Betriebe bilden das Rückgrat der italienischen Industrie.

prodotto [pro'dot-to] *m* — **Produkt** *n*, **Erzeugnis** *n*
I prodotti di qualità sono i più richiesti. — Qualitätsprodukte sind am gefragtesten.

produrre [pro'dur-re] *v.* (*irr.* 17) — **herstellen, produzieren**
L'agricoltura europea produce molto più di quel che può essere consumato o esportato. — Die europäische Landwirtschaft produziert viel mehr, als konsumiert oder exportiert werden kann.

produzione [produtsi'o:ne] *f* — **Herstellung** *f*, **Produktion** *f*
Non appena le nuove macchine saranno installate potrà cominciare la produzione. — Sobald die neuen Maschinen installiert sind, kann die Produktion beginnen.

turno/giorno di riposo ['turno/'dʒornodiri'pɔ:so] *m* — **Ruhetag** *m*
Tutti i negozi osservano un turno di riposo settimanale. — Alle Geschäfte halten einen wöchentlichen Ruhetag ein.

settore [set-'to:re] *m* — **Sektor** *m*, **Abteilung** *f*
Il numero degli occupati nel settore terziario è in continua espansione. — Die Zahl der Beschäftigten im Dienstleistungssektor nimmt ständig zu.

«2001–4000»

acquistare [ak-kuis'ta:re] *v.* — **erwerben**
In poco tempo si sono acquistati la stima di tutto il reparto. — In kurzer Zeit haben sie sich die Achtung der ganzen Abteilung erworben.

acquisto [ak-kuˈisto] *m* Gli acquisti e gli investimenti hanno ridotto a zero la nostra liquidità.	**(Ein-)Kauf** *m* Durch Käufe und Investitionen ist unsere Liquidität auf Null gesunken.
affare [af-ˈfaːre] *m* Il mondo degli affari ha leggi proprie.	**Geschäft** *n* Die Geschäftswelt hat ihre eigenen Gesetze.
(servizio) assistenza [(serˈviːtsio)as-sisˈtɛntsa] (*m*) *f* Il nostro servizio assistenza funziona 24 ore su 24.	**Kundendienst** *m* Unser Kundendienst arbeitet rund um die Uhr.
bilancio [biˈlantʃo] *m* (*pl.* -ci) I bilanci della società non sono così positivi come ci si aspettava.	**Bilanz** *f* Die Bilanzen des Unternehmens sind nicht so positiv, wie man erwartet hatte.
commerciale [kom-merˈtʃaːle] *agg.* Le relazioni commerciali sono migliorate ancora.	**Handels...** Die Handelsbeziehungen haben sich weiter verbessert.
commerciante [kom-merˈtʃante] *m* I commercianti lamentano un cattivo andamento stagionale.	**Kaufmann** *m* Die Kaufleute klagen über einen schlechten Saisonverlauf.
consumo [konˈsuːmo] *m* Si cerca di diminuire al massimo il consumo di energia.	**Konsum** *m*, **Verbrauch** *m* Man versucht, den Energieverbrauch auf ein Mindestmaß zu reduzieren.
ditta [ˈdit-ta] *f* La ditta è di proprietà della stessa famiglia da quattro generazioni.	**Firma** *f* Die Firma ist seit vier Generationen im Besitz der Familie.
domanda [doˈmanda] *f* La domanda di generi alimentari biologici è cresciuta molto.	**Nachfrage** *f* Die Nachfrage nach biologischen Lebensmitteln ist stark gestiegen.
fornire [forˈniːre] *v.* (-isc-) Si sono impegnati a fornire tutto entro due mesi.	**beliefern, versorgen** Sie haben sich verpflichtet, alles innerhalb von zwei Monaten zu liefern.
merce [ˈmɛrtʃe] *f* La maggior parte di queste merci viene esportata.	**Ware** *f* Der größte Teil dieser Waren wird exportiert.

offerta [of-ˈfɛrta] *f* Il gioco della domanda e dell'offerta influenza sempre i prezzi.	**Angebot** *n* Das Verhältnis von Nachfrage und Angebot beeinflußt immer die Preise.
produttore [produt-ˈtoːre] *m* Uno dei maggiori produttori di giocattoli è fallito.	**Hersteller** *m*, **Produzent** *m* Einer der größten Spielwarenhersteller meldete Konkurs an.
pubblicità [pub-blitʃiˈta] *f* (*unv.*) L'industria spende miliardi per la pubblicità.	**Werbung** *f* Die Industrie gibt Millionen für die Werbung aus.
uomo d'affari [uˈɔːmodaf-ˈfaːri] *m* (*pl.* **uomini** d'affari) Come uomo d'affari ha sempre avuto buon naso.	**Geschäftsmann** *m* Als Geschäftsmann hat er immer eine gute Nase gehabt.
vendita [ˈvendita] *f* Il prezzo di vendita è troppo alto.	**Verkauf** *m* Der Verkaufspreis ist zu hoch.

1.2.6.2 GESCHÄFTE, EINKAUF

«1–2000»

banco [ˈbaŋko] *m* (*pl.* -chi) Torna ogni giorno perché gli piace tanto la ragazza dietro il banco.	**Ladentisch** *m* Er kommt jeden Tag hierher, weil ihm das Mädchen hinter dem Ladentisch so gut gefällt.
bottega [bot-ˈteːga] *f* (*pl.* -ghe) La bottega del panettiere è proprio qui all'angolo.	**Laden** *m* Der Bäckerladen ist genau hier an der Ecke.
cassa [ˈkas-sa] *f* Nonostante il supermercato fosse pieno, funzionava solo una cassa.	**Kasse** *f* Obwohl der Supermarkt voller Leute war, war nur eine Kasse geöffnet.
cliente [kliˈɛnte] *m, f* Le offerte speciali non bastano per guadagnare nuovi clienti.	**Kunde** *m*, **Kundin** *f* Sonderangebote reichen nicht aus, um neue Kunden zu werben.
commesso [kom-ˈmes-so] *m*, **-a** *f* Il giovane commesso nel reparto alta fedeltà non sapeva nulla degli apparecchi.	**Verkäufer(in)** *m*(*f*) Der junge Verkäufer in der Hifi-Abteilung hatte nicht die geringste Ahnung von den Geräten.

comprare [kom'pra:re] *v.* E voi cosa comprate?.	**kaufen** Und was kauft ihr?
concludere [koŋ'klu:dere] *v.* (*irr.* 16) Il nuovo contratto è stato concluso dopo lunghe trattative.	**abschließen** Der neue Vertrag wurde nach langen Verhandlungen abgeschlossen.
giornalaio [dʒorna'la:io] *m* (*pl.* -lai) Il giornalaio della stazione chiude alle 22.	**Zeitungsverkäufer** *m*; **Zeitungskiosk** *m* Der Zeitungskiosk im Bahnhof schließt um 22 Uhr.
mercato [mer'ka:to] *m* Nel nostro quartiere c'è mercato ogni mercoledì e sabato.	**Markt** *m* In unserem Viertel ist jeden Mittwoch und Samstag Markt.
negozio [ne'gɔ:tsio] *m* (*pl.* -zi) I negozi sono aperti dalle 9 alle 12 e dalle 15 alle 19.	**Geschäft** *n*, **Laden** *m* Die Geschäfte sind von 9 bis 12 und von 15 bis 19 Uhr geöffnet.
negozio di frutta e verdura [ne'gɔ:tsiodi'frut-taever'du:ra] *m* (*pl.* -zi...) Nei negozi di frutta e verdura puoi comprare anche bevande.	**Obst- und Gemüseladen** *m* In den Obst- und Gemüseläden kannst du auch Getränke kaufen.
(negozio di) generi alimentari [(ne'gɔ:tsiodi)'dʒɛ:nerialimen'tɑ:ri] *(m)m/pl.* Generi alimentari e panetterie hanno chiuso il mercoledì pomeriggio.	**Lebensmittelgeschäft** *n* Lebensmittelgeschäfte und Bäckereien haben mittwochs nachmittags geschlossen.
panettiere [panet-ti'ɛ:re] *m* Il panettiere comincia il suo lavoro nel cuore della notte.	**Bäcker** *m* Der Bäcker beginnt seine Arbeit mitten in der Nacht.
pasticceria [pastit-tʃe'ri:a] *f* Per essere la miglior pasticceria della città non è neanche cara.	**Konditorei** *f* Dafür, daß dies die beste Konditorei der Stadt ist, ist sie nicht einmal teuer.
spesa ['spe:sa] *f* Questa è la lista della spesa.	**Einkauf** *m* Das ist die Einkaufsliste.
vendere ['vendere] *v.* Ha cercato per settimane di vendere la macchina.	**verkaufen** Er hat wochenlang versucht, sein Auto zu verkaufen.

«2001–4000»

cassiere [kas-siˈɛːre] *m*, **-a** *f* La nuova cassiera è molto più veloce dell'altra.	**Kassierer(in)** *m(f)* Die neue Kassiererin ist viel schneller als die vorherige.
clientela [klienˈtɛːla] *f* Si avverte la spettabile clientela che il negozio chiuderà il mese prossimo per restauri.	**Kundschaft** *f* Der verehrten Kundschaft wird mitgeteilt, daß das Geschäft im nächsten Monat wegen Renovierung geschlossen wird.
fare la coda [ˈfaːrelaˈkoːda] Alla posta si fa spesso la coda.	**Schlange stehen, anstehen** Auf der Post steht man oft an.
drogheria [drogeˈriːa] *f* I prodotti dietetici li trovi in drogheria.	**Drogerie** *f* Diätartikel bekommst du in der Drogerie.
lavasecco [lavaˈsek-ko] *m*, *auch f (unv.)* Sai dove c'è una lavasecco a gettone?	**(chemische) Reinigung** *f* Weißt du, wo es eine Münzreinigung gibt?
libreria [libreˈriːa] *f* In nessuna libreria s'è trovato il libro che cercava.	**Buchhandlung** *f* Das Buch, das sie suchte, fand sich in keiner Buchhandlung.
grandi magazzini [ˈgrandimagad-ˈdziːni] *m/pl.* I grandi magazzini sono chiusi oggi e domani perché fanno l'inventario.	**Kaufhaus** *n*, **Warenhaus** *n* Wegen Inventur bleibt das Kaufhaus heute und morgen geschlossen.
negoziante [negotsiˈante] *m* Da anni compra tutto dallo stesso negoziante.	**Kaufmann** *m* Er kauft schon seit Jahren alles bei demselben Kaufmann ein.
offerta speciale [of-ˈfɛrtaspeˈtʃaːle] *f* Qualche volta le offerte speciali non sono un buon affare.	**Sonderangebot** *n* Manchmal sind Sonderangebote kein gutes Geschäft.
salumeria [salumeˈriːa] *f* Le salumerie vendono sia salumi che carni.	**Fleischerei** *f*, **Metzgerei** *f* Die Fleischereien verkaufen sowohl Wurst- als auch Fleischwaren.
sconto [ˈskonto] *m* Si fa sconto solo ai novantenni accompagnati dai genitori!	**Preisnachlaß** *m*, **Rabatt** *m* Man gewährt nur Neunzigjährigen in Begleitung der Eltern Rabatt!

scontrino [skonˈtriːno] *m* Senza lo scontrino non possiamo cambiare (la) merce.	**Kassenzettel** *m*, **Bon** *m* Ohne Kassenzettel können wir die Ware nicht umtauschen.
supermercato [supermerˈkaːto] *m* Nel supermercato devi usare un carrello.	**Supermarkt** *m* Im Supermarkt mußt du einen Einkaufswagen benutzen.
svendita [ˈzvendita] *f* Le svendite devono essere autorizzate dalla camera di commercio.	**Ausverkauf** *m* Ausverkäufe müssen von der Handelskammer genehmigt werden.
vetrina [veˈtriːna] *f* Verso sera le vetrine erano tutte illuminate.	**Schaufenster** *n* Gegen Abend waren die Schaufenster alle beleuchtet.

1.2.6.3 GELD

«1–2000»

banca [ˈbaŋka] *f* (*pl.* -che) Ha sentito che c'è stato un altro colpo alla banca?	**Bank** *f* Haben Sie gehört, daß die Bank schon wieder überfallen wurde?
biglietto (di banca) [biˈʎet-to(diˈbaŋka)] *m* Hanno trovato un biglietto da centomila lire.	**(Geld-)Schein** *m*, **Banknote** *f* Sie haben einen Hunderttausendlireschein gefunden.
cambiare [kambiˈaːre] *v.* Non preoccuparti, cambieremo gli assegni in Italia.	**wechseln, (um)tauschen** Mach dir keine Sorgen, wir werden die Schecks in Italien einlösen.
caro [ˈkaːro], **-a** *agg.* Questo ristorante è ottimo, però incredibilmente caro.	**teuer** Dieses Restaurant ist zwar sehr gut, aber unglaublich teuer.
cassa di risparmio [ˈkas-sadirisˈparmio] *f* La cassa di risparmio ha aperto una nuova filiale.	**Sparkasse** *f* Die Sparkasse hat eine neue Filiale eröffnet.
conto (corrente) [ˈkonto(korˈrɛnte)] *m* Non mi ricordo mai il numero di conto.	**(Giro-)Konto** *n* Ich kann mir meine Kontonummer nie merken.

costare (qc. a qn.) [kosˈtaːre] *v.* (essere)	(jdn etw.) **kosten**
Non lo prendo perché mi costerebbe troppo.	Ich nehme es nicht, weil es mich zuviel kosten würde.
debito [ˈdɛːbito] *m*	**Schuld** *f*
Non riusciva mai a pagare i suoi debiti.	Er schaffte es nie, seine Schulden zu bezahlen.
denaro [deˈnaːro] *m*	**Geld** *n*
Alla cassa si accorse di non avere denaro con sé.	An der Kasse stellte sie fest, daß sie kein Geld bei sich hatte.
guadagnare [guadaˈɲaːre] *v.*	**verdienen**
Più uno guadagna, più deve pagare tasse.	Je mehr einer verdient, desto mehr Steuern muß er zahlen.
lira [ˈliːra] *f*	**Lira** *f*
Le monete da 1 e da 2 lire sono quasi scomparse.	Die 1- und 2-Lirestücke sind so gut wie verschwunden.
pagare [paˈgaːre] *v.*	**(be)zahlen**
L'affitto va pagato il primo di ogni mese.	Die Miete wird zum Ersten jeden Monats bezahlt.
prezzo [ˈprɛt-tso] *m*	**Preis** *m*
Negli ultimi 6 mesi i prezzi non sono saliti.	In den letzten 6 Monaten sind die Preise nicht gestiegen.
soldi [ˈsɔldi] *m/pl.*	**Geld** *n*
Non puoi spendere più soldi di quelli che hai!	Du kannst nicht mehr Geld ausgeben, als du hast!
spendere [ˈspɛndere] *v.* (*irr.* 80)	**ausgeben**
Ha speso una cifra enorme per avere un quadro di Picasso.	Er hat einen enormen Betrag ausgegeben, um ein Bild von Picasso zu bekommen.
spesa [ˈspeːsa] *f*	**Ausgabe** *f*
Le spese pubbliche saranno ridotte del 15 per cento.	Die öffentlichen Ausgaben werden um 15 Prozent gekürzt werden.
spiccioli [ˈspit-tʃoli] *m/pl.*	**Kleingeld** *n*
Hai abbastanza spiccioli per telefonare?	Hast du genug Kleingeld zum Telefonieren?
totale [toˈtaːle] *m*	**Gesamtsumme** *f*
Il totale era molto più alto di quel che pensassi.	Die Gesamtsumme war viel höher, als ich angenommen hatte.
valere [vaˈleːre] *v.* (*irr.* 90)	**wert sein**
Diecimila lire valgono circa quindici marchi.	Zehntausend Lire sind etwa fünfzehn Mark wert.

valore [va'loːre] *m*	**Wert** *m*
Il valore dell'oro è soggetto a notevoli fluttuazioni.	Der Wert des Goldes unterliegt starken Schwankungen.

«2001–4000»

affitto [af-'fit-to] *m*	**Miete** *f*
Il governo ha ordinato il blocco degli affitti.	Die Regierung hat einen Mietstopp verfügt.
assegno [as-'seːɲo] *m*	**Scheck** *m*
Per riscuotere l'assegno devi esibire il passaporto.	Um den Scheck einzulösen, mußt du den Paß vorweisen.
a buon mercato [abuɔnmer'kaːto], **a buon prezzo** [abuɔn'prɛt-tso] (*beide unv.*)	**billig, preiswert**
Molti alberghi della costa adriatica sono veramente a buon prezzo.	Viele Hotels an der Adriaküste sind wirklich preiswert.
cambio ['kambio] *m* (*pl.* -bi)	**Geldwechsel** *m*; **(Wechsel-)Kurs** *m*
Il cambio di una moneta è spesso più conveniente all'estero.	Der Wechselkurs einer Währung ist im Ausland häufig günstiger.
carta di credito ['kartadi'kreːdito] *f*	**Kreditkarte** *f*
Fra qualche anno pagheremo tutto con le carte di credito.	In einigen Jahren werden wir alles mit Kreditkarten bezahlen.
contante [kon'tante] *m*	**Bargeld** *n*
Il pagamento va effettuato in contanti alla consegna.	Die Zahlung erfolgt bar bei Lieferung.
coperto [ko'pɛrto], **-a** *agg.*	**gedeckt**
La banca ci ha comunicato che l'assegno non è coperto.	Die Bank hat uns mitgeteilt, daß der Scheck nicht gedeckt ist.
costo ['kɔsto] *m*	**Kosten** *pl.*, **Preis** *m*
Il costo della vita è salito dell'8% in un mese.	Die Lebenshaltungskosten sind in einem Monat um 8% gestiegen.
credito ['kreːdito] *m*	**Kredit** *m*
I crediti per la casa sono in parte finanziati dallo stato.	Die Kredite für das Haus werden zum Teil vom Staat finanziert.

differenza [dif-fe'rɛntsa] *f* La differenza fra spesa e guadagno è l'utile.	**Differenz** *f*, **Unterschied** *m* Die Differenz zwischen Ausgabe und Einnahme ist der Gewinn.
dovere [do'veːre] *v.* (*irr.* 36) Quanto Le devo?	**schulden, schuldig sein** Wieviel schulde ich Ihnen?
finanziario [finantsi'aːrio], **-a** *agg.* (*pl. m* -ri) Si dice che l'impresa abbia grosse difficoltà finanziarie.	**finanziell** Man sagt, daß das Unternehmen große finanzielle Schwierigkeiten hat.
imposta [im'posta] *f* L'IVA (imposta sul valore aggiunto) ammonta al 18%.	**Steuer** *f* Die Mehrwertsteuer beträgt 18%.
interessi [inte'rɛs-si] *m/pl.* Gli interessi bancari sono molto elevati.	**Zinsen** *m/pl.* Die Bankzinsen sind sehr hoch.
mancia ['mantʃa] *f* (*pl.* -ce) È un cliente abituale, però non dà mance.	**Trinkgeld** *n* Er ist Stammkunde, gibt aber nie Trinkgelder.
moneta [mo'neːta] *f* Può darmi mille lire in moneta?	**Münze** *f*, **Kleingeld** *n* Können Sie mir tausend Lire in Münzen geben?
prezioso [pretsi'oːso], **-a** *agg.* Alla mostra sono state rubate alcune monete preziosissime.	**kostbar, edel** Bei der Ausstellung wurden einige sehr kostbare Münzen gestohlen.
reddito ['rɛd-dito] *m* Tutti i redditi vengono tassati.	**Einkommen** *n* Alle Einkommen werden besteuert.
riduzione [ridutsi'oːne] *f* Le persone sopra i 60 anni hanno diritto ad una riduzione.	**Ermäßigung** *f* Personen über 60 Jahre haben Anrecht auf eine Ermäßigung.
rimborsare [rimbor'saːre] *v.* Siccome è un viaggio di lavoro, mi rimborsano tutte le spese.	**(rück)erstatten, zurückzahlen** Da es eine Dienstreise ist, erstatten sie mir alle Ausgaben.
riscuotere [risku'ɔːtere] *v.* (*irr.* 76) Il vaglia può essere riscosso allo sportello 6.	**abheben, einlösen** Die Postanweisung kann am Schalter 6 eingelöst werden.
risparmiare [risparmi'aːre] *v.* Risparmiava da mesi per concedersi una crociera.	**sparen** Sie sparte seit Monaten, um sich eine Kreuzfahrt zu leisten.

scoperto [sko'pɛrto], **-a** *agg.*	**ungedeckt**
E' stato arrestato perché ha emesso assegni scoperti.	Er wurde verhaftet, weil er ungedeckte Schecks ausgestellt hat.
somma ['som-ma] *f*	**Summe** *f*
Nella cassa mancava un'enorme somma di denaro.	In der Kasse fehlte eine riesige Geldsumme.
tassa ['tas-sa] *f*	**Steuer** *f*
Le nuove tasse hanno suscitato polemiche.	Die neuen Steuern haben Kontroversen hervorgerufen.
valuta [va'lu:ta] *f*	**Währung** *f*
Pagano con valuta pregiata.	Sie zahlen in harter Währung.
versare [ver'sa:re] *v.*	**einzahlen**
E' più sicuro se versate subito i soldi in banca.	Es ist sicherer, wenn ihr das Geld sofort bei der Bank einzahlt.

1.2.6.4 BESITZ

(Siehe auch Possessivpronomen 3.2.2)

«1–2000»

appartenere [ap-parte'ne:re] *v.* (*irr.* 86)	**gehören**
A lui appartiene solo una metà della casa.	Ihm gehört nur die eine Hälfte des Hauses.
avere [a'veːre] *m*	**Vermögen** *n*
Ha perso tutti i suoi averi al gioco.	Er hat sein ganzes Vermögen verspielt.
avere [a'veːre] *v.* (*irr.* 8)	**haben, besitzen**
I nonni avevano una piccola casa in montagna.	Die Großeltern hatten ein kleines Haus in den Bergen.
di [di] *prep.*	**von**; *oft mit Genitiv zu übersetzen*
L'ultimo film di Fellini ha avuto grande successo.	Fellinis letzter Film hat großen Erfolg gehabt.
disporre (di qc.) [dis'por-re] *v.* (*irr.* 55)	(über etw.) **verfügen,** (etw.) **besitzen**
Non disponevano del denaro necessario per mandare i figli all'università.	Sie verfügten nicht über das nötige Geld, um ihre Kinder zur Universität zu schicken.
essere di ['ɛs-seredi] *v.* (*irr.* 38)	**gehören**
Sai di chi è quest'ombrello?	Weißt du, wem dieser Schirm gehört?

fortuna [for'tu:na] *f* Hanno fatto una fortuna vendendo programmi per computer.	**Vermögen** *n* Sie haben mit dem Verkauf von Computerprogrammen ein Vermögen gemacht.
patrimonio [patri'mɔ:nio] *m* (*pl.* -ni) Il patrimonio della famiglia era quasi ridotto a zero.	**Vermögen** *n*, **Erbe** *n* Das Familienvermögen war fast auf Null geschrumpft.
possedere [pos-se'de:re] *v.* (*irr.* 77) Suo fratello possiede un enorme terreno in Toscana.	**besitzen** Sein Bruder besitzt ein riesiges Grundstück in der Toskana.
povero ['pɔ:vero], **-a** *agg.* Veniva da una famiglia molto povera.	**arm** Er stammte aus einer sehr armen Familie.
privato [pri'va:to], **-a** *agg.* Strada privata – Vietato il transito.	**privat, Privat...** Privatweg – Durchfahrt verboten.
proprietà [proprie'ta] *f* (*unv.*) Molti edifici storici sono proprietà dello stato.	**Eigentum** *n*, **Besitz** *m* Viele historische Gebäude sind Eigentum des Staates.
pubblico ['pub-bliko], **-a** *agg.* (*pl.m* -ci, *f* -che) Tutti gli edifici pubblici hanno esposto la bandiera nazionale.	**öffentlich, allgemein** Alle öffentlichen Gebäude haben die Nationalflagge gehißt.
ricco ['rik-ko], **-a** *agg.* (*pl.m* -chi, *f* -che) Sogna di sposare un uomo molto ricco.	**reich** Sie träumt davon, einmal einen sehr reichen Mann zu heiraten.
roba ['rɔ:ba] *f* Nell'incendio dell'abitazione hanno perso tutta la loro roba.	**Habe** *f* Bei dem Wohnungsbrand haben sie ihre gesamte Habe verloren.
tesoro [te'zɔ:ro] *m* Sul fondo del mare giacciono non pochi tesori.	**Schatz** *m*, **Reichtum** *m* Auf dem Meeresgrund liegen nicht wenige Schätze.

«2001–4000»

assicurazione [as-sikuratsi'o:ne] *f* L'assicurazione ha rimborsato solo una parte del danno.	**Versicherung** *f* Die Versicherung hat nur einen Teil des Schadens ersetzt.

cose [ˈkɔːse] *f/pl.*
Cambiando casa si è accorto quante cose superflue possedeva.

Sachen *f/pl.*
Beim Umzug merkte er, wieviel überflüssige Sachen er besaß.

mancanza [maŋˈkantsa] *f*
La mancanza d'acqua è un problema cronico del Mezzogiorno.

Mangel *m*
Der Wassermangel ist ein chronisches Problem in Süditalien.

mancare (di) [maŋˈkaːre] *v.*
Molti popoli del terzo mondo mancano del minimo per vivere.

nicht haben, Mangel haben (an)
Vielen Völkern der dritten Welt mangelt es am Lebensnotwendigsten.

proprietario [proprieˈtaːrio] *m* (*pl.* -ri), **-a** *f*
La proprietaria ha deciso di vendere la casa.

Eigentümer(in) *m*(*f*)
Die Eigentümerin hat sich entschlossen, das Haus zu verkaufen.

proprio [ˈprɔːprio], **-a** *agg.* (*pl.m* -pri)
E' così insicuro, non ha mai un'opinione propria.

eigen
Er ist so unsicher, nie hat er eine eigene Meinung.

ricchezza [rik-ˈket-tsa] *f*
La principale ricchezza dei paesi arabi è il petrolio.

Reichtum *m*
Der Hauptreichtum der arabischen Staaten ist das Erdöl.

1.2.7 RECHT UND VERWALTUNG
(Siehe auch ÖFFENTLICHES LEBEN 1.4)

1.2.7.1 POST, TELEFON

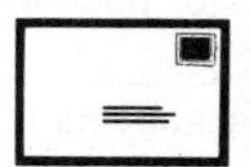

«1–2000»

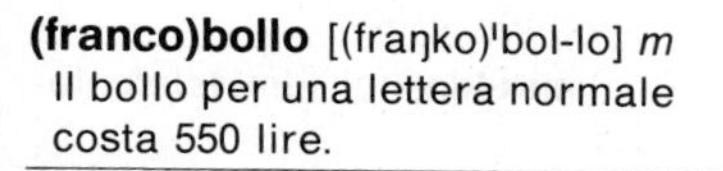

(franco)bollo [(fraŋko)ˈbol-lo] *m*
Il bollo per una lettera normale costa 550 lire.

Briefmarke *f*
Die Briefmarke für einen normalen Brief kostet 550 Lire.

busta [ˈbusta] *f*
Mi servono buste e carta da lettera.

(Brief-)Umschlag *m*
Ich brauche Umschläge und Briefpapier.

cartolina (illustrata) [kartoˈliːna(il-lusˈtraːta)] *f*
La vostra cartolina è arrivata ieri.

Ansichtskarte *f*
Eure Ansichtskarte ist gestern angekommen.

cartolina postale [karto'li:na-pos'ta:le] *f* Per partecipare basta inviare una cartolina postale.	**Postkarte** *f* Um teilzunehmen genügt es, eine Postkarte zu schicken.
indirizzare (a) [indirit-'tsa:re] *v.* La corrispondenza va indirizzata alla sede centrale.	**adressieren, richten** (an) Alle Briefe sollen an die Zentrale adressiert werden.
indirizzo [indi'rit-tso] *m* Si prega di scrivere nome, cognome e indirizzo in stampatello.	**Adresse** *f* Bitte Vor- und Nachname und Adresse in Druckschrift angeben.
lettera ['lɛt-tera] *f* Anche a distanza di molti anni leggeva volentieri le sue lettere.	**Brief** *m* Auch noch nach vielen Jahren las er gerne ihre Briefe.
numero telefonico ['nu:mero-tele'fɔ:niko] *m* (*pl.* numeri telefonici), **numero di telefono** ['nu:merodite'lɛ:fono] *m* Sapeva a memoria i numeri telefonici di tutti gli amici.	**Telefonnummer** *f* Sie wußte die Telefonnummern aller ihrer Freunde auswendig.
pacco ['pak-ko] *m* (*pl.* -chi), **pacchetto** [pak-'ket-to] *m* Pacchi e pacchetti per l'estero devono essere accompagnati da una dichiarazione doganale.	**Paket** *n*, **Päckchen** *n* Auslandspakete und -päckchen müssen mit einer Zollerklärung versehen sein.
posta ['pɔsta] *f* Quando vai in città, porti per favore questo pacchetto alla posta?	**Post(amt)** *f*(*n*) Wenn du in die Stadt gehst, bringst du bitte dieses Päckchen zur Post?
postale [pos'ta:le] *agg.* Le tariffe postali saranno aumentate con il 1° gennaio.	**Post...** Die Postgebühren werden zum 1. Januar erhöht.
telefonare (a qn.) [telefo'na:re] *v.* Come, non gli avete ancora telefonato?	(jdn) **anrufen,** (mit jdm) **telefonieren** Wie, habt ihr ihn noch nicht angerufen?
telefono [te'lɛ:fono] *m* Il telefono è stato inventato più di 100 anni fa.	**Telefon** *n* Das Telefon wurde vor über 100 Jahren erfunden.

telegramma [tele'gram-ma] *m* (*pl.* -i)	**Telegramm** *n*
Vuole fare un telegramma urgente o normale?	Wollen Sie ein dringendes oder ein gewöhnliches Telegramm aufgeben?
ufficio postale [uf-'fiːtʃopos'taːle] *m* (*pl.* uffici postali)	**Postamt** *n*
Gli uffici postali più piccoli sono aperti solo la mattina.	Die kleineren Postämter sind nur am Vormittag geöffnet.

«2001–4000»

buca delle lettere ['buːkadelle'lɛt-tere] *f* (*pl.* -che . . .)	**Briefkasten** *m*
Sa dirmi dove c'è una buca delle lettere qui vicino?	Können Sie mir sagen, wo hier in der Nähe ein Briefkasten ist?
cabina telefonica [ka'biːnatele'fɔːnica] *f* (*pl.* cabine telefoniche)	**Telefonzelle** *f*
Tutte le cabine telefoniche erano occupate.	Alle Telefonzellen waren besetzt.
chiamare [kia'maːre] *v.*	**anrufen**
Ho chiamato poco fa ma nessuno risponde.	Ich habe vor kurzem angerufen, aber es meldet sich niemand.
codice di avviamento postale ['kɔːditʃediav-via'mentopos'taːle] *m* (*abgekürzt* CAP)	**Postleitzahl** *f* (PLZ)
Qual'è il numero di codice di Ancona?	Welche Postleitzahl hat Ancona?
colpo di telefono ['kolpodite-'lɛːfono] *m*	**Anruf** *m*
Va bene, dammi un colpo di telefono verso le 9.	In Ordnung, ruf mich gegen 9 Uhr an.
comunicazione [komunikatsi'oːne] *f*	**(Telefon-)Verbindung** *f*, **Gespräch** *n*
Signorina, mi passi la comunicazione in camera.	Fräulein, legen Sie mir das Telefongespräch bitte ins Zimmer.
distributore di gettoni [distribu'toːredidʒet-'toːni] *m*	**Telefonmünzenautomat** *m*
In tutte le cabine ci sono distributori di gettoni.	In allen Telefonzellen sind Telefonmünzenautomaten.

gettone [dʒet-ˈtoːne] *m*
La cassiera mi ha dato come resto due gettoni.

Telefonmünze *f*
Die Kassiererin gab mir als Wechselgeld zwei Telefonmünzen heraus.

---

impostare [imposˈtaːre] *v.*
Non dimenticarti di impostare la lettera, è importantissima.

einwerfen, aufgeben
Vergiß nicht, den Brief einzuwerfen; er ist sehr wichtig.

---

mittente [mit-ˈtɛnte] *m*
Scrivete sempre il mittente sulla busta.

Absender *m*
Gebt auf dem Umschlag immer den Absender an.

---

occupato [ok-kuˈpaːto], **-a** *agg.*
Sei sicuro che il numero sia giusto? E' sempre occupato.

besetzt, belegt
Bist du sicher, daß die Nummer stimmt? Es ist ständig besetzt.

---

poste e telecomunicazioni [ˈpɔsteetelekomunikatsiˈoːni] *f/pl.* (*abgekürzt* PP.TT.)
Il ministro delle poste e telecomunicazioni è stato duramente criticato.

Post(- und Fernmeldewesen *n*) *f*
Der Postminister wurde scharf kritisiert.

---

postino [posˈtiːno] *m*
Il postino non arriva mai prima di mezzogiorno.

Postbote *m*
Der Postbote kommt nie vor Mittag.

---

prefisso [preˈfis-so] *m*
Per chiamare Roma il prefisso è 00392.

Vorwahl *f*
Die Vorwahl von Rom ist 00392.

---

pronto [ˈpronto] *interi.*
Pronto, pronto! . . . Non si sente niente.

hallo!, ja bitte?
Hallo, hallo! . . . Man hört nichts.

(lettera) raccomandata [(ˈlɛt-tera)rak-komanˈdaːta] *f*
E questa va spedita come raccomandata con ricevuta di ritorno.

Einschreiben *n*
Und dieser Brief wird als Einschreiben mit Rückschein geschickt.

---

rimanere in linea [rimaˈneːre-inˈliːnea]
Rimanga in linea, provo nell'altro ufficio.

am Apparat, in der Leitung bleiben
Bleiben Sie am Apparat, ich versuche es im anderen Büro.

---

sportello [sporˈtɛl-lo] *m*
Qual'è lo sportello per i conti correnti postali?

Schalter *m*
Welcher ist der Schalter für Postgirokontos?

---

stampe [ˈstampe] *f/pl.*
Non dimenticarti di scrivere «stampe» sulla busta.

Drucksache *f*
Vergiß nicht, „Drucksache" auf den Umschlag zu schreiben.

suonare [suoˈnaːre] *v.* Non avevo neanche riappeso che il telefono suonò di nuovo.	**klingeln, läuten** Kaum hatte ich aufgelegt, klingelte das Telefon schon wieder.
telefonata [telefoˈnaːta] *f* Al momento non posso muovermi, aspetto una telefonata.	**Anruf** *m* Im Moment kann ich mich nicht wegrühren, ich erwarte einen Anruf.
teleselezione [teleseletsiˈoːne] *f* Oggi puoi chiamare in teleselezione quasi tutto il mondo.	**Selbstwählferndienst** *m* Im Selbstwählferndienst kannst du heute fast die ganze Welt anrufen.
vaglia (postale) [ˈvaːʎa(posˈtaːle)] *m* (*pl.* vaglia postali) Forse è meglio fare un vaglia internazionale.	**Postanweisung** *f* Vielleicht ist es besser, es per Auslandspostanweisung zu schicken.
per via aerea [perˈviːaaˈɛːrea] Le spedizioni per via aerea arrivano naturalmente prima.	**mit** (*oder* **per**) **Luftpost** Luftpostsendungen kommen natürlich früher an.

1.2.7.2 BEHÖRDEN, POLIZEI

«1–2000»

amministrazione [am-ministratsiˈoːne] *f* L'amministrazione della città ha presentato il resoconto annuale.	**Verwaltung** *f* Die Stadtverwaltung hat ihren Jahresbericht vorgelegt.
autorità [autoriˈta] *f* (*unv.*) Le autorità non hanno concesso il permesso.	**Behörde** *f* Die Behörden haben keine Erlaubnis erteilt.
carabiniere *m* [karabiniˈɛːre] I carabinieri hanno potuto arrestare subito uno dei ladri.	**Karabiniere** *m* (*ital. Gendarm*) Die Karabinieri konnten einen der Diebe sofort festnehmen.
controllare [kontrol-ˈlaːre] *v.* Al confine il nostro bagaglio è stato controllato due volte.	**kontrollieren** An der Grenze wurde unser Gepäck zweimal kontrolliert.
dichiarare [dikiaˈraːre] *v.* Ha qualcosa da dichiarare?	**deklarieren, angeben, verzollen** Haben Sie etwas zu verzollen?
guardia [guˈardia] *f* I politici erano scortati da guardie in civile.	**Wächter** *m*, **Polizist** *m* Die Politiker wurden von Polizeibeamten in Zivil eskortiert.

polizia [poli'tsiːa] *f* La polizia aveva circondato la casa.	**Polizei** *f* Die Polizei hatte das Haus umstellt.
rivolgersi (a) [ri'vɔldʒersi] *v.* (*irr.* 66) Per la sua pratica si rivolga per favore alla mia collega, stanza 106.	**sich wenden** (an) Wegen Ihrer Akte wenden Sie sich bitte an meine Kollegin in Zimmer 106.
sindaco ['sindako] *m* (*pl.* -chi) Come ci si aspettava il vecchio sindaco è stato rieletto.	**Bürgermeister** *m* Erwartungsgemäß ist der alte Bürgermeister wiedergewählt worden.
ufficio informazioni [uf-'fiːtʃo-informatsi'oːni] *m* (*pl.* -ci . . .) L'ufficio informazioni apre fra un'ora.	**Auskunft** *f*, **Information** *f* Die Auskunft öffnet in einer Stunde.

«2001–4000»

certificato [tʃertifi'kaːto] *m* Il certificato di nascita viene rilasciato dall'autorità comunale.	**Bescheinigung** *f*, **Urkunde** *f* Die Geburtsurkunde wird von der Stadtverwaltung ausgestellt.
denunciare [denun'tʃaːre] *v.* Avreste dovuto denunciarlo prima.	**anzeigen** Ihr hättet das früher anzeigen müssen.
disporre (di) [dis'por-re] *v.* (*irr.* 55) La polizia non disponeva di nessuna prova.	**verfügen** (über) Die Polizei verfügte über keinerlei Beweise.
doganiere [dogani'ɛːre] *m* I doganieri hanno controllato tutte le valige.	**Zollbeamter** *m* Die Zollbeamten haben alle Koffer kontrolliert.
domanda [do'manda] *f* I profughi hanno subito presentato domanda di asilo politico.	**Antrag** *m* Die Flüchtlinge haben sofort einen Antrag auf politisches Asyl gestellt.
firmare [fir'maːre] *v.* Per favore firmi qui.	**unterschreiben, unterzeichnen** Bitte unterschreiben Sie hier.

funzionario [funtsio'naːrio] *m* (*pl.* -ri)	**Beamter** *m*
Suo padre è un alto funzionario al ministero della difesa.	Sein Vater ist ein hoher Beamter im Verteidigungsministerium.
modulo ['mɔːdulo] *m*	**Formular** *n*
I moduli sono scritti in una lingua troppo difficile da capire.	Formulare sind in einer schwerverständlichen Sprache abgefaßt.
poliziotto [politsi'ɔt-to] *m*	**Polizist** *m*
Due poliziotti hanno subito inseguito l'auto dei ladri.	Zwei Polizisten haben das Auto der Diebe sofort verfolgt.
registrare [redʒis'traːre] *v.*	**registrieren, eintragen**
Le nascite e le morti vengono registrati all'anagrafe.	Geburten und Todesfälle werden im Einwohnermeldeamt registriert.
ufficiale [uf-fi'tʃaːle] *agg.*	**amtlich, offiziell**
Le notizie della stampa sono state smentite ufficialmente.	Die Pressemeldungen sind offiziell dementiert worden.
vigile ['viːdʒile] *m*	**Polizist** *m*
Agli incroci importanti un vigile regolava il traffico.	An wichtigen Kreuzungen regelte ein Polizist den Verkehr.
vigili del fuoco ['viːdʒilidelfu'ɔːko] *m/pl.*	**Feuerwehr(männer** *m/pl.***)** *f*
I vigili del fuoco hanno fatto un'esercitazione in centro.	Die Feuerwehr hat in der Stadtmitte eine Übung abgehalten.

1.2.7.3 RECHTSWESEN, DELIKTE

«1–2000»

accusare [ak-ku'zaːre] *v.*	**anklagen, beschuldigen**
Sono stati accusati di truffa.	Sie wurden des schweren Betrugs beschuldigt.
accusato [ak-ku'zaːto] *m*, **-a** *f*	**Angeklagte(r)** *f*(*m*)
L'accusato continua a dichiararsi innocente.	Der Angeklagte erklärt sich nach wie vor für unschuldig.
ammazzare [am-mat-'tsaːre] *v.*	**umbringen**
L'ha ammazzata per gelosia.	Er hat sie aus Eifersucht umgebracht.

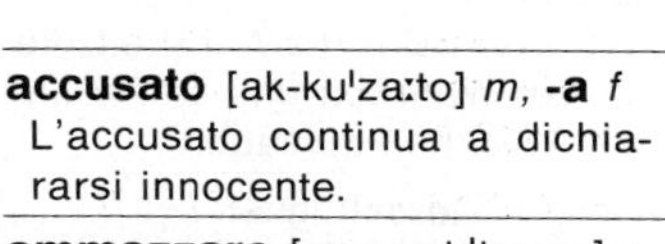

arrestare [ar-resˈtaːre] *v.* I due sono stati riconosciuti ed arrestati.	**verhaften** Die zwei sind wiedererkannt und verhaftet worden.
assassino [as-sas-ˈsiːno] *m*, **-a** *f* Nessuna traccia conduce finora all'assassino.	**Mörder(in)** *m*(*f*) Bis jetzt führt keine Spur zum Mörder.
avvocato [av-voˈkaːto] *m* Ha chiesto di parlare subito con il suo avvocato.	**Rechtsanwalt** *m* Er verlangte, sofort seinen Anwalt zu sprechen.
commettere [kom-ˈmet-tere] *v.* (*irr.* 43) La rapina è stata commessa in pieno giorno.	**begehen** Der Überfall wurde am hellichten Tag begangen.
condannare [kondan-ˈnaːre] *v.* Il giudice lo ha condannato a 4 anni di carcere.	**verurteilen** Der Richter hat ihn zu vier Jahren Gefängnis verurteilt.
delitto [deˈlit-to] *m* Molti delitti rimangono purtroppo impuniti.	**Verbrechen** *n*, **Delikt** *n* Leider bleiben viele Verbrechen unbestraft.
difendere [diˈfɛndere] *v.* Viene difeso da uno dei migliori avvocati della città.	**verteidigen** Er wird von einem der besten Anwälte der Stadt verteidigt.
diritto [diˈrit-to] *m* Il risarcimento danni è una questione di diritto civile.	**Recht** *n* Der Schadensersatz ist eine Angelegenheit des Zivilrechts.
fermare [ferˈmaːre] *v.* Fino ad ora sono stati fermati due dimostranti.	**vorläufig festnehmen** Bis jetzt wurden zwei Demonstranten vorläufig festgenommen.
giudice [ˈdʒuːditʃe] *m* Il giudice minacciava di sospendere l'udienza.	**Richter** *m* Der Richter drohte, die Gerichtsverhandlung zu unterbrechen.
giurare [dʒuˈraːre] *v.* Giuri di dire la verità, tutta la verità, nient'altro che la verità.	**schwören** Schwören Sie, die Wahrheit, die ganze Wahrheit und nichts als die Wahrheit zu sagen.
giustizia [dʒusˈtiːtsia] *f* La giustizia è uno dei tre poteri nello stato.	**Justiz** *f*; **Gerechtigkeit** *f* Die Justiz ist eine der drei Gewalten im Staat.
giusto [ˈdʒusto], **-a** *agg.* Tutti trovarono giusta la sentenza.	**gerecht** Alle fanden das Urteil gerecht.

innocente [in-noˈtʃɛnte] *agg.*	**unschuldig**
L'opinione pubblica li riteneva innocenti.	Die Öffentlichkeit hielt sie für unschuldig.
ladro [ˈlaːdro] *m*, **-a** *f*	**Dieb(in)** *m(f)*
I ladri erano entrati attraverso un magazzino.	Die Diebe waren durch ein Lager eingedrungen.
legge [ˈlɛd-dʒe] *f*	**Gesetz** *n*, **Recht** *n*
In nome della legge, aprite!	Im Namen des Gesetzes, öffnen Sie!
pena [ˈpeːna] *f*	**Strafe** *f*
Il pubblico ministero ha chiesto il massimo della pena.	Der Staatsanwalt hat die Höchststrafe gefordert.
prigione [priˈdʒoːne] *f*	**Gefängnis** *n*
Non trova lavoro perché ha fatto due anni di prigione.	Er findet keine Arbeit, weil er zwei Jahre (im Gefängnis) gesessen hat.
responsabile [responˈsaːbile] *agg.*	**verantwortlich**
Nessuno se ne sentiva responsabile.	Niemand fühlte sich dafür verantwortlich.
rubare [ruˈbaːre] *v.*	**stehlen**
Da una chiesa sono stati rubati quadri preziosi.	Aus einer Kirche sind wertvolle Bilder gestohlen worden.
tribunale [tribuˈnaːle] *m*	**Gericht** *n*
All'ingresso del tribunale c'erano due carabinieri.	Vor dem Eingang des Gerichts standen zwei Karabinieri.
uccidere [ut-ˈtʃiːdere] *v.* (*irr.* 88)	**umbringen, töten**
Non sarebbe mai capace di uccidere un uomo.	Er wäre niemals fähig, einen Menschen umzubringen.

«2001–4000»

accusa [ak-ˈkuːza] *f*	**Beschuldigung** *f*; **Anklage** *f*
Si tratta di accuse molto gravi.	Es handelt sich um sehr schwere Beschuldigungen.
assolvere [as-ˈsɔlvere] *v.* (*irr.* 6)	**freisprechen**
L'imputata è stata assolta per insufficienza di prove.	Die Angeklagte wurde mangels Beweisen freigesprochen.
aver ragione [aver-raˈdʒoːne]	**recht haben**
Nonostante avessero ragione hanno perso la causa.	Obwohl sie recht hatten, haben sie den Prozeß verloren.

aver torto [aver'tɔrto] — **unrecht haben**
Non riconosce mai di aver torto. — Er gibt nie zu, daß er unrecht hat.

carcere ['kartʃere] *m* — **Gefängnis** *n*
Lo hanno messo a piede libero dopo un anno di carcere. — Er wurde nach einem Jahr Gefängnis auf freien Fuß gesetzt.

codice ['kɔːditʃe] *m* — **Gesetzbuch** *n*
Nei codici trovi il testo delle leggi. — In den Gesetzbüchern findest du die Gesetze im Wortlaut.

colpevole [kol'peːvole] *agg.* — **schuldig**
Sono stati dichiarati colpevoli. — Sie wurden für schuldig erklärt.

confessare [konfes-'saːre] *v.* — **gestehen**
Dopo tre ore d'interrogatorio uno dei rapinatori ha confessato. — Nach drei Stunden Verhör hat einer der Räuber gestanden.

contratto [kon'trat-to] *m* — **Vertrag** *m*
Il contratto è stato preparato da un notaio. — Der Vertrag wurde von einem Notar aufgesetzt.

criminale [krimi'naːle] *agg.* — **verbrecherisch, kriminell**
La mafia è un'organizzazione criminale. — Die Mafia ist eine kriminelle Organisation.

furto ['furto] *m* — **Diebstahl** *m*
Il furto è passato inosservato per tre giorni. — Der Diebstahl blieb drei Tage lang unentdeckt.

grazia ['graːtsia] *f* — **Gnade** *f*, **Begnadigung** *f*
La difesa presenterà domanda di grazia al presidente della repubblica. — Die Verteidigung wird ein Begnadigungsgesuch an den Präsidenten der Republik richten.

multa ['multa] *f* — **Geldstrafe** *f*
Hanno dovuto pagare una multa di 60.000 lire per eccesso di velocità. — Wegen Geschwindigkeitsüberschreitung mußten sie eine Geldstrafe von 60 000 Lire bezahlen.

punire [pu'niːre] *v.* (-isc-) — **(be)strafen**
La legge punisce i fabbricatori di biglietti falsi. — Das Gesetz bestraft die Hersteller von falschen Geldscheinen.

rapire [ra'piːre] *v.* (-isc-) — **entführen**
Il bambino è stato rapito davanti alla scuola. — Das Kind ist vor der Schule entführt worden.

responsabilità [responsabili'ta] *f* (*unv.*) — **Verantwortung** *f*
Nessuno era disposto ad assumersi la responsabilità. — Niemand war bereit, die Verantwortung zu übernehmen.

testimone [testi'mɔːne] *m,f* I testimoni non hanno riconosciuto il presunto colpevole.	**Zeuge** *m,* **Zeugin** *f* Die Zeugen haben den vermeintlichen Täter nicht erkannt.
violenza [vio'lɛntsa] *f* La violenza negli stadi è aumentata pericolosamente.	**Gewalt(tätigkeit)** *f* Die Gewalttätigkeit in den Fußballstadien hat gefährlich zugenommen.

1.2.8 ARZT UND KRANKENHAUS

(Siehe auch KÖRPER 1.1.1.1, GESUNDHEIT UND KRANKHEIT 1.1.1.7)

«1–2000»

cura ['kuːra] *f* La cura sarà piuttosto lunga.	**Behandlung** *f,* **Kur** *f* Die Behandlung wird ziemlich lange dauern.
curare [ku'raːre] *v.* Il primario cura personalmente tutti i pazienti.	**behandeln, pflegen** Der Chefarzt behandelt alle Patienten persönlich.
dottore [dot-'toːre] *m,* **dottoressa** [dot-to'res-sa] *f* Sarà meglio far venire un dottore.	**Arzt** *m,* **Ärztin** *f;* **Doktor** *m* Es wird besser sein, einen Arzt kommen zu lassen.
fasciare [faʃ-'ʃaːre] *v.* Hai fasciato la ferita?	**verbinden** Hast du die Wunde verbunden?
medico ['mɛːdiko] *m* (*pl.* -ci) Stai calmo, il medico arriva subito.	**Arzt** *m* Bleib ruhig, der Arzt kommt sofort.
medico ['mɛːdiko], **-a** *agg.* (*pl.m* -ci, *f* -che) In una rivista medica ho letto un nuovo articolo sui reumatismi.	**medizinisch, ärztlich** In einer medizinischen Zeitschrift habe ich einen neuen Artikel über Rheuma gelesen.
operazione [operatsi'oːne] *f* Molte operazioni non sono veramente necessarie.	**Operation** *f* Viele Operationen sind nicht unbedingt notwendig.
ordinare [ordi'naːre] *v.* Mi sono state ordinate due settimane di assoluto riposo.	**verordnen** Mir sind zwei Wochen absoluter Ruhe verordnet worden.

ospedale [ospeˈdaːle] *m* Alcuni ospedali permettono visite a tutte le ore.	**Krankenhaus** *n* Einige Krankenhäuser erlauben zu jeder Zeit Besuche.
termometro [terˈmɔːmetro] *m* Puoi prestarmi un termometro?	**Thermometer** *n* Kannst du mir ein Fieberthermometer leihen?

«2001–4000»

(auto)ambulanza [(auto)ambuˈlantsa] *f* Sul luogo dell'incidente è arrivata anche l'ambulanza.	**Krankenwagen** *m* Am Unfallort ist auch der Krankenwagen eingetroffen.
ambulatorio [ambulaˈtɔːrio] *m* (*pl.* -ri) L'ambulatorio è aperto dalle 9 alle 12.	**Arztpraxis** *f* Die Praxis ist von 9 bis 12 Uhr geöffnet.
chirurgo [kiˈrurgo] *m* (*pl.* -ghi *u.* -gi) Il chirurgo decise di operare subito.	**Chirurg** *m* Der Chirurg beschloß, sofort zu operieren.
clinica [ˈkliːnika] *f* (*pl.* -che) E' in una clinica da due mesi.	**Klinik** *f* Sie liegt seit zwei Monaten in einer Klinik.
confetto [konˈfɛt-to] *m* Nei casi non gravi tre confetti al giorno dopo i pasti.	**Tablette** *f* In leichten Fällen dreimal täglich eine Tablette nach den Mahlzeiten.
dentista [denˈtista] *m* (*pl.* -i) Andare dal dentista non piace a nessuno.	**Zahnarzt** *m* Niemand geht gerne zum Zahnarzt.
farmacia [farmaˈtʃiːa] *f* Guarda nel giornale qual'è la farmacia di turno.	**Apotheke** *f* Schau in der Zeitung nach, welche Apotheke dienstbereit ist.
farmacista [farmaˈtʃista] *m* (*pl.* -i), *f* (*pl.* -e) In molti casi può consigliarti il farmacista.	**Apotheker(in)** *m*(*f*) In vielen Fällen kann dir der Apotheker einen Rat geben.
infermiere [infermiˈɛːre] *m*, **-a** *f* Qui lavorano più infermiere che infermieri.	**Krankenpfleger** *m*, **-schwester** *f* Hier arbeiten mehr Krankenschwestern als Krankenpfleger.

malato [ma'la:to] *m,* **-a** *f* Il malato aveva ancora molta febbre.	**Kranke(r)** *f*(*m*) Der Kranke hatte noch hohes Fieber.
medicina [medi'tʃi:na] *f* Era stufo di prendere tutte quelle medicine.	**Arznei** *f,* **Medizin** *f* Er hatte es satt, all diese Arzneien zu schlucken.
operare [ope'ra:re] *v.* E' già deciso se ti operano?	**operieren** Steht schon fest, ob man dich operiert?
paziente [patsi'ɛnte] *m,f* La sala d'aspetto era piena di pazienti.	**Patient(in)** *m*(*f*) Das Wartezimmer war voll von Patienten.
pillola ['pil-lola] *f* Il medico le ha sconsigliato di prendere la pillola.	**Pille** *f* Der Arzt hat ihr abgeraten, die Pille zu nehmen.
prescrivere [pres'kri:vere] *v.* (*irr.* 75) Cosa ti hanno prescritto?	**verschreiben** Was hat man dir verschrieben?
Previdenza Sociale [previ'dɛntsaso'tʃa:le] *f* Non penso che la Previdenza Sociale rimborsi tutto.	**Sozialversicherung** *f* Ich glaube nicht, daß die Sozialversicherung alles erstattet.
pronto soccorso ['prontosok'korso] Al pronto soccorso erano già in allarme per accogliere il ferito.	**Erste Hilfe** *f,* **Unfallstation** *f* Die Unfallstation war schon alarmiert, um den Verletzten aufzunehmen.
ricetta [ri'tʃɛt-ta] *f* Questo medicamento è da vendersi solo su presentazione di ricetta medica.	**Rezept** *n* Dieses Medikament bekommt man nur auf Rezept.

1.3 Interessen

1.3.1 KUNST

1.3.1.1 THEATER, FILM, BILDENDE KUNST

«1–2000»

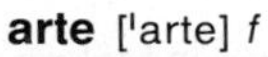

arte ['arte] *f* L'arte moderna non gli è mai piaciuta.	**Kunst** *f* Die moderne Kunst hat ihm nie gefallen.

artista [arˈtista] *m* (*pl.* -i), *f* (*pl.* -e)	**Künstler(in)** *m*(*f*)
Suo zio è un artista del varietà.	Sein Onkel ist ein Varietékünstler.
atto [ˈat-to] *m*	**Akt** *m*
Dopo il primo atto molti se ne andarano.	Nach dem ersten Akt gingen viele weg.
attore [atˈtoːre] *m*, **attrice** [atˈtriːtʃe] *f*	**Schauspieler(in)** *m*(*f*)
Ha sempre sognato di diventare attrice.	Sie hat immer davon geträumt, Schauspielerin zu werden.
biglietto (d'ingresso) [biˈʎetto(diŋˈgrɛs-so)] *m*	**(Eintritts-)Karte** *f*
I biglietti erano esauriti già da un mese.	Schon seit einem Monat waren die Karten ausverkauft.
cinema [ˈtʃiːnema] *m* (*unv.*)	**Kino** *n*
Volete venire al cinema anche voi?	Wollt ihr auch mit ins Kino gehen?
dipingere [diˈpindʒere] *v.* (*irr.* 29)	**malen**
Sua figlia sa dipingere molto bene.	Seine Tochter kann sehr gut malen.
disegnare [diseˈɲaːre] *v.*	**zeichnen; entwerfen**
Disegna soprattutto libri per bambini.	Er illustriert vor allem Kinderbücher.
dramma [ˈdram-ma] *m* (*pl.* -i)	**Drama** *n*
Il suo ultimo dramma è ambientato in Sicilia.	Sein letztes Drama spielt in Sizilien.
modello [moˈdɛl-lo] *m*, **-a** *f*	**Modell** *n*
Da giovane ha fatto la modella per molti pittori.	Als sie jung war, hat sie für viele Maler Modell gestanden.
museo [muˈzɛːo] *m*	**Museum** *n*
Alcuni musei chiudono il lunedì.	Einige Museen bleiben montags geschlossen.
opera [ˈɔːpera] *f*	**Werk** *n*, **Stück** *n*
Molte opere di Goldoni sono conosciute in tutto il mondo.	Viele Stücke Goldonis sind in der ganzen Welt bekannt.
parte [ˈparte] *f*	**Rolle** *f*
Le è stata affidata una piccola parte.	Sie hat eine kleine Rolle bekommen.
pittore [pit-ˈtoːre] *m*, **pittrice** [pit-ˈtriːtʃe] *f*	**Maler(in)** *m*(*f*)
Il Tintoretto è uno dei pittori della Scuola Veneziana.	Tintoretto gehört zu den Malern der Venezianischen Schule.

pittura [pit-ˈtuːra] *f* Alle mostre di pittura non mancano mai.	**Malerei** *f*, **Gemälde** *n* Sie fehlen nie bei Gemäldeausstellungen.
platea [plaˈtɛːa] *f* In platea c'erano ancora tre posti liberi.	**Parkett** *n* Im Parkett waren noch drei Plätze frei.
programma [proˈgram-ma] *m* (*pl.* -i) I programmi si acquistano alla cassa.	**Programm** *n* Programme kann man an der Kasse kaufen.
pubblico [ˈpub-bliko] *m* Un pubblico entusiasta ha applaudito a lungo.	**Publikum** *n*, **Zuschauer** *m/pl.* Ein begeistertes Publikum hat lange applaudiert.
quadro [kuˈaːdro] *m* La Gioconda è senza dubbio il quadro più conosciuto di Leonardo.	**Bild** *n* Die Mona Lisa ist zweifellos das bekannteste Bild Leonardos.
rappresentare [rap-prezenˈtaːre] *v.* L'opera non è mai stata rappresentata in Italia.	**aufführen, darstellen, spielen** Das Werk wurde nie in Italien aufgeführt.
recitare [retʃiˈtaːre] *v.* Si aveva l'impressione che non sapessero recitare.	**spielen, aufführen** Man hatte den Eindruck, daß sie nicht spielen konnten.
scena [ˈʃɛːna] *f* Gli attori sono tornati sulla scena per l'applauso finale.	**Bühne** *f*; **Szene** *f* Die Darsteller sind für den Schlußapplaus auf die Bühne gekommen.
spettacolo [spet-ˈtaːkolo] *m* Lo spettacolo comincia alle ore 21.	**Vorstellung** *f* Die Vorstellung beginnt um 21 Uhr.
stella [ˈstel-la] *f* Sofia Loren è una stella del cinema italiano.	**Star** *m* Sophia Loren ist ein Star des italienischen Kinos.
stile [ˈstiːle] *m* In pittura lo stile impressionista mi piace molto.	**Stil** *m* In der Malerei gefällt mir besonders der impressionistische Stil.
teatro [teˈaːtro] *m* La sua carriera cominciò a teatro.	**Theater** *n* Seine Karriere begann beim Theater.

«2001–4000»

comico [ˈkɔːmiko], **-a** *agg.* (*pl. m* -ci, *f* -che) Avrebbe dovuto essere una scena comica . . .	**komisch** Es hätte eine komische Szene sein sollen . . .
commedia [kom-ˈmɛːdia] *f* Da tempo non avevamo visto una commedia così divertente.	**Komödie** *f* Seit langem hatten wir nicht mehr eine so unterhaltsame Komödie gesehen.
esposizione [espozitsiˈoːne] *f* L'esposizione ha ottenuto un grande successo.	**Ausstellung** *f* Die Ausstellung hatte großen Erfolg.
film [film] *m* (*unv.*) Certi film di Chaplin li ho visti tre, quattro volte.	**Film** *m* Manche Filme von Chaplin habe ich drei-, viermal gesehen.
interprete [inˈtɛrprete] *m,f* I nomi degli interpreti sono in ordine di apparizione.	**Darsteller(in)** *m*(*f*) Die Namen der Darsteller erscheinen in der Reihenfolge ihres Auftritts.
intervallo [interˈval-lo] *m* Durante l'intervallo alcuni reporter intervistano degli spettatori.	**Pause** *f* Während der Pause interviewen einige Reporter die Zuschauer.
mostra [ˈmostra] *f* La mostra si terrà nelle città più importanti.	**Ausstellung** *f* Die Ausstellung wird in den wichtigsten Städten gezeigt werden.
personaggio [persoˈnad-dʒo] *m* (*pl.* -gi) Si è sempre identificato con i suoi personaggi.	**Person** *f*, **Figur** *f* Er hat sich immer mit seinen Figuren identifiziert.
regista [reˈdʒista] m (*pl.* -i), *f* (*pl.* -e) Il regista è stato nominato per l'Oscar.	**Regisseur(in)** *m*(*f*) Der Regisseur ist für den Oscar nominiert worden.
ruolo [ruˈɔːlo] *m* Ha interpretato finora i ruoli più diversi.	**Rolle** *f* Er hat bis jetzt die verschiedensten Rollen gespielt.
spettatore [spet-taˈtoːre] *m*, **spettatrice** [spet-taˈtriːtʃe] *f* Allo spettacolo hanno assistito 40.000 spettatori.	**Zuschauer(in)** *m*(*f*) Der Aufführung wohnten 40 000 Zuschauer bei.

teatrale [tea'tra:le] *agg.* La stagione teatrale finisce all'inizio dell'estate.	**theatralisch, Theater...** Die Theatersaison geht Anfang des Sommers zu Ende.
uscita di sicurezza [uʃ-'ʃi:tadisiku'ret-tsa] *f* Le uscite di sicurezza devono essere sempre illuminate.	**Notausgang** *m* Die Notausgänge müssen immer beleuchtet sein.

1.3.1.2 MUSIK

«1–2000»

cantante [kan'tante] *m,f* Alla serata di gala parteciperanno cantanti da tutto il mondo.	**Sänger(in)** *m(f)* An diesem Galaabend werden Sänger aus aller Welt mitwirken.
cantare [kan'ta:re] *v.* Sua sorella canta nel coro della scuola.	**singen** Seine Schwester singt im Schulchor.
cantautore [kantau'to:re] *m* Possiede i dischi dei cantautori italiani più importanti.	**Liedermacher** *m* Er besitzt die Schallplatten der wichtigsten italienischen Liedermacher.
canzone [kan'tso:ne] *f* Conoscono a memoria quasi tutte le canzoni di Milva.	**Lied** *n* Sie kennen fast alle Lieder von Milva auswendig.
direttore [diret-'to:re] *m* Ha fatto una grande carriera come direttore d'orchestra.	**Dirigent** *m* Er hat eine große Karriere als Orchesterdirigent gemacht.
musica ['mu:zika] *f* (*pl.* -che) Anche quando lavora ascolta musica classica.	**Musik** *f* Auch wenn sie arbeitet, hört sie klassische Musik.
musica folcloristica ['mu:zikafolklo'ristika] *f* (*pl.* musiche folcloristiche) Dove possiamo comprare dischi di musica folcloristica?	**Volksmusik** *f* Wo können wir Platten mit Volksmusik kaufen?
musica leggera ['mu:zikaled-'dʒɛ:ra] *f* La musica leggera non piace a tutti.	**leichte Musik** *f*, **Unterhaltungsmusik** *f* Leichte Musik gefällt nicht jedem.
opera ['ɔ:pera] *f* La Traviata è una delle opere più amate di Verdi.	**Oper** *f* La Traviata ist eine der beliebtesten Opern Verdis.

strumento [stru'mento] *m*	**Instrument** *n*
Lo strumento musicale che più mi piace è il piano.	Das Musikinstrument, das mir am besten gefällt, ist das Klavier.
suonare [suo'naːre] *v.*	**spielen**
Sa suonare proprio bene il violino.	Sie kann wirklich gut Geige spielen.

«2001–4000»

ballerino [bal-le'riːno] *m*, **-a** *f*	**Tänzer(in)** *m(f)*
E' prima ballerina alla Scala di Milano.	Sie ist Primaballerina an der Mailänder Scala.
chitarra [ki'tar-ra] *f*	**Gitarre** *f*
Suona la chitarra fin da quando era bambino.	Er spielt schon seit seiner Kindheit Gitarre.
comporre [kom'por-re] *v.* (*irr.* 55)	**komponieren**
Mozart ha composto musica immortale.	Mozart hat unsterbliche Musik komponiert.
concerto [kon'tʃɛrto] *m*	**Konzert** *n*
Hanno un abbonamento per tutti i concerti.	Sie haben ein Abonnement für alle Konzerte.
musicista [muzi'tʃista] *m* (*pl.* -i), *f* (*pl.* -e)	**Musiker(in)** *m(f)*
Non è mai stato un gran musicista.	Er ist nie ein großer Musiker gewesen.
orchestra [or'kɛstra] *f*	**Orchester** *n*
L'orchestra era composta da più di cento solisti.	Das Orchester bestand aus mehr als hundert Solisten.
piano [pi'aːno] *m*, **pianoforte** [piano'fɔrte] *m*	**Klavier** *n*
Ogni giorno fa quattro ore di esercizi al pianoforte.	Sie übt jeden Tag vier Stunden Klavier.
popolare [popo'laːre] *agg.*	**volkstümlich, populär, beliebt**
Molti cantanti sono popolari anche fuori d'Italia.	Viele Sänger sind auch außerhalb Italiens populär.
ritmo ['ritmo] *m*	**Rhythmus** *m*
Tutti aspettavano ritmi più veloci per ballare.	Alle warteten auf schnellere Rhythmen zum Tanzen.

1.3.2 MEDIEN

«1–2000»

agenzia (di) stampa [adʒen-'tsiːa(di)'stampa] *f* Anche le agenzie di stampa non sapevano niente di preciso.	**Nachrichtenagentur** *f*, **Presseagentur** *f* Auch die Nachrichtenagenturen wußten nichts Genaues.
canale [ka'naːle] *m* Sul quinto canale danno un bel film.	**Kanal** *m* Auf Kanal fünf zeigen sie einen schönen Film.
cassetta [kas-'set-ta] *f* Per registrare tutto ci serve una cassetta da 90 minuti.	**Kassette** *f* Um alles aufzunehmen, braucht man eine 90-Minuten-Kassette.
giornale [dʒor'naːle] *m* Da noi i giornali escono anche la domenica.	**(Tages-)Zeitung** *f* Bei uns erscheinen die Tageszeitungen auch sonntags.
immagine [im-'maːdʒine] *f* Le immagini servono a rendere più comprensibile il testo.	**Bild** *n* Die Bilder dienen dazu, den Text verständlicher zu machen.
programma [pro'gram-ma] *m* (*pl.* -i) In Italia ci sono almeno una ventina di programmi televisivi.	**Programm** *n* In Italien gibt es mindestens zwanzig Fernsehprogramme.
radio ['raːdio] *f* (*unv.*) La sera ascolta le trasmissioni musicali alla radio.	**Radio(gerät)** *n*, **Rundfunk** *m* Abends hört er die Musiksendungen im Radio.
rivista [ri'vista] *f* Il numero delle riviste specializzate è quasi raddoppiato.	**Zeitschrift** *f* Die Anzahl der Fachzeitschriften hat sich fast verdoppelt.
settimanale [set-tima'naːle] *m* A causa di uno sciopero i settimanali sono usciti con un giorno di ritardo.	**Wochenzeitung** *f* Wegen eines Streiks sind die Wochenzeitungen mit einem Tag Verspätung erschienen.
stampa ['stampa] *f* La stampa influenza senza dubbio l'opinione pubblica.	**Presse** *f* Ohne Zweifel beeinflußt die Presse die öffentliche Meinung.

«2001–4000»

annuncio economico [anˈnuntʃoekoˈnɔːmiko] *m* (*pl.* annunci economici)	**Kleinanzeige** *f*
Legge ogni giorno gli annunci economici.	Jeden Tag liest er die Kleinanzeigen.
annuncio pubblicitario [anˈnuntʃopub-blitʃiˈtaːrio] *m* (*pl.* annunci pubblicitari)	**Werbeanzeige** *f*
I migliori annunci pubblicitari sono stati premiati.	Die besten Werbeanzeigen wurden ausgezeichnet.
disco [ˈdisko] *m* (*pl.* -chi)	**Schallplatte** *f*
Hanno una notevole collezione di dischi.	Sie haben eine bemerkenswerte Schallplattensammlung.
fumetti [fuˈmet-ti] *m/pl.*	**Comics** *m/pl.*
Anche gli adulti leggono volentieri fumetti.	Auch Erwachsene lesen gerne Comics.
giornale radio [dʒorˈnaːleˈraːdio] *m*	**Nachrichten** *f/pl.* (im Rundfunk)
Mentre fa colazione ascolta il giornale radio.	Während sie frühstückt, hört sie die Nachrichten.
giradischi [dʒiraˈdiski] *m* (*unv.*)	**Plattenspieler** *m*
Perché non ti compri un giradischi più moderno?	Warum kaufst du dir nicht einen moderneren Plattenspieler?
impianto stereo [impiˈantoˈstɛːreo] *m*	**Stereoanlage** *f*
Gli impianti stereo giapponesi hanno conquistato molti mercati.	Die japanischen Stereoanlagen haben viele Märkte erobert.
intervista [interˈvista] *f*	**Interview** *n*
Ha rilasciato un'intervista per il telegiornale.	Er hat ein Interview für die Tagesschau gegeben.
mangiacassette [mandʒakasˈset-te] *m* (*unv.*), **mangianastri** [mandʒaˈnastri] *m* (*unv.*)	**Kassettenrecorder** *m*
Quando parcheggi la macchina, porta sempre il mangiacassette con te.	Wenn du dein Auto parkst, nimm immer den Kassettenrecorder mit.
pubblicare [pub-bliˈkaːre] *v.*	**veröffentlichen**
Chi vuoi che pubblichi un libro così?	Wer soll denn so ein Buch veröffentlichen?

quotidiano [kuotidiˈaːno] *m* Il prezzo dei quotidiani è stato fissato a 700 lire.	**Tageszeitung** *f* Der Preis für Tageszeitungen ist auf 700 Lire festgelegt worden.
stampare [stamˈpaːre] *v.* L'editore ha già stampato la 2ª edizione.	**drucken** Der Verleger hat schon die 2. Auflage drucken lassen.
televisione [televiziˈoːne] *f* (*abgekürzt* **TV** *u.* **tivù** [tiˈvu]) Cosa danno questa sera alla tivù?	**Fernsehen** *n* Was kommt heute abend im Fernsehen?
televisore [televiˈzoːre] *m* La gente passa sempre più ore davanti al televisore.	**Fernsehapparat** *m*, **Fernseher** *m* Die Leute verbringen immer mehr Stunden vor dem Fernseher.
trasmissione [trazmis-siˈoːne] *f* La trasmissione in diretta era molto disturbata.	**Übertragung** *f*, **Sendung** *f* Die Live-Übertragung war sehr gestört.
videocassetta [videokas-ˈsetta] *f* Dove possiamo noleggiare videocassette?	**Videokassette** *f* Wo können wir Videokassetten ausleihen?
videoregistratore [videoredʒistraˈtoːre] *m* I videoregistratori non sono molto diffusi in Italia.	**Videorecorder** *m* Videorecorder sind nicht sehr verbreitet in Italien.
volume [voˈluːme] *m* Per favore abbassate un po' il volume.	**Lautstärke** *f* Bitte vermindert ein wenig die Lautstärke.

1.3.3 ERHOLUNG UND FREIZEIT

1.3.3.1 FREIZEITBESCHÄFTIGUNGEN

«1–2000»

ballare [bal-ˈlaːre] *v.* Hai voglia di andare a ballare?	**tanzen** Hast du Lust, tanzen zu gehen?
ballo [ˈbal-lo] *m* Hanno organizzato un ballo in maschera.	**Tanz** *m*, **Ball** *m* Sie haben einen Maskenball organisiert.

divertirsi [diverˈtiːrsi] *v.*	**sich amüsieren, sich vergnügen, sich unterhalten**
Allora vi siete divertiti?	Nun, habt ihr euch gut amüsiert?
film a colori [filmakoˈloːri] *m* (*unv.*)	**Farbfilm** *m*
Oggi abbiamo a disposizione film a colori molto sensibili.	Heutzutage verfügen wir über sehr empfindliche Farbfilme.
film in bianco e nero [filminbiˈaŋkoeˈneːro] *m* (*unv.*)	**Schwarzweißfilm** *m*
Mi sono rimasti solo film in bianco e ne[illegible]	Mir sind nur noch Schwarzweißfilme übriggeblieben.
foto [ˈfɔːto] *f* (*unv.*), **fotografia** [fotograˈfiːa] *f*	**Foto(grafie)** *n*(*f*), **Aufnahme** *f*, **Bild** *n*
E' possibile avere le foto sviluppate in giornata?	Ist es möglich, die Fotos in einem Tag entwickelt zu bekommen?
fotografare [fotograˈfaːre] *v.*	**fotografieren**
All'inizio della carriera la modella si è fatta fotografare nuda.	Am Anfang seiner Karriere hat sich das Modell nackt fotografieren lassen.
giocare [dʒoˈkaːre] *v.*	**spielen**
Diversi bambini giocavano in mezzo la strada.	Einige Kinder spielten mitten auf der Straße.
gioco [ˈdʒɔːko] *m* (*pl.* -chi)	**Spiel** *n*
Mi faccia vedere qualche gioco per un bambino di dodici anni.	Zeigen Sie mir einige Spiele für ein zwölfjähriges Kind.
giro [ˈdʒiːro] *m*	**Spaziergang** *m*, **Rundgang** *m*
Dopo aver fatto un lungo giro erano tutti stanchi.	Nachdem sie einen langen Spaziergang gemacht hatten, waren sie alle müde.
andare in giro [anˈdaːreinˈdʒiːro]	**umhergehen, umherfahren**
D'estate vanno spesso in giro con una grossa moto.	Im Sommer fahren sie oft mit einem großen Motorrad umher.
macchina fotografica [ˈmakkinafotoˈgraːfika] *f* (*pl.* macchine fotografiche)	**Fotoapparat** *m*, **Kamera** *f*
Le regaleremo una macchina fotografica automatica.	Wir werden ihr eine vollautomatische Kamera schenken.
riposarsi [ripoˈsarsi] *v.*	**sich ausruhen**
Riposatevi, non c'è fretta!	Ruht euch aus, es eilt nicht!

tempo libero [ˈtɛmpoˈliːbero] *m* Come trascorrete voi il vostro tempo libero?	**Freizeit** *f* Wie verbringt ihr eure Freizeit?

«2001–4000»

abbronzarsi [ab-bronˈdzarsi] *v.* Usate una crema protettiva se volete abbronzarvi.	**sich bräunen, braun werden** Verwendet eine Schutzcreme, wenn ihr braun werden wollt.
carte da gioco [ˈkartedaˈdʒɔːko] *f/pl.* Il vento ha fatto volare via alcune carte da gioco.	**Spielkarten** *f/pl.* Der Wind hat einige Spielkarten weggeweht.
consumazione [konsumatsiˈoːne] *f* Nel prezzo d'ingresso è compresa una consumazione.	**Verzehr** *m*, **Getränk** *n* Im Eintrittspreis ist ein Getränk inbegriffen.
discoteca [diskoˈtɛːka] *f* [*pl.* -che] La discoteca all'aperto era piena fino alle due di notte.	**Diskothek** *f* Die Diskothek im Freien war bis um zwei in der Nacht voll.
divertimento [divertiˈmento] *m* Quali sono i tuoi divertimenti preferiti?	**Vergnügen** *n* Welche sind deine liebsten Vergnügen?
evasione [evaziˈoːne] *f* Dopo una settimana di lavoro tutti cercano un po' d'evasione.	**Erholung** *f*, **Zerstreuung** *f* Nach einer Arbeitswoche suchen alle ein wenig Erholung.
fare il bagno [ˈfaːreilˈbaːɲo] L'acqua è troppo fredda per fare il bagno.	**baden** Das Wasser ist viel zu kalt zum Baden.
giocare [dʒoˈkaːre] *v.* Se ho tempo gioco a tennis, ma anche a carte, a dama, a scacchi.	**spielen** Wenn ich Zeit habe, spiele ich Tennis, aber auch Karten, Dame oder Schach.
gita [ˈdʒiːta] *f* Per domani è in programma una gita a Pisa.	**Ausflug** *m* Für morgen steht ein Ausflug nach Pisa auf dem Programm.
passatempo [pas-saˈtɛmpo] *m* (*unv.*) Il golf è un passatempo costoso.	**Freizeitbeschäftigung** *f* Golf ist eine kostspielige Freizeitbeschäftigung.

passeggiare [pas-sed-ˈdʒaːre], **andare a passeggio** [anˈdaː-reapas-ˈsed-dʒo]	**spazierengehen**
Se vuoi, andiamo a passeggio lungo la spiaggia.	Wenn du Lust hast, gehen wir am Strand entlang spazieren.
passeggiata [pas-sed-ˈdʒaːta] *f*	**Spaziergang** *m*
Prima di cena fanno ogni giorno una breve passeggiata.	Sie machen jeden Tag vor dem Abendessen einen kurzen Spaziergang.
pista da ballo [[ˈpistadaˈbal-lo] *f*	**Tanzfläche**
La pista da ballo era completamente vuota.	Die Tanzfläche war völlig leer.
rilassarsi [rilas-ˈsarsi] *v.*	**sich entspannen**
Dato il ritmo della vita moderna dobbiamo imparare a rilassarci.	In Anbetracht des modernen Lebensrhythmus müssen wir lernen, uns zu entspannen.
riposo [riˈpɔːso] *m*	**Ruhe** *f*
Rispettate il riposo notturno degli inquilini.	Respektieren Sie die Nachtruhe der Mitbewohner.

1.3.3.2 SPORT

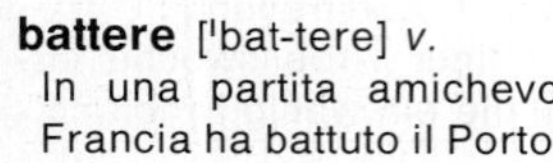

«1–2000»

battere [ˈbat-tere] *v.*	**schlagen**
In una partita amichevole la Francia ha battuto il Portogallo.	In einem Freundschaftsspiel hat Frankreich Portugal geschlagen.
caccia [ˈkat-tʃa] *f* (*pl.* -ce)	**Jagd** *f*
In Italia si organizza un referendum contro la caccia.	In Italien organisiert man eine Volksabstimmung gegen die Jagd.
campione [kampiˈoːne] *m*, **campionessa** [kampioˈnes-sa] *f*	**Meister(in)** *m*(*f*)
La campionessa del mondo ha sposato il suo allenatore.	Die Weltmeisterin hat ihren Trainer geheiratet.
condizione [konditsiˈoːne] *f*	**Kondition** *f*, **Leistungsfähigkeit** *f*
La squadra non ha giocato al meglio della condizione.	Die Mannschaft hat nicht in der besten Form gespielt.

correre ['kor-rere] *v.* (*irr.* 21; avere) Già diversi atleti hanno corso i 100 m in meno di 10 secondi.	**laufen, rennen** Schon verschiedene Athleten sind die 100 m unter 10 Sekunden gelaufen.
corsa ['korsa] *f* Alla corsa partecipano professionisti e dilettanti.	**Lauf** *m,* **Rennen** *n,* **Wettlauf** *m* An dem Lauf nehmen Profis und Amateure teil.
forma ['forma] *f* Si vedeva subito che non era in forma.	**Form** *f* Man merkte sofort, daß er nicht in Form war.
gara ['gaːra] *f* Le gare sono state sospese per la pioggia.	**Wettkampf** *m* Die Wettkämpfe sind wegen des Regens unterbrochen worden.
incontro [iŋ'kontro] *m* L'incontro di calcio è terminato alla pari.	**Spiel** *n,* **Wettkampf** *m,* **Begegnung** *f* Das Fußballspiel ist unentschieden ausgegangen.
nuotare [nuo'taːre] *v.* (avere) Nelle zone lontane dal mare molti non sanno nuotare.	**schwimmen** In den vom Meer weit entfernten Gegenden können viele nicht schwimmen.
partita [par'tiːta] *f* Le partite possono durare anche tre ore.	**Spiel** *n,* **Partie** *f,* **Wettkampf** *m* Die Wettkämpfe können auch drei Stunden dauern.
perdere ['pɛrdere] *v.* (*irr.* 52) Nessuno si aspettava che i favoriti perdessero.	**verlieren** Keiner erwartete, daß die Favoriten verlieren würden.
piscina [piʃ-'ʃiːna] *f* E' una giornata calda e le piscine scoperte sono piene di gente.	**Schwimmbad** *n,* **-becken** *n* Es ist ein warmer Tag, und die Freibäder sind voller Menschen.
saltare [sal'taːre] *v.* (avere) Ha saltato un nuovo record mondiale.	**springen** Er ist einen neuen Weltrekord gesprungen.
squadra [sku'aːdra] *f* La squadra ha litigato con l'allenatore.	**Mannschaft** *f* Die Mannschaft hat mit dem Trainer gestritten.
vincere ['vintʃere] *v.* (*irr.* 93) L'importante non è vincere ma partecipare.	**(be)siegen, gewinnen** Nicht gewinnen ist wichtig, sondern mitmachen.

vittoria [vit-ˈtɔːria] *f*	**Sieg** *m*
Dopo molte vittorie è arrivata la prima sconfitta.	Nach vielen Siegen ist die erste Niederlage eingetreten.

«2001–4000»

allenare [al-leˈnaːre], **-rsi** *v.*	**trainieren**
Si allena tutti i giorni per il fondo.	Er trainiert jeden Tag für den Langstreckenlauf.
arrivo [ar-ˈriːvo] *m*	**Ziel** *n*
All'arrivo c'era una confusione indescrivibile.	Am Ziel herrschte ein unbeschreibliches Chaos.
avversario [av-verˈsaːrio] *m* (*pl.* -ri), **-a** *f*	**Gegner(in)** *m*(*f*)
Gli avversari erano decisi a vincere.	Die Gegner waren entschlossen zu siegen.
calciatore [kaltʃaˈtoːre] *m*	**Fußballspieler** *m*
E' stato eletto calciatore dell'anno.	Er ist zum Fußballspieler des Jahres gewählt worden.
campionato [kampioˈnaːto] *m*	**Meisterschaft** *f*
Ha vinto una medaglia d'oro ai campionati europei.	Bei den Europameisterschaften hat sie eine Goldmedaille gewonnen.
palasport [palaˈspɔrt] *m* (*unv.*)	**Sportpalast** *m*
I posti al palasport erano tutti esauriti.	Die Plätze im Sportpalast waren alle ausverkauft.
palla [ˈpal-la] *f*	*(kleinerer)* **Ball** *m*
Le palle da tennis sono gialle.	Die Tennisbälle sind gelb.
pallone [pal-ˈloːne] *m*	*(größerer)* **Ball** *m*, **Fußball** *m*
Se nevica si gioca con un pallone rosso.	Wenn es schneit, spielt man mit einem roten Fußball.
partenza [parˈtɛntsa] *f*	**Start** *m*
La partenza dovrà essere ripetuta.	Der Start muß wiederholt werden.
pista [ˈpista] *f*	**Piste** *f*, **Rennstrecke** *f*
I piloti si rifiutano di scendere in pista.	Die Piloten weigern sich, auf die Rennstrecke zu gehen.
sci [ʃi] *m/pl.*	**Skier** *m/pl.*
Questi sci sono troppo lunghi per te.	Diese Skier sind viel zu lang für dich.

sciare [ʃiˈaːre] *v.*, **fare dello sci** [ˈfaːredel-loˈʃi] — **Ski laufen, Ski fahren**
Nelle Dolomiti puoi sciare anche d'estate. — In den Dolomiten kannst du auch im Sommer Ski laufen.

---

sconfiggere [skonˈfid-dʒere] *v.* (*irr.* 73) — **besiegen, schlagen**
Con una rete all'ultimo minuto sono stati sconfitti. — Durch ein Tor in der letzten Minute sind sie besiegt worden.

---

sport [spɔrt] *m* (*unv.*) — **Sport** *m*
Faccia dello sport se vuole sentirsi meglio. — Treiben Sie Sport, wenn Sie sich wohler fühlen möchten.

---

sportivo [sporˈtiːvo], **-a** *agg.* — **sportlich**
Sarà un grande avvenimento sportivo. — Es wird ein großes Sportereignis werden.

---

stadio [ˈstaːdio] *m* (*pl.* -di) — **Stadion** *n*
La polizia controllava tutti gli ingressi dello stadio. — Die Polizei kontrollierte alle Eingänge des Stadions.

---

tennis [ˈtɛn-nis] *m* (*unv.*) — **Tennis** *n*
Il tennis è diventato molto popolare. — Tennis ist sehr populär geworden.

---

fare vela [ˈfaːreˈveːla] — **segeln**
Il Lago di Garda è una delle mete di chi ama fare vela. — Für den, der gern segelt, ist der Gardasee eines der Ziele.

1.4 Öffentliches Leben

1.4.1 STAATSWESEN

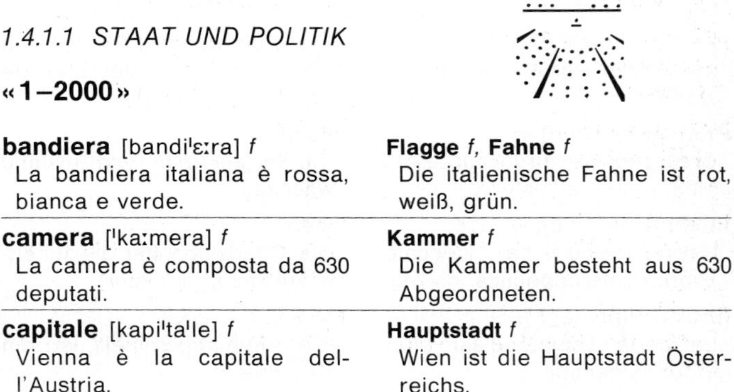

1.4.1.1 STAAT UND POLITIK

«1–2000»

bandiera [bandiˈɛːra] *f* — **Flagge** *f*, **Fahne** *f*
La bandiera italiana è rossa, bianca e verde. — Die italienische Fahne ist rot, weiß, grün.

---

camera [ˈkaːmera] *f* — **Kammer** *f*
La camera è composta da 630 deputati. — Die Kammer besteht aus 630 Abgeordneten.

---

capitale [kapiˈtaˈle] *f* — **Hauptstadt** *f*
Vienna è la capitale dell'Austria. — Wien ist die Hauptstadt Österreichs.

cittadino [tʃit-ta'diːno] *m*, **-a** *f* E' stato nominato cittadino onorario della nostra città.	**Bürger(in)** *m(f)* Er ist zum Ehrenbürger unserer Stadt ernannt worden.
comune [ko'muːne] *m* Dopo il terremoto mancano (la) luce e (l') acqua in diversi comuni.	**Gemeinde** *f* Nach dem Erdbeben fehlt in verschiedenen Gemeinden Licht und Wasser.
confine [kon'fiːne] *m* L'Europa senza confini è ancora un'utopia.	**Grenze** *f* Ein Europa ohne Grenzen ist immer noch eine Utopie.
costituzione [kostitutsi'oːne] *f* La costituzione è entrata in vigore nel 1947.	**Verfassung** *f* Die Verfassung trat im Jahre 1947 in Kraft.
deputato [depu'taːto] *m* 300 deputati hanno votato contro il disegno di legge.	**Abgeordneter** *m* 300 Abgeordnete haben gegen den Gesetzentwurf gestimmt.
estero ['ɛstero] *m* Il commercio con l'estero è molto intenso.	**Ausland** *n* Der Handel mit dem Ausland ist sehr rege.
estero ['ɛstero], **-a** *agg.* La società verra risanata con capitale estero.	**fremd, ausländisch, Auslands...** Die Gesellschaft wird mit ausländischem Kapital saniert werden.
governo [go'vɛrno] *m* Nel dopoguerra abbiamo avuto quasi 40 governi.	**Regierung** *f* In der Nachkriegszeit haben wir ungefähr 40 Regierungen gehabt.
internazionale [internatsio'naːle] *agg.* I capi di governo discuteranno soprattutto i problemi internazionali.	**international** Die Regierungschefs werden vor allem über internationale Probleme beraten.
interno [in'tɛrno] *m* Crescono le preoccupazioni all'interno e all'estero.	**Inland** *n* Die Sorgen im In- und Ausland wachsen.
interno [in'tɛrno], **-a** *agg.* L'opposizione ha criticato aspramente la politica interna.	**Innen...** Die Opposition hat die Innenpolitik scharf kritisiert.
libertà [liber'ta] *f* (*unv.*) La libertà di opinione è un diritto fondamentale.	**Freiheit** *f* Die Meinungsfreiheit ist ein Grundrecht.

maggioranza [mad-dʒoˈrantsa] *f* Nessun partito ha ottenuto la maggioranza assoluta.	**Mehrheit** *f* Keine Partei hat die absolute Mehrheit erlangt.
manifestare [manifesˈtaːre] *v.* Migliaia di giovani hanno manifestato per la pace.	**demonstrieren** Tausende von Jugendlichen haben für den Frieden demonstriert.
manifestazione [manifestatsiˈoːne] *f* La manifestazione si è svolta pacificamente.	**Kundgebung** *f*, **Demonstration** *f* Die Kundgebung ist friedlich verlaufen.
ministero [minisˈtɛːro] *m* Secondo lui ci sono troppi ministeri.	**Ministerium** *n* Seiner Meinung nach gibt es zu viele Ministerien.
ministro [miˈnistro] *m* Il Ministro degli Interni ha dato le dimissioni.	**Minister** *m* Der Innenminister ist zurückgetreten.
mondo [ˈmondo] *m* Il problema della fame nel mondo è ben lontano dall'esser risolto.	**Welt** *f* Das Problem des Hungers in der Welt ist weit entfernt von einer Lösung.
nazionale [natsioˈnaːle] *agg.* Il 25 aprile si celebra la festa nazionale italiana.	**national** Am 25. April feiert man den italienischen Nationalfeiertag.
nazione [natsiˈoːne] *f* Alle Nazioni Unite sono rappresentati quasi tutti gli stati della terra.	**Nation** *f* In den Vereinten Nationen sind fast alle Staaten dieser Erde vertreten.
opposizione [op-pozitsiˈoːne] *f* Si prevede che l'opposizione voterà contro.	**Opposition** *f* Es ist vorauszusehen, daß die Opposition dagegen stimmen wird.
paese [paˈeːze] *m* Dall'intero paese sono giunte offerte d'aiuto.	**Land** *n* Aus dem ganzen Land sind Hilfsangebote eingegangen.
partito [parˈtiːto] *m* Il governo è formato da cinque partiti.	**Partei** *f* Die Regierung wird von fünf Parteien gebildet.
patria [ˈpaːtria] *f* Per molti patria è una parola vuota.	**Vaterland** *n* Für viele ist Vaterland ein leerer Begriff.

politica [po'li:tika] *f* In politica finanziaria sono stati fatti molti errori.	**Politik** *f* In der Finanzpolitik sind viele Fehler gemacht worden.
politico [po'li:tiko], **-a** *agg.* (*pl. m* -ci, *f* -che) Le loro opinioni politiche sono inconciliabili.	**politisch** Ihre politischen Ansichten sind unvereinbar.
popolo ['pɔ:polo] *m* I popoli delle nazioni più povere devono essere aiutati.	**Volk** *n* Den Völkern der ärmsten Nationen muß geholfen werden.
provincia [pro'vintʃa] *f* (*pl.* -ce *u.* -cie) Una regione è composta da più province.	**Provinz** *f* Eine Region setzt sich aus mehreren Provinzen zusammen.
pubblico ['pub-blico], **-a** *agg.* (*pl. m* -ci, *f* -che) Normalmente le sedute sono pubbliche.	**öffentlich** Normalerweise sind die Sitzungen öffentlich.
re [re] *m (unv.)* Nel 1946 il re d'Italia è andato in esilio.	**König** *m* 1946 ist der italienische König ins Exil gegangen.
regione [re'dʒo:ne] *f* L'Italia è divisa in venti regioni.	**Region** *f* Italien ist in zwanzig Regionen aufgeteilt.
repubblica [re'pub-blika] *f* (*pl.* -che) La Repubblica Federale Tedesca esiste dal 1949.	**Republik** *f* Die Bundesrepublik Deutschland existiert seit 1949.
rivoluzione [rivolutsi'o:ne] *f* La rivoluzione ha cambiato completamente il paese.	**Revolution** *f* Die Revolution hat das Land völlig verändert.
senatore [sena'to:re] *m* Chi ha meno di 40 anni non può essere eletto senatore.	**Senator** *m* Wer noch keine 40 Jahre alt ist, kann nicht zum Senator gewählt werden.
stato ['sta:to] *m* Lo Stato siamo tutti noi!	**Staat** *m* Wir alle sind der Staat!
straniero [strani'ɛ:ro] *m*, **-a** *f* In Italia vivono e lavorano molti stranieri.	**Ausländer(in)** *m*(*f*) In Italien leben und arbeiten viele Ausländer.

straniero [strani'ɛːro], **-a** *agg.*	**ausländisch**
Lo studio presso università straniere è stato facilitato da accordi internazionali.	Das Studium an ausländischen Universitäten ist durch internationale Abkommen erleichtert worden.
voto ['voːto] *m*	**Stimme** *f*, **Votum** *n*
Ha ottenuto solo un terzo dei voti necessari.	Er hat nur ein Drittel der benötigten Stimmen bekommen.

«2001–4000»

consiglio [kon'siːʎo] *m* (*pl.* -gli)	**Rat** *m*
Il consiglio dei ministri decide sulle misure da adottare.	Der Ministerrat entscheidet über die zu ergreifenden Maßnahmen.
democratico [demo'kraːtiko], **-a** *agg.* (*pl.* *m* -ci, *f* -che)	**demokratisch**
Tutti i partiti democratici erano d'accordo.	Alle demokratischen Parteien waren einer Meinung.
democrazia [demokra'tsiːa] *f*	**Demokratie** *f*
Sì, ci sono varie forme di democrazia.	Ja, es gibt verschiedene Formen der Demokratie.
destra ['dɛstra] *f*	**Rechte** *f*
La destra ha nuovamente perso voti.	Die Rechte hat erneut Stimmen verloren.
eleggere [e'lɛd-dʒere] *v.* (*irr.* 42)	**wählen** (zu)
Il presidente è stato eletto al primo scrutinio.	Der Präsident ist im ersten Wahlgang gewählt worden.
elezione [eletsi'oːne] *f*	**Wahl** *f*
A tarda sera si avranno i primi risultati delle elezioni.	Die ersten Wahlergebnisse werden am späten Abend vorliegen.
istituzione [istitutsi'oːne] *f*	**Institution** *f*
La Croce Rossa è una delle grandi istituzioni internazionali.	Das Rote Kreuz ist eine der großen internationalen Institutionen.
minoranza [mino'rantsa] *f*	**Minderheit** *f*, **Minorität** *f*
In Italia vivono diverse minoranze linguistiche.	In Italien leben verschiedene sprachliche Minderheiten.
organizzazione [organid-dzatsi'oːne] *f*	**Organisation** *f*
L' U.N.E.S.C.O. è un'organizzazione internazionale.	Die UNESCO ist eine internationale Organisation.

parlamento [parla'mento] *m* Il parlamento ha approvato la proposta all'unanimità.	**Parlament** *n* Das Parlament hat den Vorschlag einstimmig gebilligt.
popolazione [popolatsi'oːne] *f* L'aumento della popolazione mondiale è un po' rallentato.	**Bevölkerung** *f* Das Wachstum der Weltbevölkerung hat sich ein wenig verlangsamt.
potenza [po'tɛntsa] *f* Le grandi potenze hanno ripreso le trattative.	**Macht** *f* Die Großmächte haben die Verhandlungen wieder aufgenommen.
sinistra [si'nistra] *f* La sinistra non sembrava disposta a compromessi.	**Linke** *f* Die Linke schien nicht zu Kompromissen bereit zu sein.
votare [vo'taːre] *v.* L'età minima per votare è di 18 anni.	**(ab)stimmen, wählen** Das Mindestalter, um zu wählen, ist 18 Jahre.

1.4.1.2 KRIEG UND FRIEDEN

«1–2000»

alleato [al-le'aːto] *m* Gli alleati hanno firmato uno speciale trattato per Berlino.	**Verbündeter** *m*, **Alliierter** *m* Die Alliierten haben für Berlin ein Sonderabkommen unterzeichnet.
arma ['arma] *f* (*pl.* -i) Le armi nucleari minacciano l'intera umanità.	**Waffe** *f* Die Atomwaffen bedrohen die gesamte Menschheit.
attaccare [at-tak-'kaːre] *v.* I ribelli hanno attaccato una caserma.	**angreifen** Die Rebellen haben eine Kaserne angegriffen.
battaglia [bat-'taːʎa] *f* Nella battaglia hanno perso la vita migliaia di soldati.	**Schlacht** *f* Tausende von Soldaten haben in der Schlacht ihr Leben verloren.
bomba ['bomba] *f* Nel 1945 gli americani hanno usato la prima bomba atomica contro Hiroshima.	**Bombe** *f* 1945 setzten die Amerikaner die erste Atombombe gegen Hiroshima ein.
capitano [kapi'taːno] *m* Chiamate il capitano!	**Kapitän** *m*; **Hauptmann** *m* Ruft den Kapitän!

caserma [ka'zɛrma] *f* I soldati sono stati richiamati nelle caserme.	**Kaserne** *f* Die Soldaten sind in die Kasernen zurückbefohlen worden.
combattere [kom'bat-tere] *v.* Gli idealisti combattono per un mondo migliore.	**(be)kämpfen** Die Idealisten kämpfen für eine bessere Welt.
difendere [di'fɛndere] *v.* (*irr.* 27) Ciascuno di noi è chiamato a difendere le istituzioni democratiche.	**verteidigen** Jeder von uns ist aufgerufen, die demokratischen Institutionen zu verteidigen.
difesa [di'feːsa] *f* Il Ministro della Difesa deve spendere di meno.	**Verteidigung** *f* Der Verteidigungsminister soll weniger ausgeben.
distruggere [dis'trud-dʒere] *v.* (*irr.* 34) Dopo l'attacco aereo la città era completamente distrutta.	**zerstören, vernichten** Nach dem Luftangriff war die Stadt völlig zerstört.
esercito [e'zɛrtʃito] *m* La Svizzera non ha un esercito nel vero senso della parola.	**Heer** *n*, **Armee** *f* Die Schweiz hat im eigentlichen Sinne des Wortes keine Armee.
fronte ['fronte] *m* Il nemico ha attaccato su tutto il fronte.	**Front** *f* Der Gegner hat auf breiter Front angegriffen.
generale [dʒene'raːle] *m* Uno dei generali è stato accusato di tradimento.	**General** *m* Einer der Generäle ist des Verrats beschuldigt worden.
guerra [gu'ɛr-ra] *f* Il pericolo di nuove guerre spaventa la gente.	**Krieg** *m* Die Gefahr neuer Kriege erschreckt die Leute.
nemico [ne'miːko] *m* (*pl.* -ci), **-a** *f* (*pl.* -che) Da quando lo conosco è un nemico di tutte le cose nuove.	**Feind(in)** *m*(*f*) Seit ich ihn kenne, ist er ein Feind alles Neuen.
nemico [ne'miːko], **-a** *agg.* (*pl. m* -ci, *f* -che) Gli eserciti nemici sembrano più disposti a trattative.	**feindlich** Die feindlichen Armeen scheinen zu Verhandlungen nun bereiter zu sein.
ordine ['ordine] *m* Certi ordini non vanno proprio eseguiti.	**Befehl** *m* Gewisse Befehle sollten überhaupt nicht ausgeführt werden.

pace [ˈpaːtʃe] *f* Troppi pericoli minacciano la pace nel mondo.	**Frieden** *m* Zu viele Gefahren bedrohen den Frieden in der Welt.
servizio militare [serˈviːtsio-miliˈtaːre] *m* Le donne non prestano ancora il servizio militare.	**Militärdienst** *m* Frauen leisten noch keinen Militärdienst.
soldato [solˈdaːto] *m* Durante le manovre invernali sono morti quattro soldati.	**Soldat** *m* Während der Wintermanöver sind vier Soldaten gestorben.
sparare [spaˈraːre] *v.* Le truppe ricevettero l'ordine di non sparare.	**schießen** Die Truppen bekamen den Befehl, nicht zu schießen.
ufficiale [uf-fiˈtʃaːle] *m* Gli ufficiali erano tutti in uniforme.	**Offizier** *m* Die Offiziere trugen alle Uniform.

«2001–4000»

campo [ˈkampo] *m* Nei campi per profughi vivono migliaia di persone.	**Lager** *n* In den Flüchtlingslagern leben Tausende von Menschen.
fuga [ˈfuːga] *f* (*pl.* -ghe) Pagò il tentativo di fuga con la vita.	**Flucht** *f* Er bezahlte den Fluchtversuch mit dem Leben.
militare [miliˈtaːre] *m* Dopo il colpo di stato i militari assunsero il potere.	**Soldat** *m* Nach dem Staatsstreich übernahm das Militär die Macht.
militare [miliˈtaːre] *agg.* Zona militare – è vietato avvicinarsi!	**militärisch, Militär...** Militärgebiet – Es ist verboten sich zu nähern!
missile [ˈmis-sile] *m* La popolazione rifiuta i missili atomici.	**Rakete** *f* Die Bevölkerung lehnt die Atomraketen ab.
occupare [ok-kuˈpaːre] *v.* Le truppe hanno subito occupato l'isola.	**besetzen** Die Truppen haben die Insel sofort besetzt.
sconfitta [skonˈfit-ta] *f* Dopo la sconfitta la Germania è stata divisa.	**Niederlage** *f* Nach der Niederlage wurde Deutschland geteilt.

tenente [teˈnɛnte] *m*	**Leutnant** *m*
Un tenente ha assunto il comando dell'azione.	Ein Leutnant hat die Führung bei der Aktion übernommen.
truppa [ˈtrup-pa] *f*	**Truppe** *f*
Il morale delle truppe era molto basso.	Die Moral der Truppen war sehr schlecht.
vittima [ˈvit-tima] *f*	**Opfer** *n*
La seconda guerra mondiale ha causato milioni di vittime.	Der zweite Weltkrieg hat Millionen Opfer gefordert.
vittoria [vit-ˈtɔːria] *f*	**Sieg** *m*
Ogni anno si celebra l'anniversario della vittoria.	Jedes Jahr wird der Siegestag gefeiert.

1.4.2 KIRCHE UND RELIGION

«1–2000»

anima [ˈaːnima] *f*	**Seele** *f*
I cristiani affermano che l'anima è immortale.	Die Christen behaupten, daß die Seele unsterblich ist.
carità [kariˈta] *f (unv.)*	**Barmherzigkeit** *f*, **Wohltätigkeit** *f*
La carità è una delle virtù cardinali.	Die Barmherzigkeit ist eine der Kardinaltugenden.
cattolico [kat-ˈtɔːliko] *m* (*pl.* -ci), **-a** *f* (*pl.* -che)	**Katholik(in)** *m*(*f*)
Non sono cattolici praticanti.	Sie sind keine praktizierenden Katholiken.
cattolico [kat-ˈtɔːliko], **-a** *agg.* (*pl. m* -ci, *f* -che)	**katholisch**
Gli italiani sono quasi tutti cattolici.	Die Italiener sind fast alle katholisch.
Chiesa [kiˈɛːza] *f*	**Kirche** *f (Institution)*
I rapporti tra Chiesa e Stato sono regolati da un concordato.	Die Beziehungen zwischen Kirche und Staat sind durch ein Konkordat geregelt.
chiesa [kiˈɛːza] *f*	**Kirche** *f (Gebäude)*
In molte chiese ci sono famose opere d'arte.	In vielen Kirchen gibt es berühmte Kunstwerke.
confessarsi [konfes-ˈsarsi] *v.*	**beichten**
Va a confessarsi tutte le settimane.	Jede Woche geht er beichten.

creare [kre'aːre] *v.* Dio creò il cielo e la terra.	**(er)schaffen** Gott schuf Himmel und Erde.
credere ['kreːdere] *v.* Credono all'esistenza del paradiso e dell'inferno.	**glauben** Sie glauben an die Existenz von Himmel und Hölle.
cristiano [kristi'aːno] *m*, **-a** *f* In alcuni stati i cristiani vengono perseguitati.	**Christ(in)** *m*(*f*) In einigen Staaten werden die Christen verfolgt.
cristiano [kristi'aːno], **-a** *agg.* E' un conoscitore dell'arte e della letteratura cristiane.	**christlich** Er ist ein Kenner der christlichen Kunst und Literatur.
croce ['kroːtʃe] *f* Quando entrano in chiesa, si fanno il segno della croce.	**Kreuz** *n* Wenn sie die Kirche betreten, bekreuzigen sie sich.
diavolo [di'aːvolo] *m* Il vecchio pensa che sia posseduta dal diavolo.	**Teufel** *m* Der alte Mann meint, sie sei vom Teufel besessen.
Dio ['diːo] *m* Solo l'aiuto di Dio può salvarli.	**Gott** *m* Nur Gottes Hilfe kann sie retten.
dio ['diːo] *m* (*pl.* **dei**) Bacco è il dio del vino.	**Gott** *m* Bacchus ist der Gott des Weines.
Don, don [don] *m* Il nuovo parroco si chiama Don Giuseppe.	**Don** *(geistl. Titel)* Der neue Pfarrer heißt Don Giuseppe.
fede ['feːde] *f* Avevano una fede incrollabile.	**Glaube** *m* Sie hatten einen unerschütterlichen Glauben.
fedele [fe'deːle] *m,f* I fedeli erano radunati in Piazza San Pietro.	**Gläubige(r)** *f*(*m*) Die Gläubigen waren auf dem Petersplatz versammelt.
messa ['mes-sa] *f* La messa è durata quasi un'ora.	**Messe** *f*, **Gottesdienst** *m* Die Messe hat fast eine Stunde gedauert.
Natale [na'taːle] *m* Vi faccio tanti auguri di buon Natale e felice Anno Nuovo.	**Weihnachten** *n* Ich wünsche euch frohe Weihnachten und ein glückliches Neues Jahr.
Papa ['paːpa] *m* (*pl.* -i) Il Papa farà un viaggio in India.	**Papst** *m* Der Papst wird nach Indien reisen.

Pasqua [ˈpaskua] *f* Quest'anno la Pasqua cade in aprile.	**Ostern** *n* Dieses Jahr fällt Ostern in den April.
pietà [pieˈta] *f (unv.)* Non l'hanno fatto per dovere, ma per pietà.	**Mitleid** *n*, **Barmherzigkeit** *f* Sie haben es nicht aus Pflicht, sondern aus Barmherzigkeit getan.
prete [ˈprɛːte] *m* I preti cattolici non possono sposarsi.	**Priester** *m* Die katholischen Priester dürfen nicht heiraten.
religione [reliˈdʒoːne] *f* Noi abbiamo un'ora di religione alla settimana.	**Religion** *f* Wir haben eine Stunde Religion wöchentlich.
santo [ˈsanto], **-a** *agg.* Santa Caterina e San Francesco sono i patroni d'Italia.	**heilig** Die heilige Katharina und der heilige Franziskus sind die Schutzpatrone Italiens.

«2001–4000»

assolvere [as-ˈsɔlvere] *v.* (*irr.* 6) Dopo la confessione lo assolse.	**die Absolution erteilen** Nach der Beichte erteilte er ihm die Absolution.
cielo [ˈtʃɛːlo] *m* Padre nostro che sei nei cieli.	**Himmel** *m* Vater unser, der du bist im Himmel.
confessione [konfes-siˈoːne] *f* La confessione alleggerì la sua coscienza.	**Beichte** *f* Die Beichte erleichterte sein Gewissen.
ebreo [eˈbrɛːo] *m*, **-a** *f* Gli ebrei hanno patito numerose persecuzioni.	**Jude** *m*, **Jüdin** *f* Die Juden haben zahlreiche Verfolgungen erlitten.
inferno [inˈfɛrno] *m* Per causa tua la mia vita è un inferno!	**Hölle** *f* Du machst mir das Leben zur Hölle!
parroco [ˈpar-roko] *m* (*pl.* -ci) Il parroco si era fatto molti nemici.	**Pfarrer** *m* Der Pfarrer hatte sich viele Feinde gemacht.
pregare [preˈgaːre] *v.* Davanti all'altare alcune donne pregavano.	**beten** Vor dem Altar beteten einige Frauen.

preghiera [pregi'ɛːra] *f* Prima dei pasti dicono sempre una preghiera.	**Gebet** *n* Vor jeder Mahlzeit wird ein Gebet gesprochen.
religioso [reli'dʒoːso], **-a** *agg.* Il primo novembre, Ognissanti, è una festa religiosa.	**religiös, fromm** Allerheiligen, am 1. November, ist ein religiöser Feiertag.
sacramento [sakra'mento] *m* I sacramenti sono sette.	**Sakrament** *n* Es gibt sieben Sakramente.
suora [su'ɔːra] *f* Negli ospedali lavorano molte suore.	**Nonne** *f* In den Krankenhäusern arbeiten viele Nonnen.

1.5 UMWELT

1.5.1 STADT UND DORF

«1–2000»

abitante [abi'tante] *m,f* I vecchi abitanti parlano un antichissimo dialetto.	**Einwohner(in)** *m(f)*, **Bewohner (-in)** *m(f)* Die alten Einwohner sprechen einen sehr altertümlichen Dialekt.
campagna [kam'paːɲa] *f* Si sono trasferiti in campagna.	**Land** *n* Sie sind aufs Land gezogen.
centro ['tʃɛntro] *m* Fino in centro a piedi saranno sì e no cinque minuti.	**Zentrum** *n*, **Stadtmitte** *f* Bis zum Zentrum werden es zu Fuß ungefähr fünf Minuten sein.
città [tʃit-'ta] *f (unv.)* Negli ultimi anni la città si è ingrandita molto.	**Stadt** *f* In den letzten Jahren ist die Stadt sehr viel größer geworden.
cittadino [tʃit-ta'diːno] *m* Non pochi cittadini s'ammalano a causa dell'inquinamento dell'aria.	**Stadtbewohner** *m* Nicht wenige Stadtbewohner werden wegen der Luftverschmutzung krank.
corso ['korso] *m* Gli alberi sul corso erano tutti fioriti.	**Allee** *f* Auf der Allee blühten alle Bäume.
edificio [edi'fiːtʃo] *m* (*pl.* -ci) L'amministrazione municipale si trova in questo edificio.	**Gebäude** *n* In diesem Gebäude befindet sich die Stadtverwaltung.

monumento [monuˈmento] *m* Le città antiche sono ricche di monumenti.	**Denkmal** *n*, **Bauwerk** *n* Die alten Städte sind reich an Denkmälern.
paese [paˈeːze] *m* In paese erano rimasti solo i vecchi.	**Dorf** *n* In dem Dorf waren nur noch die Alten zurückgeblieben.
piazza [piˈat-tsa] *f* Oggi in piazza c'è mercato.	**Platz** *m* Heute findet auf dem Platz der Markt statt.
ponte [ˈponte] *m* Il vecchio ponte sarà sostituito da uno nuovo.	**Brücke** *f* Die alte Brücke wird durch eine neue ersetzt werden.
quartiere [kuartiˈɛːre] *m* Questo è il quartiere più povero della città.	**(Stadt-)Viertel** *n*, **Stadtteil** *m* Dies hier ist das ärmste Viertel der ganzen Stadt.
strada [ˈstraːda] *f* Una strada in salita conduceva direttamente al castello. Tutte le strade portano a Roma.	**Straße** *f*, **Weg** *m* Eine steile Straße führte direkt zum Schloß. Alle Wege führen nach Rom.
strada provinciale [ˈstraːdaprovinˈtʃaːle] *f* **strada statale** [ˈstraːdastaˈtaːle] *f* Molte strade statali e provinciali erano ancora interrotte.	**Landstraße** *f* **Staatsstraße** *f* Viele Staats- und Landstraßen waren noch gesperrt.
via [ˈviːa] *f* Il negozio è proprio all'angolo di via Dante.	**Weg** *m*, **Straße** *f* Das Geschäft ist direkt an der Ecke Dantestraße.

«2001–4000»

agricolo [aˈgriːkolo], **-a** *agg.* La produzione agricola aumenta ogni anno.	**landwirtschaftlich, Agrar...** Die landwirtschaftliche Produktion wächst jedes Jahr.
agricoltura [agrikolˈtuːra] *f* Solo una persona su sei lavora nell'agricoltura.	**Landwirtschaft** *f* Nur eine von sechs Personen arbeitet in der Landwirtschaft.
campanile [kampaˈniːle] *m* L'orologio del campanile si è fermato.	**Kirchturm** *m*, **Glockenturm** *m* Die Kirchturmuhr ist stehengeblieben.

cimitero [tʃimiˈtɛːro] *m* Vanno spesso al cimitero a portare fiori sulla tomba della nonna.	**Friedhof** *m* Sie gehen oft auf den Friedhof, um Blumen zum Grab der Großmutter zu bringen.
fattoria [fat-toˈriːa] *f* Alla fattoria si allevano anche conigli.	**Bauernhof** *m* Auf dem Bauernhof werden auch Kaninchen gezüchtet.
fontana [fonˈtaːna] *f* Davanti al duomo c'è una grande fontana.	**Springbrunnen** *m* Vor dem Dom befindet sich ein großer Springbrunnen.
torre [ˈtor-re] *f* Per salire sulla torre c'è anche l'ascensore.	**Turm** *m* Um auf den Turm zu kommen, gibt es auch einen Fahrstuhl.
viale [viˈaːle] *m* I viali erano decorati a festa.	**Allee** *f* Die Alleen waren festlich geschmückt.
zona [ˈdzɔːna] *f* La zona industriale s'ingrandisce continuamente.	**Gebiet** *n* Das Industriegebiet dehnt sich immer weiter aus.
zona pedonale [ˈdzɔːnapedoˈnaːle] *f* Durante il giorno nelle zone pedonali c'è sempre molta animazione.	**Fußgängerzone** *f* Tagsüber sind die Fußgängerzonen immer sehr belebt.

1.5.2 LANDSCHAFT

«1–2000»

bosco [ˈbɔsko] *m* (*pl.* -chi) Il fine settimana andavano a passeggiare nel bosco.	**Wald** *m* Am Wochenende gingen sie im Wald spazieren.
campo [ˈkampo] *m* I campi si stendevano fino all'orizzonte.	**Feld** *n* Die Felder erstreckten sich bis zum Horizont.
collina [kol-ˈliːna] *f* La sua casa si trova su una collina.	**Hügel** *m* Sein Haus steht auf einem Hügel.
corrente [kor-ˈrɛnte] *f* La corrente trascinò il nuotatore lontano dalla riva.	**Strömung** *f* Die Strömung trieb den Schwimmer weit vom Ufer ab.

costa [ˈkɔsta] *f* Una strada stretta conduce lungo la costa.	**Küste** *f* Eine schmale Straße führt an der Küste entlang.
fiume [fiˈuːme] *m* Nel fiume non ci sono quasi più pesci.	**Fluß** *m* In dem Fluß gibt es fast keine Fische mehr.
isola [ˈiːzola] *f* La Sicilia è l'isola più grande del Mediterraneo.	**Insel** *f* Sizilien ist die größte Insel im Mittelmeer.
lago [ˈlaːgo] *m* (*pl.* -ghi) Il lago di Garda attira molti turisti.	**See** *m* Der Gardasee zieht viele Touristen an.
mare [ˈmaːre] *m* Ogni anno passiamo le vacanze estive al mare.	**Meer** *n* Wir verbringen den Sommerurlaub jedes Jahr am Meer.
montagna [monˈtaːɲa] *f* Volevano comprare una casa in montagna.	**Gebirge** *n*, **Berg** *m* Sie wollten ein Haus in den Bergen kaufen.
monte [ˈmonte] *m* Questo monte supera i 3000 metri d'altezza.	**Berg** *m* Dieser Berg ist über 3000 Meter hoch.
paesaggio [paeˈzad-dʒo] *m* (*pl.* -gi) I paesaggi del sud l'hanno colpita molto.	**Landschaft** *f* Die südlichen Landschaften haben sie stark beeindruckt.
passo [ˈpas-so] *m* A causa delle forti nevicate il passo è stato chiuso al traffico.	**Paß** *m* Der Paß mußte wegen der starken Schneefälle gesperrt werden.
prato [ˈpraːto] *m* Nei prati si vedevano ancora molti fiori.	**Wiese** *f*, **Rasen** *m* Auf den Wiesen sah man noch viele Blumen.
regione [reˈdʒoːne] *f* E' una regione che non conosco.	**Gegend** *f* Das ist eine mir unbekannte Gegend.
riva [ˈriːva] *f* Hanno piantato la tenda in riva al lago.	**Ufer** *n*, **Küste** *f* Sie haben ihr Zelt am Ufer des Sees aufgeschlagen.
spiaggia [spiˈad-dʒa] *f* (*pl.* -ge) La mattina presto la spiaggia era quasi deserta.	**Strand** *m* Am frühen Morgen war der Strand fast leer.

terreno [ter-ˈreːno] *m* — **Boden** *m*, **Gelände** *n*
Il terreno non veniva più coltivato da anni. — Seit Jahren wurde der Boden nicht mehr bestellt.

valle [ˈval-le] *f* — **Tal** *n*
Vogliono visitare le valli dell'Alto Adige. — Sie wollen sich die Täler Südtirols ansehen.

vista [ˈvista] *f* — **Aussicht** *f*
Da lassù la vista era stupenda. — Von dort oben war die Aussicht herrlich.

zona [ˈdzɔːna] *f* — **Gegend** *f*
E' una delle zone più povere del Meridione. — Das ist eine der ärmsten Gegenden Süditaliens.

«2001–4000»

alpino [alˈpiːno], **-a** *agg.* — **Alpen...**
Il clima alpino è molto sano. — Das Alpenklima ist sehr gesund.

canale [kaˈnaːle] *m* — **Kanal** *m*
Il nuovo canale collegherà i due fiumi. — Der neue Kanal wird die beiden Flüsse verbinden.

cima [ˈtʃiːma] *f* — **Gipfel** *m*, **Spitze** *f*
La nuova seggiovia porta fino in cima al monte. — Der neue Sessellift führt bis auf den Gipfel des Berges.

fonte [ˈfonte] *f* — **Quelle** *f*
Nelle regioni alpine ci sono numerose fonti minerali. — In den Alpenregionen gibt es zahlreiche Mineralquellen.

foresta [foˈrɛsta] *f* — *(ausgedehnter)* **Wald** *m*
La Foresta Nera si trova nel sud della Germania. — Der Schwarzwald liegt in Süddeutschland.

fossato [fos-ˈsaːto] *m* — **Graben** *m*
Nei fossati a lato della strada c'è acqua solo se piove. — In den Gräben am Straßenrand ist nur Wasser, wenn es regnet.

parco [ˈparko] *m* (*pl.* -chi) — **Park** *m*
Il nuovo parco naturale sarà il più grande d'Italia. — Der neue Naturpark wird der größte Italiens sein.

pianura [piaˈnuːra] *f* — **Ebene** *f*, **Flachland** *n*
Il treno viaggiava da ore per una pianura interminabile. — Der Zug fuhr seit Stunden durch eine endlose Ebene.

suolo [suˈɔːlo] *m* — **Boden** *m*, **Erde** *f*
Da queste parti il suolo non è molto fertile. — In dieser Gegend ist der Boden nicht sehr fruchtbar.

1.5.3 NATUR

1.5.3.1 ALLGEMEINES

«1–2000»

acqua [ˈak-kua] *f* Voleva sapere se l'acqua era potabile.	**Wasser** *n* Er wollte wissen, ob das Wasser trinkbar ist.
ambiente [ambiˈɛnte] *m* La difesa dell'ambiente è compito di tutti.	**Umwelt** *f* Der Umweltschutz geht uns alle an.
aria [ˈaːria] *f* Esco a prendere un po' d'aria.	**Luft** *f* Ich gehe ein wenig an die frische Luft.
atmosfera [atmosˈfɛːra] *f* Diversi pianeti non hanno atmosfera.	**Atmosphäre** *f* Verschiedene Planeten haben keine Atmosphäre.
buio [ˈbuːio], **-a** *agg.* D'inverno si fa buio già al pomeriggio.	**dunkel** Im Winter wird es schon nachmittags dunkel.
cielo [ˈtʃɛːlo] *m* Il cielo è nuvoloso, pioverà di sicuro.	**Himmel** *m* Der Himmel ist bewölkt, es wird sicherlich regnen.
degrado [deˈgraːdo] *m* Il degrado dell'ambiente si fa sempre più allarmante.	**Verschmutzung** *f*, **Zerfall** *m* Die Verschmutzung der Umwelt wird immer alarmierender.
fuoco [fuˈɔːko] *m* (*pl.* -chi) Il fuoco distrusse i boschi dell'isola.	**Feuer** *n* Das Feuer vernichtete die Wälder der Insel.
inquinamento [iŋkuinaˈmento] *m* Nelle città industriali l'inquinamento dell'aria è molto alto.	**Verunreinigung** *f*, **Verschmutzung** *f* Die Luftverschmutzung in den Industriestädten ist sehr stark.
inquinare [iŋkuiˈnaːre] *v.* L'acqua viene inquinata anche dai detersivi comunemente usati.	**verunreinigen, verschmutzen** Auch durch die gebräuchlichen Waschmittel wird das Wasser verunreinigt.
luce [ˈluːtʃe] *f* Preferisce lavorare alla luce del giorno.	**Licht** *n* Er arbeitet lieber bei Tageslicht.

luna [ˈluːna] *f* Era una notte di luna piena.	**Mond** *m* Es war eine Vollmondnacht.
natura [naˈtuːra] *f* Assistiamo ad un vero e proprio ritorno alla natura.	**Natur** *f* Wir erleben eine echte Rückkehr zur Natur.
naturale [natuˈraːle] *agg.* E' meglio nutrirsi con prodotti naturali.	**natürlich, Natur...** Es ist besser, man ernährt sich mit Naturprodukten.
ombra [ˈombra] *f* L'afa era insopportabile: 40 gradi all'ombra.	**Schatten** *m* Die Schwüle war unerträglich: 40 Grad im Schatten.
sole [ˈsoːle] *m* Il sole tramonta poco prima delle otto.	**Sonne** *f* Die Sonne geht kurz vor acht Uhr unter.
stella [ˈstel-la] *f* Di notte si potevano vedere innumerevoli stelle.	**Stern** *m* Nachts konnte man unzählige Sterne sehen.
terra [ˈtɛr-ra] *f* La terra gira intorno al sole. Dobbiamo comprare terra per i fiori. Non lasciare tutta la tua roba per terra. Dopo settimane di navigazione videro finalmente terra.	**Erde** *f;* **Boden** *m;* **Land** *n* Die Erde dreht sich um die Sonne. Wir müssen Blumenerde kaufen. Laß deine Sachen nicht alle auf dem Boden herumliegen. Nach wochenlanger Seefahrt sahen sie endlich Land.
territorio [ter-riˈtɔːrio] *m* (*pl.* -ri) La spedizione ci portò in un territorio inesplorato.	**Gebiet** *n* Die Expedition führte uns in ein unerforschtes Gebiet.

«2001–4000»

brillare [bril-ˈlaːre] *v.* La luna e le stelle brillavano nella notte chiara.	**glänzen** Der Mond und die Sterne glänzten in der klaren Nacht.
elemento [eleˈmento] *m* Secondo la chimica moderna ci sono più di cento elementi.	**Element** *n* Nach der modernen Chemie gibt es mehr als hundert Elemente.
gas [gas] *m (unv.)* Il gas è usato sia per cucinare che per riscaldare.	**Gas** *n* Gas wird sowohl zum Kochen als auch zum Heizen verwendet.

orizzonte [orid-ˈdzonte] *m* All'orizzonte si vedevano le prime nuvole nere.	**Horizont** *m* Am Horizont sah man die ersten dunklen Wolken.
raggio [ˈrad-dʒo] *m* (*pl.* -gi) Si sono svegliati ai primi raggi del sole.	**Strahl** *m* Sie sind bei den ersten Sonnenstrahlen aufgewacht.
spazio [ˈspaːtsio] *m* Qual'è l'anno del primo viaggio nello spazio?	**Weltraum** *m* Welches ist das Jahr der ersten Weltraumfahrt?

1.5.3.2 TIERE

«1–2000»

animale [aniˈmaːle] *m* Nelle zone alpine vivono molte specie di animali.	**Tier** *n* In den Alpengebieten leben viele Tierarten.
bestia [ˈbɛstia] *f* Nelle gabbie dello zoo trovi anche bestie feroci.	**Tier** *n* In den Käfigen im Zoo findest du auch wilde Tiere.
bue [ˈbuːe] *m* (*pl.* **buoi**) Sempre meno contadini hanno ancora buoi.	**Ochse** *m* Immer weniger Bauern besitzen noch Ochsen.
cane [ˈkaːne] *m* Si sono comprati un cane da guardia.	**Hund** *m* Sie haben sich einen Wachhund zugelegt.
cavallo [kaˈval-lo] *m* I cavalli da corsa erano pronti alla partenza.	**Pferd** *n* Die Rennpferde waren startbereit.
farfalla [farˈfal-la] *f* Nei campi si vedono ancora farfalle molto belle.	**Schmetterling** *m* Auf den Feldern sieht man noch sehr schöne Schmetterlinge.
gatto [ˈgat-to] *m* Neanche i gatti mi piacciono.	**Katze** *f* Auch Katzen mag ich nicht.
insetto [inˈsɛt-to] *m* Qui d'estate ci sono insetti dappertutto.	**Insekt** *n* Hier gibt es im Sommer überall Insekten.
mucca [ˈmuk-ka] *f* (*pl.* -che) Sarà vero che le mucche ascoltando musica producono più latte?	**Kuh** *f* Ob es stimmt, daß die Kühe bei Musik mehr Milch produzieren?

uccello [ut-ˈtʃɛl-lo] *m* Già la mattina di buon'ora si sentivano cantare gli uccelli.	**Vogel** *m* Schon recht früh am Morgen hörte man die Vögel singen.
vitello [viˈtɛl-lo] *m* La carne di vitello viene quasi tutta importata.	**Kalb** *n* Kalbfleisch wird fast ausschließlich importiert.

«2001–4000»

ala [ˈaːla] *f* (*pl.* -i) I gabbiani hanno ali piuttosto grandi.	**Flügel** *m* Die Möwen haben ziemlich große Flügel.
coda [ˈkoːda] *f* Il cane dimenava la coda.	**Schwanz** *m* Der Hund wedelte mit dem Schwanz.
colombo [koˈlombo] *m*, **-a** *f* La colomba è il simbolo della pace.	**Täuber(ich)** *m*, **Taube** *f* Die Taube ist das Symbol des Friedens.
femmina [ˈfɛm-mina] *f* La femmina del cane si chiama cagna.	**Weibchen** *n* Das Hundeweibchen wird als Hündin bezeichnet.
gallina [gal-ˈliːna] *f* Si dice che la gallina canta quando ha fatto l'uovo.	**Henne** *f* Man sagt, daß die Henne gackert, wenn sie ein Ei gelegt hat.
gallo [ˈgal-lo] *m* Il gallo del vicino mi sveglia tutte le mattine alle sei.	**Hahn** *m* Jeden Morgen um sechs Uhr weckt mich der Hahn meines Nachbarn.
leone [leˈoːne] *m* Il leone è chiamato il re degli animali.	**Löwe** *m* Der Löwe wird der König der Tiere genannt.
lupo [ˈluːpo] *m* Il lupo perde il pelo ma non il vizio. *(Sprichwort)*	**Wolf** *m* Der Wolf ändert das Haar und bleibt wie er war. *(Sprichwort)*
maschio [ˈmaskio] *m* (*pl.* -chi) Non erano sicuri se l'uccello fosse un maschio o una femmina.	**Männchen** *n* Sie waren sich nicht sicher, ob der Vogel ein Männchen oder ein Weibchen war.
mordere [ˈmɔrdere] *v.* (*irr.* 44) Attenzione cane che morde!	**beißen** Vorsicht, bissiger Hund!

mosca [ˈmoska] *f* (*pl.* -che)
Sono sicuro che non farebbe male a una mosca.

Fliege *f*
Ich bin sicher, daß er keiner Fliege etwas zuleide tun würde.

---

nido [ˈniːdo] *m*
Sugli alberi senza foglie si vedevano numerosi nidi.

Nest *n*
In den kahlen Bäumen waren zahlreiche Nester zu sehen.

---

pecora [ˈpɛːkora] *f*
Un branco di pecore stava attraversando la strada.

Schaf *n*
Eine Schafherde überquerte gerade die Straße.

---

pungere [ˈpundʒere] *v.* (*irr.* 59)
Guarda, deve avermi punto qualche insetto.

stechen
Schau, irgendein Insekt muß mich gestochen haben.

---

selvaggio [selˈvad-dʒo], **-a** *agg.* (*pl. m* -gi, *f* -ge)
E' una zona ricca di piante e bestie selvagge.

wild
Diese Gegend ist reich an Wildpflanzen und -tieren.

---

traccia [ˈtrat-tʃa] *f* (*pl.* -ce)
Sulla neve si vedevano le tracce degli animali.

Spur *f*
Im Schnee waren die Spuren der Tiere zu sehen.

---

zanzara [dzanˈdzaːra] *f*
Le zanzare non ci hanno fatto dormire.

(Stech-)Mücke *f*
Die Mücken haben uns nicht schlafen lassen.

1.5.3.3 PFLANZEN

«1–2000»

albero [ˈalbero] *m*
Gli alberi erano carichi di frutti.

Baum *m*
Die Bäume hingen voller Früchte.

---

crescere [ˈkreʃ-ʃere] *v.* (*irr.* 23)
I gerani sul balcone sono proprio cresciuti in fretta.

wachsen
Die Geranien auf dem Balkon sind wirklich schnell gewachsen.

---

erba [ˈɛrba] *f*
L'erba nei prati era ancora bagnata.

Gras *n*
Das Gras auf den Wiesen war noch naß.

---

fiore [fiˈoːre] *m*
Le piacciono specialmente i fiori profumati.

Blume *f*
Ihr gefallen besonders die duftenden Blumen.

essere in fiore [ˈɛs-sere-infiˈoːre] La valle con i meli in fiore sembrava un campo di neve.	**blühen** Das Tal mit den blühenden Apfelbäumen sah wie ein Schneefeld aus.
foglia [ˈfɔːʎa] *f* L'autunno cadono le foglie.	**Blatt** *n* Im Herbst fallen die Blätter.
frumento [fruˈmento] *m* La maggior parte del frumento viene importata.	**Weizen** *m* Der meiste Weizen wird importiert.
garofano [gaˈrɔːfano] *m* Porta sempre un garofano bianco all'occhiello.	**Nelke** *f* Er trägt immer eine weiße Nelke im Knopfloch.
grano [ˈgraːno] *m* Quest'anno la produzione di grano non sarà buona.	**Korn** *n*, **Getreide** *n* Dieses Jahr wird die Getreideernte nicht gut sein.
pianta [piˈanta] *f* Le piante vanno innaffiate una volta alla settimana.	**Pflanze** *f* Die Pflanzen sollen einmal wöchentlich gegossen werden.
piantare [pianˈtaːre] *v.* In giardino hanno piantato anche insalata e carote.	**pflanzen** Im Garten haben sie auch Salat und Möhren gepflanzt.
ramo [ˈraːmo] *m* Dopo l'inverno si tagliano i rami morti.	**Ast** *m*, **Zweig** *m* Nach dem Winter werden die toten Äste abgeschnitten.
rosa [ˈrɔːza] *f* E' possibile spedire delle rose a Berlino?	**Rose** *f* Ist es möglich, Rosen nach Berlin zu schicken?

«2001–4000»

coltivare [koltiˈvaːre] *v.* Nel Piemonte si coltiva molto riso.	**anbauen** Im Piemont wird sehr viel Reis angebaut.
fiorire [fioˈriːre] *v.* (-isc-) Con il primo sole la campagna cominciò a fiorire.	**blühen** Mit den ersten Sonnenstrahlen begann das Land zu blühen.
fungo [ˈfuŋgo] *m* (*pl.* -ghi) Non raccogliete funghi che non conoscete.	**Pilz** *m* Sammelt keine Pilze, die ihr nicht kennt.

mazzo ['mat-tso] *m*
Tornò dalla passeggiata con un mazzo di fiori di campo.

Strauß *m*
Sie kam vom Spaziergang mit einem Strauß Feldblumen zurück.

---

pino ['piːno] *m*
I boschi di pini sono tipici di questa zona.

Pinie *f*
Pinienwälder sind typisch für diese Gegend.

---

raccogliere [rak-'kɔːʎere] *v.* (*irr.* 13)
Chi semina vento raccoglie tempesta. *(Sprichwort)*

ernten
Wer Wind sät, wird Sturm ernten. *(Sprichwort)*

---

raccolto [rak-'kɔlto] *m*
Il raccolto dell'uva si chiama vendemmia.

Ernte *f*
Die Weinernte heißt Lese.

---

radice [ra'diːtʃe] *f*
La pianta ha messo nuove radici.

Wurzel *f*
Die Pflanze hat neue Wurzeln gebildet.

---

vigna ['viːɲa] *f*
Molte vigne sono state danneggiate dall'improvvisa ondata di freddo.

Weinstock *m;* **Weinberg** *m*
Viele Weinstöcke erlitten Schäden durch die plötzliche Kältewelle.

1.5.3.4 WETTER UND KLIMA

«1–2000»

asciutto [aʃ-'ʃut-to], **-a** *agg.*
Il tempo asciutto degli ultimi mesi ha fatto aumentare il pericolo d'incendio.

trocken
Das trockene Wetter der letzten Monate hat die Brandgefahr erhöht.

---

bagnato [ba'ɲaːto], **-a** *agg.*
Sono tornati a casa completamente bagnati.

naß
Sie sind durchnäßt nach Hause zurückgekehrt.

---

caldo ['kaldo], **-a** *agg.*
Quando tornerà a far caldo?

warm, heiß
Wann wird es wohl wieder wärmer?

---

calore [ka'loːre] *m*
Con questo calore non è possibile lavorare.

Wärme *f*, **Hitze** *f*
Bei dieser Hitze kann man nicht arbeiten.

---

clima ['kliːma] *m* (*pl.* -i)
Il clima qui non è molto sano.

Klima *n*
Das Klima hier ist nicht sehr gesund.

freddo ['fred-do], **-a** *agg.* Credimi, oggi fa freddo freddo!	**kalt** Glaub mir, heute ist es saukalt!
freddo ['fred-do] *m* Io, per esempio, sopporto male il freddo.	**Kälte** *f*, **Frost** *m* Ich, zum Beispiel, vertrage Kälte schlecht.
fresco ['fresko], **-a** *agg.* (*pl. m* -chi, *f* -che) Dopo il temporale l'aria era più fresca.	**kühl, frisch** Nach dem Gewitter war die Luft kühler.
nebbia ['neb-bia] *f* A causa della nebbia si sono verificati numerosi incidenti.	**Nebel** *m* Wegen des Nebels kam es zu zahlreichen Unfällen.
nuvola ['nuːvola] *f* Oggi non si vede neanche una nuvola.	**Wolke** *f* Heute sieht man keine einzige Wolke.
nuvoloso [nuvo'loːso], **-a** *agg.* Da alcuni giorni è nuvoloso ma non piove.	**bewölkt** Seit einigen Tagen ist es bewölkt, aber es regnet nicht.
pioggia [pi'ɔd-dʒa] *f* (*pl.* -ge) Nei mesi estivi è caduta pochissima pioggia.	**Regen** *m* In den Sommermonaten hat es sehr wenig Regen gegeben.
piovere [pi'ɔːvere] *v.* Da tre giorni piove ininterrottamente.	**regnen** Seit drei Tagen regnet es ununterbrochen.
sereno [se'reːno], **-a** *agg.* Le previsioni del tempo dicono che sarà sereno.	**heiter, sonnig** Die Wettervorhersage meint, es wird sonnig sein.
tempo ['tɛmpo] *m* Com'è il tempo da voi?	**Wetter** *n* Wie ist das Wetter bei euch?
bel tempo [bel'tɛmpo] Se domani fa bel tempo andiamo all'Isola d'Elba.	**schönes Wetter** Wenn morgen schönes Wetter ist, fahren wir auf die Insel Elba.
brutto tempo ['brut-to'tɛmpo] Da quando siamo qui non fa che brutto tempo.	**schlechtes Wetter** Seitdem wir hier sind, haben wir nur schlechtes Wetter.
vento ['vɛnto] *m* Lo scirocco è un vento del sud.	**Wind** *m* Der Schirokko ist ein Südwind.

«2001–4000»

fulmine ['fulmine] *m* Un fulmine è caduto sulla casa.	**Blitz** *m* Ein Blitz hat das Haus getroffen.

gelare [dʒeˈlaːre] *v.* Da novembre a febbraio il lago era gelato.	**(ge)frieren** Von November bis Februar war der See zugefroren.
gelo [ˈdʒɛːlo] *m* Si prevede nebbia e gelo su tutte le regioni settentrionali.	**Glatteis** *n*, **Frost** *m* Es wird für alle nördlichen Regionen Nebel und Glatteis vorausgesagt.
ghiaccio [giˈat-tʃo] *m* Alcuni porti erano bloccati dal ghiaccio.	**Eis** *n* Einige Häfen waren durch Eis blockiert.
lampo [ˈlampo] *m* Ogni lampo era accompagnato da un tuono.	**Blitz** *m* Auf jeden Blitz folgte ein Donnerschlag.
mite [ˈmiːte] *agg.* Sulla Riviera la temperatura è mite anche d'inverno.	**mild** An der Riviera ist die Temperatur auch im Winter mild.
neve [ˈneːve] *f* In città sono caduti 40 cm di neve.	**Schnee** *m* In der Stadt sind 40 cm Schnee gefallen.
nevicare [neviˈkaːre] *v.* Gli albergatori in montagna sperano che nevichi presto.	**schneien** Die Hoteliers in den Bergen hoffen, daß es bald schneit.
previsione del tempo [previziˈoːnedelˈtɛmpo] *f* Il telegiornale delle 20 è preceduto dalle previsioni del tempo.	**Wettervorhersage** *f* Den Fernsehnachrichten um 20 Uhr geht die Wettervorhersage voraus.
sciogliersi [ˈʃɔʎersi] *v.* (*irr.* 72) Nel corso della giornata la neve si è sciolta tutta.	**schmelzen** Im Laufe des Tages ist der ganze Schnee geschmolzen.
scoppiare [skop-piˈaːre] *v.* Verso sera è scoppiato un temporale.	**ausbrechen** Gegen Abend ist ein Gewitter ausgebrochen.
secco [ˈsek-ko], **-a** *agg.* (*pl. m* -chi, *f* -che) Io sopporto meglio un clima secco di uno umido.	**trocken** Ich vertrage ein trockenes Klima besser als ein feuchtes.
temporale [tempoˈraːle] *m* Quando gli uccelli volano così bassi arriva un temporale.	**Gewitter** *n* Wenn die Vögel so tief fliegen, kommt ein Gewitter.

tuono [tu'ɔ:no] *m*
Anche se non era più una bambina aveva paura del tuono.

Donner *m*
Wenn sie auch kein Kind mehr war, so hatte sie doch Angst vor dem Donner.

---

ufficio meteorologico [uf-'fi:tʃometeoro'lɔ:dʒiko] *m* (*pl.* uffici meteorologici)
L'ufficio meteorologico prepara il bollettino e le previsioni.

Wetteramt *n*
Das Wetteramt bereitet den Wetterbericht und die Vorhersagen vor.

---

umido ['u:mido], **-a** *agg.*
Vicino al mare l'aria è sempre umida.

feucht
In der Nähe des Meeres ist die Luft immer feucht.

1.6 Technik und Materialien

1.6.1 TECHNIK

«1–2000»

computer [kom'pju:tə] *m (unv.)*
I computer hanno rivoluzionato la nostra vita.

Computer *m*
Die Computer haben unser Leben revolutioniert.

---

corrente [kor-'rɛnte] *f*
Da più ore manca la corrente.

Strom *m*
Seit mehreren Stunden ist der Strom ausgefallen.

---

elettrico [e'let-triko], **-a** *agg.* (*pl. m* -ci, *f* -che)
Si è comprata uno spazzolino elettrico.

elektrisch
Sie hat sich eine elektrische Zahnbürste gekauft.

---

energia [ener'dʒi:a] *f*
L'uomo cerca di sfruttare tutte le fonti di energia.

Energie *f*
Der Mensch versucht alle Energiequellen zu nutzen.

---

funzionare [funtsio'na:re] *v.*
Non sapevano come funzionasse un motore.

funktionieren
Sie wußten nicht, wie ein Motor funktioniert.

---

industria [in'dustria] *f*
Anche la piccola industria ha superato bene la crisi.

Industrie *f*
Auch die Kleinindustrie hat die Krise gut überwunden.

---

industriale [industri'a:le] *agg.*
Oggi si parla della terza rivoluzione industriale.

industriell, Industrie...
Heutzutage spricht man von der dritten industriellen Revolution.

inventare [inven'ta:re] *v.*	**erfinden**
Chi ha inventato il telefono?	Wer hat das Telefon erfunden?
macchina ['mak-kina] *f*	**Maschine** *f*
Sempre più lavori vengono eseguiti dalle macchine.	Immer mehr Arbeiten werden von Maschinen ausgeführt.
scoprire [sko'pri:re] *v.* (*irr.* 19)	**entdecken**
E' stato scoperto un nuovo farmaco contro l'infarto.	Es wurde ein neues Mittel gegen den Herzinfarkt entdeckt.
tecnica ['tɛknika] *f* (*pl.* -che)	**Technik** *f*
La tecnica ha fatto progressi enormi.	Die Technik hat enorme Fortschritte gemacht.
tecnico ['tɛkniko], **-a** *agg.* (*pl. m* -ci, *f* -che)	**technisch**
Per il linguaggio tecnico esistono vocabolari speciali.	Für die technische Fachsprache gibt es spezielle Wörterbücher.

«2001–4000»

atomico [a'tɔ:miko], **-a** *agg.* (*pl. m* -ci, *f* -che)	**atomar, Atom..., Kern...**
Il pericolo di una guerra atomica minaccia tutto il mondo.	Die Gefahr eines atomaren Krieges bedroht die ganze Welt.
automatico [auto'ma:tiko], **-a** *agg.* (*pl. m* -ci, *f* -che)	**automatisch**
Le fasi di lavorazione sono completamente automatiche.	Die Verarbeitungsphasen laufen völlig automatisch ab.
batteria [bat-te'ri:a] *f*	**Batterie** *f*
La macchina non parte perché la batteria è scarica.	Das Auto startet nicht, weil die Batterie leer ist.
calcolatore [kalkola'to:re] *m*, **calcolatrice** [kalkola'tri:tʃe] *f*	**Rechenmaschine** *f*, **Computer** *m*
I calcolatori elettronici sono sempre più diffusi.	Elektronenrechner sind immer mehr verbreitet.
centrale [tʃen'tra:le] *f*	**Kraftwerk** *n*
La centrale fornirà corrente a tutte le industrie della regione.	Das Kraftwerk wird allen Industrien der Region Strom liefern.
elettronico [elet-'trɔ:niko], **-a** *agg.* (*pl. m* -ci, *f* -che)	**elektronisch, Elektronen...**
Gli orologi elettronici misurano il tempo con grande esattezza.	Elektronenuhren messen die Zeit mit großer Genauigkeit.

filo ['fiːlo] *m* Si è comprato un telefono senza fili.	**Draht** *m*, **Leitung** *f* Er hat sich ein drahtloses Telefon gekauft.
invenzione [inventsi'oːne] *f* Molte cosiddette invenzioni si rivelano inutili.	**Erfindung** *f* Viele sogenannte Erfindungen stellen sich als unnütz heraus.
modello [mo'dɛl-lo] *m* Dato l'insuccesso il modello è stato tolto dalla produzione.	**Modell** *n* Aufgrund des Mißerfolgs wurde das Modell aus der Produktion genommen.
montare [mon'taːre] *v.* Senza istruzioni sarà difficile montare l'armadio.	**montieren, zusammenbauen** Ohne Anleitung wird es schwierig sein, den Schrank zusammenzubauen.
nucleare [nukle'aːre] *agg.* La costruzione di centrali nucleari pone molti problemi.	**Kern..., Atom...** Der Bau von Atomkraftwerken wirft viele Probleme auf.
pila ['piːla] *f* Vorrei una piccola radio che funzioni sia a pile che a corrente.	**Batterie** *f* Ich möchte ein kleines Radio, das sowohl mit Batterien als auch mit Strom funktioniert.
pressione [pres-si'oːne] *f* Mi può controllare la pressione delle gomme?	**Druck** *m* Können Sie den Reifendruck prüfen?
riparare [ripa'raːre] *v.* Il tecnico non sapeva se si potesse riparare il guasto.	**reparieren** Der Techniker wußte nicht, ob man den Schaden reparieren kann.
scoperta [sko'pɛrta] *f* Il 20° è stato il secolo delle grandi scoperte.	**Entdeckung** *f* Das 20. war das Jahrhundert der großen Entdeckungen.
serie ['sɛːrie] *f (unv.)* E' improbabile che il modello venga prodotto in serie.	**Serie** *f*, **Reihe** *f* Es ist unwahrscheinlich, daß das Modell serienmäßig produziert wird.

1.6.2 MATERIALIEN

«1–2000»

argento [ar'dʒɛnto] *m*
Porta solo gioielli d'argento.

Silber *n*
Sie trägt nur Silberschmuck.

carta [ˈkarta] *f*	**Papier** *n*
La carta riciclata è adatta ad ogni uso.	Recyclingpapier eignet sich für jede Verwendung.
foglio di carta [ˈfɔːʎodiˈkarta] *m* (*pl.* fogli. . .)	**Blatt Papier** *n*
I fogli di carta ti servono a quadretti o a righe?	Brauchst du kariertes oder liniertes Papier?
di [di] *prep.*	**aus**
Quest'anello è d'oro puro.	Der Ring ist aus reinem Gold.
duro [ˈduːro], **-a** *agg.*	**hart**
Il diamante è la pietra più dura.	Der Diamant ist der härteste Stein.
ferro [ˈfɛr-ro] *m*	**Eisen** *n*
La calamita attira il ferro.	Der Magnet zieht Eisen an.
legno [ˈleːɲo] *m*	**Holz** *n*
I mobili di legno vero sono diventati cari.	Möbel aus echtem Holz sind teuer geworden.
marmo [ˈmarmo] *m*	**Marmor** *m*
La città di Carrara è nota per il marmo bianco.	Die Stadt Carrara ist bekannt für ihren weißen Marmor.
materia [maˈtɛːria] *f*	**Stoff** *m*, **Material** *n*
L'industria italiana importa quasi tutte le materie prime.	Die italienische Industrie importiert fast alle Rohstoffe.
oro [ˈɔːro] *m*	**Gold** *n*
Il prezzo dell'oro è salito ancora.	Der Goldpreis ist noch gestiegen.
plastica [ˈplastika] *f* (*pl.* -che)	**Kunststoff** *m*, **Plastik** *n*
Per il picnic usiamo posate di plastica.	Für das Picknick verwenden wir Plastikbestecke.
pelle [ˈpɛl-le] *f*	**Leder** *n*
Le scarpe di pelle sono più sane.	Lederschuhe sind gesünder.
petrolio [peˈtrɔːlio] *m*	**Erdöl** *n*, **Petroleum** *n*
La maggior parte del petrolio proviene dai paesi arabi.	Das meiste Erdöl kommt aus den arabischen Staaten.
pietra [piˈɛtra] *f*	**Stein** *m*
La vecchia casa aveva ancora (i) pavimenti di pietra.	Das alte Haus hatte noch Steinböden.
puro [ˈpuːro], **-a** *agg.*	**rein**
Compro solo indumenti di fibre naturali pure.	Ich kaufe nur Kleidung aus reinen Naturfasern.

vetro [ˈveːtro] *m*
Le nuove finestre sono costruite con vetro isolante.

Glas *n*
Die neuen Fenster sind mit Isolierglas versehen.

«2001–4000»

acciaio [at-ˈtʃaːio] *m* (*pl.* -ai)
La produzione d'acciaio diminuisce dovunque.

Stahl *m*
Die Stahlerzeugung ist überall rückläufig.

---

carbone [karˈboːne] *m*
In molte case si scalda ancora con il carbone.

Kohle *f*
In vielen Häusern heizt man immer noch mit Kohle.

---

cotone [koˈtoːne] *m*
Il cotone è una fibra naturale.

Baumwolle *f*
Baumwolle ist eine Naturfaser.

---

fragile [ˈfraːdʒile] *agg.*
State attenti, la merce è fragile!

zerbrechlich
Paßt gut auf, die Ware ist zerbrechlich!

---

gomma [ˈgom-ma] *f*
Mi presti i tuoi stivali di gomma, per favore?

Gummi *m*
Leihst du mir bitte deine Gummistiefel?

---

lana [ˈlaːna] *f*
Questa stoffa è garantita dall'etichetta «Pura lana vergine».

Wolle *f*
Dieser Stoff trägt das Gütesiegel „Reine Schurwolle".

---

liquido [ˈliːkuido], **-a** *agg.*
Alle alte pressioni questo gas diventa liquido.

flüssig
Bei hohem Druck wird dieses Gas flüssig.

---

materiale [materiˈaːle] *m*
I materiali impiegati sono tutti di prima qualità.

Material *n*
Die verwendeten Materialien sind alle erstklassig.

---

metallo [meˈtal-lo] *m*
Argento, oro, platino sono metalli preziosi.

Metall *n*
Silber, Gold und Platin sind Edelmetalle.

---

molle [ˈmɔl-le] *agg.*
L'asfalto era molle per il grande calore.

weich
Durch die große Hitze war der Asphalt weich.

---

sabbia [ˈsab-bia] *f*
I bambini giocano volentieri con la sabbia.

Sand *m*
Kinder spielen gerne im Sand.

---

seta [ˈseːta] *f*
E' una cravatta di seta pura.

Seide *f*
Das ist eine Krawatte aus reiner Seide.

solido [ˈsɔːlido], **-a** *agg.*	**fest, haltbar, solid(e)**
Le mura sembravano ancora solide.	Das Mauerwerk schien noch solide zu sein.
stoffa [ˈstɔf-fa] *f*	**Stoff** *m*
Il sarto dice che ci vogliono 5 m di stoffa.	Der Schneider meint, daß man 5 m Stoff braucht.
tessuto [tes-ˈsuːto] *m*	**Gewebe** *n*, **Stoff** *m*
Mi pare che questo tessuto sia troppo leggero.	Mir scheint dieses Gewebe zu leicht zu sein.

1.7 Reise und Verkehr

1.7.1 REISE

«1–2000»

agenzia (di) viaggi [adʒen-ˈtsiːa(di)viˈad-dʒi] *f*	**Reisebüro** *n*
Prima di tutto andiamo all'agenzia viaggi a prenderci cataloghi e prospetti.	Zuerst einmal gehen wir ins Reisebüro und holen uns Kataloge und Prospekte.
albergo [alˈbɛrgo] *m* (*pl.* -ghi)	**Hotel** *n*
Gli alberghi di lusso non erano ancora al completo.	Die Luxushotels waren noch nicht voll belegt.
andare [anˈdaːre] *v.* (*irr.* 3; essere)	**fahren, gehen**
D'estate vanno sempre in Italia.	Im Sommer fahren sie immer nach Italien.
arrivo [arˈriːvo] *m*	**Ankunft** *f*
All'arrivo non c'era nessuno ad attenderli.	Bei der Ankunft wartete niemand auf sie.
camera doppia [ˈkaːmeraˈdop-pia] *f*	**Doppelzimmer** *n*
Quanto costa una camera doppia con doccia?	Wieviel kostet ein Doppelzimmer mit Dusche?
camera singola [ˈkaːmeraˈsiŋ-gola] *f*	**Einzelzimmer** *n*
Anche le camere singole hanno tutte il bagno.	Auch die Einzelzimmer haben alle ein Bad.

carta geografica [ˈkartadʒeo-ˈgraːfika] *f* (*pl.* carte geografiche)	**Landkarte** *f*
La località non era segnata sulla carta geografica.	Die Ortschaft war auf der Landkarte nicht eingezeichnet.
carta verde [ˈkartaˈverde] *f*	**grüne Versicherungskarte** *f*
Se vai all'estero in macchina, ti serve la carta verde.	Wenn du mit dem Auto ins Ausland fährst, brauchst du die grüne Versicherungskarte..
distanza [disˈtantsa] *f*	**Entfernung** *f*
Per distanze simili è meglio usare l'aereo.	Bei solchen Entfernungen ist es besser, ein Flugzeug zu benutzen.
giro [ˈdʒiːro] *m*	**Rundreise** *f*, **Rundfahrt** *f*
L'Università Popolare organizza un giro dell'Umbria.	Die Volkshochschule organisiert eine Umbrienrundreise.
hotel [oˈtɛl] *m*	**Hotel** *n*
La direzione dell'hotel augura a tutti gli ospiti un piacevole soggiorno.	Die Hoteldirektion wünscht allen Gästen einen angenehmen Aufenthalt.
partenza [parˈtɛntsa] *f*	**Abreise** *f*, **Abfahrt** *f*, **Abflug** *m*
La partenza è stata rimandata di due ore a causa della nebbia.	Der Abflug verzögerte sich wegen Nebels um zwei Stunden.
partire [parˈtiːre] *v.* (essere)	**abreisen, abfahren, abfliegen**
Partono domani per l'Australia.	Sie fliegen morgen nach Australien.
pianta (della città) [piˈanta-(del-latʃit-ˈta)] *f*	**Stadtplan** *m*
Con la pianta era più facile orientarsi.	Mit dem Stadtplan war es leichter, sich zu orientieren.
riservare [riserˈvaːre] *v.*	**reservieren, freihalten**
Abbiamo fatto riservare un tavolo sulla terrazza.	Wir haben einen Tisch auf der Terrasse reservieren lassen.
ritorno [riˈtorno] *m*	**Rückkehr** *f*, **Rückreise** *f*
Il ritorno è previsto per il pomeriggio di domenica.	Die Rückreise ist für den Sonntagnachmittag vorgesehen.
souvenir [suvəˈnir] *m (unv.)*	**Andenken** *n*, **Souvenir** *n*
Ha raccolto souvenir da tutto il mondo.	Er hat Andenken aus aller Welt gesammelt.
svegliare [zveˈʎaːre] *v.*	**wecken**
Hanno chiesto di essere svegliati alle sei.	Sie haben darum gebeten, um sechs Uhr geweckt zu werden.

viaggiare [viad-ˈdʒaːre] *v.* Viaggiare da soli può anche essere divertente.	**(be)reisen** Allein zu reisen kann auch sehr lustig sein.
viaggiatore [viad-dʒaˈtoːre] *m* I viaggiatori sono pregati di recarsi ai loro posti.	**Reisender** *m* Die Reisenden werden gebeten, ihre Plätze einzunehmen.
viaggio [viˈad-dʒo] *m* (*pl.* -gi) La moglie era convinta che fosse un viaggio d'affari.	**Reise** *f* Die Ehefrau war überzeugt, daß es sich um eine Geschäftsreise handelt.
visitare [viziˈtaːre] *v.* Ieri abbiamo visitato i Musei Vaticani.	**besichtigen, besuchen** Gestern haben wir die Vatikanischen Museen besichtigt.

«2001–4000»

autostop [autosˈtɔp] *m (unv.)* Sono andati in autostop da Colonia a Napoli.	**Autostopp** *m,* **Trampen** *n* Sie sind von Köln nach Neapel per Anhalter gefahren (*oder:* getrampt).
bagaglio [baˈgaːʎo] *m* (*pl.* -gli) I controlli del bagaglio negli aeroporti sono molto severi.	**Gepäck** *n* Die Gepäckkontrollen auf den Flughäfen sind sehr streng.
campeggio [kamˈped-dʒo] *m* (*pl.* -gi) I campeggi erano tutti affollatissimi.	**Camping** *n;* **Zeltplatz** *m,* **Campingplatz** *m* Die Campingplätze waren alle überfüllt.
coincidenza [kointʃiˈdɛntsa] *f* Il treno è arrivato con tanto ritardo che ho perso la coincidenza.	**Anschluß** *m* Der Zug ist mit so viel Verspätung angekommen, daß ich den Anschluß verpaßt habe.
al completo [alkomˈplɛːto] *avv.* In agosto gli alberghi sono tutti al completo.	**voll belegt** Im August sind die Hotels voll belegt.
conto [ˈkonto] *m* Secondo il cliente nel conto c'era un errore.	**Rechnung** *f* Nach Meinung des Kunden war ein Fehler in der Rechnung.
ente per il turismo [ˈɛnteperilˈtuˈrizmo] *m* Chiedi all'ente turismo, loro possono aiutarti.	**Fremdenverkehrsamt** *n* Frag im Fremdenverkehrsamt, die können dir helfen.

guida [guˈiːda] *f*	**Reiseführer** *m (Person u. Buch),* **Reiseführerin** *f,* **-leiter(in)** *m(f)*
La nostra guida parlava correntemente quattro lingue.	Unsere Reiseleiterin sprach fließend vier Sprachen.
La guida della città è ricca di foto e di schizzi.	Der Stadtführer ist reich an Fotos und Skizzen.
località [lokaliˈta] *f (unv.)*	**Ort(schaft)** *m(f)*
Abitiamo in una piccola località vicino al mare.	Wir wohnen in einer kleinen Ortschaft nahe am Meer.
ostello della gioventù [osˈtɛl-lodel-ladʒovenˈtu] *m*	**Jugendherberge** *f*
Negli ostelli s'incontra gente di tutti i paesi.	In den Jugendherbergen trifft man Leute aus allen Ländern.
pensione [pensiˈoːne] *f*	**Pension** *f,* **Verpflegung** *f*
Se possibile preferiamo non avere la pensione completa.	Wenn möglich, möchten wir keine Vollpension.
perdere [ˈpɛrdere] *v.* (*irr.* 52)	**verpassen, versäumen**
Sbrighiamoci, altrimenti perdiamo il treno.	Beeilen wir uns, sonst verpassen wir den Zug.
portiere [portiˈɛːre] *m*	**Portier** *m*
Il portiere dell'albergo ci conosce già dall'anno scorso.	Der Hotelportier kennt uns noch vom vorigen Jahr.
prenotare [prenoˈtaːre] *v.*	**vorbestellen, buchen**
Ecco fatto, ho prenotato e versato un anticipo.	So, ich habe gebucht und eine Anzahlung geleistet.
prenotazione [prenotatsiˈoːne] *f*	**Vorbestellung** *f,* **Buchung** *f,* **Reservierung** *f*
Hanno cambiato idea e annullato le prenotazioni.	Sie haben ihren Plan geändert und die Buchungen rückgängig gemacht.
ricordo [riˈkɔrdo] *m*	**Andenken** *n*
Le gondole sono un tipico ricordo veneziano.	Gondeln sind ein typisches venezianisches Andenken.
ritardo [riˈtardo] *m*	**Verspätung** *f*
A causa del maltempo tutti i treni erano in ritardo.	Wegen des Unwetters hatten alle Züge Verspätung.
soggiorno [sod-ˈdʒorno] *m*	**Aufenthalt** *m*
Dopo un soggiorno di poche settimane avevano già imparato molti vocaboli.	Nach einem Aufenthalt von wenigen Wochen hatten sie schon viele Vokabeln gelernt.

tenda [ˈtɛnda] *f*	**Zelt** *n*
Se mi aiuti, montiamo la tenda in meno di un'ora.	Wenn du mir hilfst, bauen wir das Zelt in weniger als einer Stunde auf.
turismo [tuˈrizmo] *m*	**Tourismus** *m*
Nel settore del turismo lavorano in Italia migliaia di persone.	Im Bereich des Tourismus arbeiten in Italien Tausende von Personen.
turista [tuˈrista] *m* (*pl.* -i), *f* (*pl.* -e)	**Tourist(in)** *m*(*f*)
In tutte le regioni si organizzano manifestazioni culturali per i turisti.	In allen Regionen organisiert man kulturelle Veranstaltungen für die Touristen.
valido [ˈvaːlido], **-a** *agg.*	**gültig**
Il biglietto è valido (per) un mese.	Die Fahrkarte ist einen Monat gültig.
valigia [vaˈliːdʒa] *f* (*pl.* -gie *u.* -ge)	**Koffer** *m*
La valigia era così piena da non poterla chiudere.	Der Koffer war so voll, daß man ihn nicht zubekam.
visita [ˈviːzita] *f*	**Besuch** *m*, **Besichtigung** *f*
In programma per domani c'è la visita di Assisi.	Für morgen steht die Besichtigung von Assisi auf dem Programm.

1.7.2 VERKEHR

1.7.2.1 STRASSENVERKEHR

«1–2000»

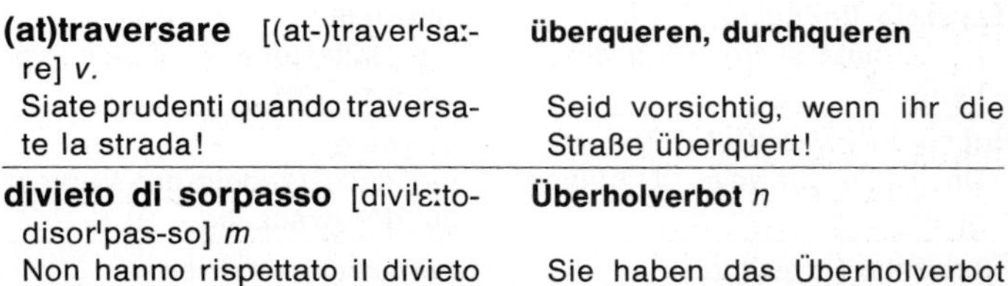

(at)traversare [(at-)traverˈsaːre] *v.*	**überqueren, durchqueren**
Siate prudenti quando traversate la strada!	Seid vorsichtig, wenn ihr die Straße überquert!
divieto di sorpasso [diviˈɛːtodisorˈpas-so] *m*	**Überholverbot** *n*
Non hanno rispettato il divieto di sorpasso e causato un incidente.	Sie haben das Überholverbot nicht beachtet und einen Unfall verursacht.
divieto di fermata [diviˈɛːtodiferˈmaːta] *m*	**Halteverbot** *n*
Il divieto di fermata vale per tutta la piazza.	Das Halteverbot gilt für den gesamten Platz.

fermare [fer'ma:re], **-rsi**	**(an)halten**
Ecco fermi qui, siamo arrivati.	So, halten Sie hier, wir sind da.
girare [dʒi'ra:re] *v.* (avere *u.* essere)	**abbiegen**
Al terzo semaforo giri a destra.	An der dritten Ampel biegen Sie rechts ab.
limite di velocità ['li:mitedivelotʃi'ta] *m*	**Geschwindigkeitsbegrenzung** *f*
Il limite di velocità sulle autostrade italiane è di 130 km/h.	Die Geschwindigkeitsbegrenzung auf den italienischen Autobahnen liegt bei 130 km/h.
passare [pas-'sa:re] *v.* (essere)	**durchfahren, vorbeifahren**
Lascialo passare, ha la precedenza.	Laß ihn vorbei, er hat Vorfahrt.
rumore [ru'mo:re] *m*	**Lärm** *m*
Nelle ore di punta il rumore della strada è insopportabile.	In den Stoßzeiten ist der Lärm von der Straße unerträglich.
velocità [velotʃi'ta] *f (unv.)*	**Geschwindigkeit** *f*, **Tempo** *n*
La macchina ha una velocità massima di 200 km/h.	Der Wagen hat eine Spitzengeschwindigkeit von 200 km/h.

«2001–4000»

autostrada [autos'tra:da] *f*	**Autobahn** *f*
Alla prossima uscita abbandoniamo l'autostrada.	An der nächsten Ausfahrt verlassen wir die Autobahn.
curva ['kurva] *f*	**Kurve** *f*
Subito dietro la curva c'è un distributore di benzina.	Gleich hinter der Kurve ist eine Tankstelle.
fermata [fer'ma:ta] *f*	**Haltestelle** *f*
La fermata si trova qui dietro l'angolo.	Die Haltestelle ist gleich hier um die Ecke.
incrocio [iŋ'kro:tʃo] *m* (*pl.* -ci)	**Kreuzung** *f*
Un vigile dirigeva il traffico all'incrocio.	Ein Polizist regelte den Verkehr auf der Kreuzung.
investire [inves'ti:re] *v.*	**überfahren, anfahren**
E' stato investito mentre attraversava la strada.	Er wurde angefahren, als er die Straße überquerte.
lavori in corso [la'vo:riin'korso] *m/pl.*	**Baustelle** *f*
A causa dei lavori in corso la strada è chiusa al traffico.	Wegen einer Baustelle ist die Straße gesperrt.

marciapiede [martʃapi'ɛːde] *m* — **Bürgersteig** *m*
Alcune automobili bloccavano il marciapiede. — Einige Autos versperrten den Bürgersteig.

parcheggiare [parked-'dʒaːre] *v.* — **parken**
Non sapeva dove parcheggiare la macchina. — Er wußte nicht, wo er den Wagen parken sollte.

parcheggio [par'ked-dʒo] *m* (*pl.* -gi) — **Parkplatz** *m*
I parcheggi in centro non sono sufficienti. — Die Parkplätze im Stadtzentrum reichen nicht aus.

pedone [pe'doːne] *m* — **Fußgänger** *m*
Dovresti stare più attento ai pedoni! — Du solltest besser auf die Fußgänger aufpassen!

segnale stradale [se'ɲaːle-stra'daːle] *m* — **Verkehrszeichen** *n*, **-schild** *n*
I segnali stradali sono per lo più internazionali. — Die Verkehrszeichen sind meist international.

semaforo [se'maːforo] *m* — **Ampel** *f*
Se il semaforo è giallo è meglio fermarsi. — Wenn die Ampel auf Gelb steht, ist es besser anzuhalten.

traffico ['traf-fiko] *m* (*pl.* -ci) — **Verkehr** *m*
A mezzogiorno il traffico è molto intenso. — Mittags herrscht dichter Verkehr.

zona disco ['dzɔːna'disko] *f* — **Kurzparkzone** *f*
Nelle zone disco puoi parcheggiare per non più di novanta minuti. — In den Kurzparkzonen darf man nicht länger als neunzig Minuten parken.

1.7.2.2 FAHRZEUGE

«1–2000»

auto ['aːuto] *f (unv.)*, **automobile** [auto'mɔːbile] *f* — **Auto** *n*, **Automobil** *n*
Il salone dell'automobile avrà luogo a Francoforte. — Die Automobilausstellung wird in Frankfurt stattfinden.

catena [ka'teːna] *f* — **Kette** *f*
La strada è transitabile solo con catene. — Diese Straße ist nur mit Schneeketten befahrbar.

distributore di benzina [distribu'to:rediben'dzi:na] *m* — **Tankstelle** *f*
I distributori di benzina fanno servizio dalle 8 alle 12 e dalle 15 alle 19. — Die Tankstellen haben von 8 bis 12 Uhr und von 15 bis 19 Uhr geöffnet.

---

guidare [gui'da:re] *v.* — **fahren** *(steuern, lenken)*
Non sapeva ancora guidare. — Er konnte noch nicht Auto fahren.

---

macchina ['mak-kina] *f* — **Auto** *n*, **Wagen** *m*
Risparmia da mesi per comprarsi la macchina. — Sie spart seit Monaten, um sich ein Auto zu kaufen.

---

moto ['mo:to] *f (unv.)*, **motocicletta** [mototʃi'klet-ta] *f* — **Motorrad** *n*
Le moto disturbano spesso la quiete notturna. — Die Motorräder stören oft die nächtliche Ruhe.

---

tassì/taxi [tas-'si/'taksi] *m (unv.)* — **Taxi** *n*
Per tornare a casa hanno preso un tassì. — Um nach Hause zurückzukehren, haben sie ein Taxi genommen.

«2001–4000»

autista [au'tista] *m* (*pl.* -i), *f* (*pl.* -te) — **(Auto-)Fahrer(in)** *m*(*f*)
L'autista è riuscito a frenare in tempo. — Der Fahrer konnte noch rechtzeitig bremsen.

(auto)bus [(auto')bus] *m (unv.)* — **(Auto-)Bus** *m*
L'ultimo autobus parte a mezzanotte. — Der letzte Autobus fährt um Mitternacht ab.

---

automezzo [auto'mɛd-dzo] *m* — **Kraftfahrzeug** *n*
Tutti gli automezzi pagano una tassa di circolazione. — Alle Kraftfahrzeuge zahlen eine Kraftfahrzeugsteuer.

---

automobilista [automobi'lista] *m* (*pl.* -i), *f* (*pl.* -e) — **Autofahrer(in)** *m*(*f*)
Molti automobilisti sono soci dell'ACI (Automobile Club d'Italia). — Viele Autofahrer sind Mitglied im ACI *(Automobil-Club Italiens).*

---

benzina [ben'dzi:na] *f* — **Benzin** *n*
In Italia la benzina costa più che in Germania. — Benzin ist in Italien teurer als in Deutschland.

benzinaio [bendziˈnaːio] *m* Forse il benzinaio può riparare la ruota.	**Tankwart** *m* Vielleicht kann der Tankwart das Rad reparieren.
bici [ˈbiːtʃi] *f* (F) *(unv.)*, **bicicletta** [bitʃiˈklet-ta] *f* E' possibile noleggiare biciclette qui in città?	**Fahrrad** *n*, **Rad** *n* Ist es möglich, hier in der Stadt Fahrräder zu mieten?
candela [kanˈdeːla] *f* Solo una candela era da cambiare.	**Zündkerze** *f* Es mußte nur eine Zündkerze ausgewechselt werden.
casco [ˈkasko] *m* (*pl.* -chi) Chi va in moto, deve portare il casco.	**Sturzhelm** *m* Wer Motorrad fährt, muß einen Sturzhelm tragen.
cintura di sicurezza [tʃinˈtuːra-disikuˈret-tsa] *f* Ogni automobilista deve allacciare la cintura di sicurezza.	**Sicherheitsgurt** *m* Jeder Autofahrer muß den Sicherheitsgurt anlegen.
finestrino [finesˈtriːno] *m* Se parcheggi non dimenticare di chiudere i finestrini!	**Fenster** *n* Wenn du parkst, vergiß nicht, die Fenster zu schließen!
frenare [freˈnaːre] *v.* Frenando sulla neve, la macchina sbanda.	**bremsen** Beim Bremsen auf Schnee gerät der Wagen ins Schleudern.
freno [ˈfreːno] *m* Prima di un lungo viaggio fa controllare i freni.	**Bremse** *f* Vor einer langen Reise läßt sie die Bremsen kontrollieren.
garage [gaˈraʒ] *m (unv.)* Il garage aveva una porta automatica.	**Garage** *f* Die Garage hatte ein automatisches Tor.
gomma [ˈgom-ma] *f* Il poliziotto ha controllato anche le gomme.	**(Auto-)Reifen** *m* Der Polizist hat auch die Reifen kontrolliert.
guasto [guˈasto] *m* Un guasto ci ha costretti ad interrompere il viaggio.	**Panne** *f* Eine Panne hat uns gezwungen, die Reise zu unterbrechen.
libretto di circolazione [liˈbret-toditʃirkolatsiˈoːne] *m* Temeva d'aver perso il libretto di circolazione.	**Kraftfahrzeugschein** *m* Er fürchtete, den Kraftfahrzeugschein verloren zu haben.
motore [moˈtoːre] *m* Non andare così in fretta, il motore non è ancora caldo abbastanza.	**Motor** *m* Fahr nicht so schnell, der Motor ist noch nicht warm genug.

officina [of-fiˈtʃiːna] *f*	**Werkstatt** *f*
Il sabato le officine sono chiuse.	Samstags sind die Werkstätten geschlossen.
olio [ˈɔːlio] *m* (*pl.* oli)	**Öl** *n*
Mi controlla, per favore, il livello dell'olio?	Kontrollieren Sie bitte den Ölstand?
patente (di guida) [paˈtɛnte-(diguˈiːda)] *f*	**Führerschein** *m*
Ha la patente da più di vent'anni.	Sie hat den Führerschein seit über zwanzig Jahren.
fare il pieno [ˈfaːreilpiˈɛːno]	**volltanken**
Non avevano abbastanza soldi per fare il pieno.	Sie hatten nicht genug Geld, um vollzutanken.
pneumatico [pneuˈmaːtiko] *m* (*pl.* -ci)	**Reifen** *m*
Dobbiamo comprare per tempo pneumatici da neve.	Wir müssen rechtzeitig Winterreifen kaufen.
pressione [pres-siˈoːne] *f*	**(Reifen-)Druck** *m*
Prima di ripartire voglio controllare la pressione delle gomme.	Bevor wir weiterfahren, möchte ich den Reifendruck kontrollieren.
ruota [ruˈɔːta] *f*	**Rad** *n*
La ruota di riserva si trova nel bagagliaio.	Das Reserverad befindet sich im Kofferraum.

1.7.2.3 EISENBAHN

«1–2000»

biglietto [biˈʎet-to] *m*	**Fahrkarte** *f*
Quanto costa un biglietto di prima classe per Roma?	Wieviel kostet eine Fahrkarte erster Klasse nach Rom?
cambiare [kambiˈaːre] *v.*	**umsteigen**
Se prende questo treno deve cambiare a Monaco.	Wenn sie diesen Zug nimmt, muß sie in München umsteigen.
linea [ˈliːnea] *f*	**Linie** *f*, **Strecke** *f*
Una nuova linea collegherà il centro alla periferia.	Eine neue Linie wird das Zentrum mit den Vororten verbinden.
stazione [statsiˈoːne] *f*	**Bahnhof** *m*
Sono andati a prendere la figlia alla stazione.	Sie holten ihre Tochter am Bahnhof ab.

treno ['trɛːno] *m*	**Zug** *m*
Il treno per Padova parte fra pochi minuti.	Der Zug nach Padua fährt in wenigen Minuten ab.

«2001–4000»

andata e ritorno [an'daːtaeri-'torno] *f*	**Rückfahrkarte** *f*
Un'andata e ritorno per Bari per favore.	Eine Rückfahrkarte nach Bari, bitte.
binario [bi'naːrio] *m* (*pl.* -ri)	**Bahnsteig** *m*, **Gleis** *n*
A che binario hai detto che arrivi?	Auf welchem Bahnsteig meintest du anzukommen?
carrozza [kar-'rɔt-tsa] *f*	**Wagen** *m*
Le carrozze di prima classe sono in testa al treno.	Die Wagen erster Klasse sind an der Spitze des Zuges.
controllore [kontrol-'loːre] *m*	**Schaffner** *m*
Il controllore può informarti sulle coincidenze.	Der Schaffner kann dir über die Anschlußzüge Auskunft geben.
cuccetta [kut-'tʃet-ta] *f*	**Bett(platz)** *n*(*m*); **Liegewagen (-platz)** *m*
Nella carrozza letto non c'era più una cuccetta libera.	Im Schlafwagen war kein Bettplatz mehr frei.
deposito bagagli [de'pɔːzito-ba'gaːʎi] *m*	**Gepäckaufbewahrung** *f*
Non trovo più il tagliando del deposito bagagli.	Ich finde den Schein der Gepäckaufbewahrung nicht mehr.
direttissimo [diret-'tis-simo] *m*	**Schnellzug** *m*
Il direttissimo ferma solo nei capoluoghi.	Der Schnellzug hält nur in den Großstädten.
diretto [di'rɛt-to] *m*	**Eilzug** *m*
Il treno delle nove è un diretto.	Der Zug um neun Uhr ist ein Eilzug.
ferrovia [fer-ro'viːa] *f*	**Eisenbahn** *f*
Viaggiare con la ferrovia non è poi tanto caro.	Mit der Bahn zu reisen, ist im Grunde gar nicht so teuer.
Ferrovie dello Stato [fer-ro-'viːedel-lo'staːto] *f/pl.* (*abgekürzt* FF.SS.)	**Italienische Eisenbahnen** *f/pl.*
Le FF.SS. augurano «buon viaggio»!	Die Italienischen Eisenbahnen wünschen „Gute Reise"!

ferroviario [fer-rovi'a:rio], **-a** *agg.* (*pl. m* -ri)	**Eisenbahn...**
La rete ferroviaria in Italia è molto fitta.	Das Eisenbahnnetz in Italien ist sehr dicht.
metropolitana [metropoli'ta:na] *f*	**U-Bahn** *f*
Prendi la metropolitana, così fai prima.	Nimm die U-Bahn, so kommst du schneller hin.
orario [o'ra:rio] *m* (*pl.* -ri)	**Fahrplan** *m*
Domani entra in vigore l'orario estivo.	Morgen tritt der Sommerfahrplan in Kraft.
rapido ['ra:pido] *m*	**Fernschnellzug** *m*, **Expreßzug** *m*
Il rapido ha solo carrozze di prima classe.	Der Fernschnellzug hat nur Wagen erster Klasse.
supplemento [sup-ple'mento] *m*	**Zuschlag** *m*
Per questo treno si deve pagare un supplemento.	Für diesen Zug muß man einen Zuschlag bezahlen.
tram [tram] *m (unv.)*	**Straßenbahn** *f*
Che tram devo prendere per andare alla Fiera?	Mit welcher Straßenbahn komme ich zur Messe?
vagone letto [va'go:ne'lɛt-to] *m* (*pl.* vagoni letto)	**Schlafwagen** *m*
I vagoni letto si trovano in coda al treno.	Die Schlafwagen befinden sich am Ende des Zuges.
vagone ristorante [va'go:neristo'rante] *m* (*pl.* vagoni ristorante)	**Speisewagen** *m*
Sono rimasti tutto il viaggio nel vagone ristorante.	Sie sind die ganze Reise über im Speisewagen geblieben.

1.7.2.4 FLUGZEUG, SCHIFF

«1–2000»

aereo [a'ɛ:reo] *m*	**Flugzeug** *n*
E' la prima volta che prende l'aereo?	Fliegen Sie zum ersten Mal?
aeroporto [aero'pɔrto] *m*	**Flughafen** *m*
Veniamo a prenderti all'aeroporto.	Wir kommen dich am Flughafen abholen.
barca ['barka] *f* (*pl.* -che)	**Boot** *n*
Vuole attraversare l'Atlantico con una piccola barca.	Er will den Atlantik mit einem kleinen Boot überqueren.

bordo ['bordo] *m*	**Bord** *m*
Benvenuti a bordo!	Willkommen an Bord!
nave ['na:ve] *f*	**Schiff** *n*
Diverse navi passeggeri collegano la costa alla Sardegna.	Verschiedene Passagierschiffe verbinden die Küste mit Sardinien.
passeggero [pas-sed-'dʒɛ:ro] *m*	**Passagier** *m*, **Fahrgast** *m*, **Fluggast** *m*
Qualche passeggero soffriva il mal di mare.	Einige Passagiere wurden seekrank.
ponte ['ponte] *m*	**Deck** *n*
Sul ponte superiore c'è una piscina.	Auf dem Oberdeck befindet sich ein Schwimmbecken.
porto ['pɔrto] *m*	**Hafen** *m*
Quello di Genova è un grande porto commerciale.	Der Hafen von Genua ist ein großer Handelshafen.
volare [vo'la:re] *v.* (avere *oder* essere)	**fliegen**
Stiamo volando a diecimila metri d'altezza.	Wir fliegen gerade in zehntausend Meter Höhe.

«2001–4000»

aereo [a'ɛ:reo], **-a** *agg.*	**Luft…, Flug…**
Anche le grandi compagnie aeree hanno abbassato i prezzi.	Auch die großen Fluggesellschaften haben die Preise gesenkt.
aeroplano [aero'pla:no] *m*	**Flugzeug** *n*
I primi aeroplani sono stati costruiti all'inizio del secolo.	Die ersten Flugzeuge wurden Anfang des Jahrhunderts konstruiert.
atterrare [at-ter-'ra:re] *v.* (essere *u.* avere)	**landen**
L'aereo non poteva atterrare a causa della nebbia.	Die Maschine konnte wegen des Nebels nicht landen.
capitano [kapi'ta:no] *m*	**Kapitän** *m*
Voleva parlare a tutti i costi con il capitano.	Er wollte um jeden Preis mit dem Kapitän reden.
hostess ['ɔstes] *f (unv.)*	**Stewardess** *f*
Una delle hostess sapeva anche lo spagnolo.	Eine der Stewardessen konnte auch Spanisch.

marinaio [mari'na:io] *m* (*pl.* -ai) Sulla nave lavora una cinquantina di marinai.	**Matrose** *m*, **Seemann** *m* Auf dem Schiff arbeiten an die fünfzig Matrosen.
scalo ['ska:lo] *m* Questo volo da Roma ad Amburgo fa scalo a Zurigo.	**Zwischenlandung** *f* Auf dem Flug von Rom nach Hamburg wird in Zürich zwischengelandet.
volo ['vo:lo] *m* I voli di linea sono più cari dei (voli) charter.	**Flug** *m* Linienflüge sind teurer als Charterflüge.

1.8 Länder und Völker

1.8.1 GEOGRAPHISCHE NAMEN

«1–2000»

Africa ['afrika] (l') *f* — **Afrika** *n*
L'Africa è uno dei cinque continenti. — Afrika ist einer der fünf Kontinente.
Per ragioni di lavoro deve andare spesso in Africa. — Aus beruflichen Gründen muß er oft nach Afrika fahren.
Quanto costa un telegramma di 20 parole per l'Africa? — Wieviel kostet ein Telegramm mit 20 Worten nach Afrika?

America [a'me:rika] (l') *f* — **Amerika** *n*
Austria ['austria] (l') *f* — **Österreich** *n*
Belgio ['bɛldʒo] (il) — **Belgien** *n*
Cina ['tʃi:na] (la) — **China** *n*
Danubio [da'nu:bio] (il) — **Donau** (die)
Europa [eu'rɔ:pa] (l') *f* — **Europa** *n*
Francia ['frantʃa] (la) — **Frankreich** *n*
Germania [dʒer'ma:nia] (la) — **Deutschland** *n*
Giappone [dʒap-'po:ne] (il) — **Japan** *n*
Grecia ['grɛ:tʃa] (la) — **Griechenland** *n*
Inghilterra [iŋgil'tɛr-ra] (l') *f* — **England** *n*
Italia [i'ta:lia] (l') *f* — **Italien** *n*
Mediterraneo [mediter-'ra:neo] (il) — **Mittelmeer** (das)
Olanda [o'landa] (l') *f* — **Holland** *n*
Paesi Bassi [pa'e:zi'bas-si] (i) — **Niederlande** (die)
Polonia [po'lɔ:nia] (la) — **Polen** *n*
RDT ['ɛr-redi'ti] (la) (= Repubblica Democratica Tedesca) — **DDR** (die)

RFT [ˈɛr-reˈɛf-feˈti] (la) (= Repubblica Federale Tedesca)	**Bundesrepublik (Deutschland)** (die)
Russia [ˈrus-sia] (la)	**Rußland** *n*
Spagna [ˈspaːɲa] (la)	**Spanien** *n*
Stati Uniti (d'America) [ˈstaːtiuˈniːti(daˈmeːrika)] (gli)	**Vereinigten Staaten (von Amerika)** (die)
Svizzera [ˈzvit-tsera] (la)	**Schweiz** (die)

«2001–4000»

Asia [ˈaːzia] (l') *f*	**Asien** *n*
Australia [ausˈtraːlia] (l') *f*	**Australien** *n*
Brasile [braˈziːle] (il)	**Brasilien** *n*
Corsica [ˈkorsika] (la)	**Korsika** *n*
Egitto [eˈdʒit-to] (l') *m*	**Ägypten** *n*
Gran Bretagna [granbreˈtaːɲa] (la)	**Großbritannien** *n*
India [ˈindia] (l') *f*	**Indien** *n*
Jugoslavia [iugozˈlaːvia] (la)	**Jugoslawien** *n*
Lussemburgo [lus-semˈburgo] (il)	**Luxemburg** *n*
Portogallo [portoˈgal-lo] (il)	**Portugal** *n*
Romania [romaˈniːa] (la)	**Rumänien** *n*
Svezia [ˈzvɛːtsia] (la)	**Schweden** *n*
Turchia [turˈkiːa] (la)	**Türkei** (die)
Unione Sovietica [uniˈoːnesoviˈɛːtika] (l') *f*	**Sowjetunion** (die)

1.8.2 NATIONALITÄTEN, BEWOHNER, SPRACHEN

«1–2000»

americano [ameriˈkaːno], **-a** *sost. u. agg. m,f*	**Amerikaner(in)** *m(f)*; **amerikanisch**
austriaco [ausˈtriːako], **-a** *sost. u. agg. m,f* (*pl. m* -ci, *f* -che)	**Österreicher(in)** *m(f)*; **österreichisch**
belga [ˈbɛlga] *sost. u. agg. m,f* (*pl. m* -gi, *f* -ghe)	**Belgier(in)** *m(f)*; **belgisch**
cinese [tʃiˈneːse] *sost. u. agg. m,f*	**Chinese** *m*, **Chinesin** *f*; **chinesisch**
cinese [tʃiˈneːse] *m*	**Chinesisch** *n*, **(das) Chinesische**
europeo [euroˈpɛːo], **-a** *sost. u. agg. m,f*	**Europäer(in)** *m(f)*; **europäisch**

francese [fran'tʃe:ze] *sost. u. agg. m,f*	**Franzose** *m,* **Französin** *f;* **französisch**
francese [fran'tʃe:ze] *m*	**Französisch** *n,* **(das) Französische**
greco ['grɛ:ko], **-a** *sost. u. agg. m,f* (*pl. m* -ci, *f* -che)	**Grieche** *m,* **Griechin** *f;* **griechisch**
inglese [iŋ'gle:se] *sost. u. agg. m,f*	**Engländer(in)** *m(f)*; **englisch**
inglese [iŋ'gle:se] *m*	**Englisch** *n,* **(das) Englische**
italiano [itali'a:no], **-a** *sost. u. agg. m,f*	**Italiener(in)** *m(f)*; **italienisch**
italiano [itali'a:no] *m*	**Italienisch** *n,* **(das) Italienische**
Come si dice in italiano?	Wie sagt man im Italienischen (*oder* auf italienisch)?
Impara, capisce l'italiano.	Er lernt, versteht Italienisch.
Parla italiano?	Sprechen Sie Italienisch?
italo-tedesco ['i:talo-te'desko] *agg.*	**deutsch-italienisch**
jugoslavo [iugoz'la:vo], **-a** *sost. u. agg. m,f*	**Jugoslawe** *m,* **Jugoslawin** *f;* **jugoslawisch**
mediterraneo [mediter-'ra:neo], **-a** *agg.*	**Mittelmeer ...**
olandese [olan'de:se] *sost. u. agg. m,f*	**Holländer(in)** *m(f)*; **holländisch**
russo ['rus-so], **-a** *sost. u. agg. m,f*	**Russe** *m,* **Russin** *f;* **russisch**
russo ['rus-so] *m*	**Russisch** *n,* **(das) Russische**
sovietico [sovi'ɛ:tiko], **-a** *agg.* (*pl. m* -ci, *f* -che)	**sowjetisch**
statunitense [statuni'tɛnse] *agg.*	**der Vereinigten Staaten, nordamerikanisch**
svizzero ['zvit-tsero], **-a** *sost. u. agg. m,f*	**Schweizer(in)** *m(f)*; **schweizerisch**
tedesco [te'desko], **-a** *sost. u. agg. m,f* (*pl. m* -chi, *f* -che)	**Deutscher** *m,* **Deutsche** *f;* **deutsch**
tedesco [te'desko] *m*	**Deutsch** *n,* **(das) Deutsche**

«2001–4000»

africano [afri'ka:no], **-a** *agg.*	**afrikanisch**
asiatico [azi'a:tiko], **-a** *agg.* (*pl. m* -ci, *f* -che)	**asiatisch**
britannico [bri'tan-niko], **-a** *agg.* (*pl. m* -ci, *f* -che)	**britisch**

egiziano [edʒitsiˈaːno], **-a** *agg.* — **ägyptisch**

giapponese [dʒap-poˈneːse] *sost. u. agg. m,f* — **Japaner(in)** *m(f)*; **ja**

giapponese [dʒap-poˈneːse] *m* — **Japanisch** *n*, **(das)**

indiano [indiˈaːno], **-a** *sost. u. agg. m,f* — **Inder(in)** *m(f)*; **indisch; Indianer(in)** *m(f)*; **indianisch**

lussemburghese [lus-semburˈgeːse] *agg.* — **luxemburgisch**

nordamericano [nordameriˈkaːno], **-a** *agg.* — **nordamerikanisch**

polacco [poˈlak-ko], **-a** *sost. u. agg. m,f* (*pl. m* -chi, *f* -che) — **Pole** *m*, **Polin** *f*; **polnisch**

portoghese [portoˈgeːse] *agg.* — **portugiesisch**

rumeno [ruˈmɛːno], **romeno** [roˈmɛːno] *agg.* — **rumänisch**

spagnolo [spaˈɲɔːlo], **-a** *sost. u. agg. m,f* — **Spanier(in)** *m(f)*; **spanisch**

spagnolo [spaˈɲɔːlo] *m* — **Spanisch** *n*, **(das) Spanische**

svedese [zveˈdeːse] *agg.* — **schwedisch**

turco [ˈturko], **-a** *agg.* (*pl. m* -chi, *f* -che) — **türkisch**

2 ALLGEMEINE BEGRIFFE

2.1 Zeit

2.1.1 JAHRESEINTEILUNG

«1–2000»

anno [ˈan-no] *m* — **Jahr** *n*
Tutti gli anni passano le vacanze nello stesso posto. — Sie verbringen ihre Ferien alle Jahre am selben Ort.

---

autunno [auˈtun-no] *m* — **Herbst** *m*
Il 23 settembre comincia l'autunno. — Der Herbst beginnt am 23. September.

---

estate [esˈtaːte] *f* — **Sommer** *m*
Speriamo che almeno quest'estate faccia bel tempo. — Hoffen wir, daß es wenigstens diesen Sommer schönes Wetter gibt.

---

giornata [dʒorˈnaːta] *f* — **Tag** *m*
Dopo aver lavorato tutta la giornata erano stanchissimi. — Nachdem sie den ganzen Tag gearbeitet hatten, waren sie sehr müde.

giorno ['dʒorno] *m* Guadagnavamo più o meno 40 mila lire al giorno.	**Tag** *m* Wir verdienten um die 40 000 Lire pro Tag.
inverno [in'vɛrno] *m* Quest'inverno è stato particolarmente freddo.	**Winter** *m* Dieser Winter war besonders kalt.
mese ['meːse] *m* Ogni tre mesi si concede qualche giorno di riposo.	**Monat** *m* Alle drei Monate gönnt er sich ein paar Tage Ruhe.
primavera [prima'vɛːra] *f* La primavera è la sua stagione preferita.	**Frühling** *m*, **Frühjahr** *n* Der Frühling ist seine Lieblingsjahreszeit.
settimana [set-ti'maːna] *f* Il corso intensivo durerà tre settimane.	**Woche** *f* Der Intensivkurs wird drei Wochen dauern.
stagione [sta'dʒoːne] *f* In questa stagione è troppo freddo per mangiare fuori.	**Jahreszeit** *f* In dieser Jahreszeit ist es zu kalt, um draußen zu essen.

«2001–4000»

fine settimana ['fiːneset-ti'maːna] *m (unv.)* Se il tempo lo permette passiamo il fine settimana al lago.	**Wochenende** *n* Wenn das Wetter es erlaubt, verbringen wir das Wochenende am See.
giornaliero [dʒornali'ɛːro], **-a** *agg.* Hanno deciso di fare controlli giornalieri.	**täglich** Es wurde beschlossen, tägliche Kontrollen vorzunehmen.
mensile [men'siːle] *agg.* La quota mensile non era molto alta.	**monatlich** Der Monatsbeitrag war nicht sehr hoch.
quotidiano [kuotidi'aːno], **-a** *agg.* Guadagnava appena da poter soddisfare i bisogni quotidiani.	**täglich** Er verdiente kaum genug, um die täglichen Bedürfnisse befriedigen zu können.
settimanale [set-tima'naːle] *agg.* Dalla cassaforte era sparito l'incasso settimanale.	**wöchentlich** Aus dem Tresor war die Wocheneinnahme verschwunden.

2.1.2 MONATSNAMEN, DATUM

«1–2000»

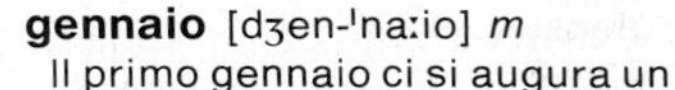

gennaio [dʒen-ˈnaːio] *m*	**Januar** *m*
Il primo gennaio ci si augura un buon anno nuovo.	Am ersten Januar wünscht man sich ein gutes neues Jahr.
Si sono sposati il 9 gennaio.	Sie haben am 9. Januar geheiratet.
In gennaio non è caduta molta neve.	Im Januar ist nicht viel Schnee gefallen.
Bene, allora ci rivedremo a gennaio.	Gut, dann sehen wir uns im Januar wieder.
febbraio [feb-ˈbraːio] *m*	**Februar** *m*
marzo [ˈmartso] *m*	**März** *m*
aprile [aˈpriːle] *m*	**April** *m*
maggio [ˈmad-dʒo] *m*	**Mai** *m*
giugno [ˈdʒuːɲo] *m*	**Juni** *m*
luglio [ˈluːʎo] *m*	**Juli** *m*
agosto [aˈgosto] *m*	**August** *m*
settembre [set-ˈtɛmbre] *m*	**September** *m*
ottobre [ot-ˈtoːbre] *m*	**Oktober** *m*
novembre [noˈvɛmbre] *m*	**November** *m*
dicembre [diˈtʃɛmbre] *m*	**Dezember** *m*

«2001–4000»

data [ˈdaːta] *f*	**Datum** *n*
Qual'è la tua data di nascita?	Welches ist dein Geburtsdatum?
quanti [kuˈanti]	*hier:* **der Wievielte**
Quanti ne abbiamo oggi?	Den Wievielten haben wir heute?

2.1.3 WOCHENTAGE

«1–2000»

lunedì [luneˈdi] *m (unv.)*	**Montag** *m*
Lunedì ha ripreso il lavoro.	(Am) Montag hat er wieder angefangen zu arbeiten.
Il lunedì i parrucchieri sono chiusi.	Montags (*oder* am Montag) haben die Friseure geschlossen.

Tutti i lunedì (*oder* ogni lunedì) c'è una riunione. — Jeden Montag findet eine Versammlung statt.

Lunedì sera andiamo a cena dagli Alberti. — Montag abend gehen wir zu den Albertis essen.

martedì [marteˈdi] *m (unv.)* — **Dienstag** *m*

mercoledì [merkoleˈdi] *m (unv.)* — **Mittwoch** *m*

giovedì [dʒoveˈdi] *m (unv.)* — **Donnerstag** *m*

venerdì [venerˈdi] *m (unv.)* — **Freitag** *m*

sabato [ˈsaːbato] *m* — **Samstag** *m*, **Sonnabend** *m*

domenica [doˈmeːnika] *f* (*pl.* -che) — **Sonntag** *m*

«2001–4000»

giorno feriale [ˈdʒornoferiˈaːle] *m*, **giorno di lavoro** [ˈdʒornodilaˈvoːro] *m* — **Arbeits-, Werktag** *m*

L'ufficio postale è aperto solo nei giorni feriali. — Das Postamt ist nur an Werktagen geöffnet.

---

giorno festivo [ˈdʒornofesˈtiːvo] *m*, **giorno di festa** [ˈdʒornodiˈfɛsta] *m* — **Fest-, Feiertag** *m*

Nei giorni festivi sono aperte solo le farmacie di turno. — An Feiertagen sind nur die diensthabenden Apotheken geöffnet.

2.1.4 TAGESZEIT

«1–2000»

di giorno [diˈdʒorno] — **tagsüber, am Tag**

Di giorno lo trovi in ufficio. — Tagsüber erreichst du ihn im Büro.

---

mattina [mat-ˈtiːna] *f*, **mattino** [mat-ˈtiːno] *m* — **Morgen** *m*, **Vormittag** *m*

La mattina (*oder* di mattina) non fa mai colazione. — Morgens frühstückt er nie.

Domani mattina devo andare in banca. — Morgen vormittag muß ich zur Bank gehen.

---

mattinata [mat-tiˈnaːta] *f* — **Morgen** *m*, **Vormittag** *m*

La macchina è pronta in mattinata. — Der Wagen ist im Laufe des Vormittags fertig.

mezzogiorno [med-dzoˈdʒorno] *m*	**Mittag** *m*
Hanno dormito fino a mezzogiorno.	Sie haben bis zum Mittag geschlafen.
notte [ˈnɔt-te] *f*	**Nacht** *f*
La notte (*oder* di notte) hanno paura di restare da soli.	In der Nacht haben sie Angst, allein zu bleiben.
pomeriggio [pomeˈrid-dʒo] *m* (*pl.* -gi)	**Nachmittag** *m*
Oggi pomeriggio sono libero.	Heute nachmittag habe ich frei.
sera [ˈseːra] *f*	**Abend** *m*
Dove ci troviamo questa sera?	Wo treffen wir uns heute abend?
Ieri sera siamo andati al cinema.	Gestern abend sind wir ins Kino gegangen.

«2001–4000»

mezzanotte [med-dzaˈnɔt-te] *f*	**Mitternacht** *f*
Il locale chiude a mezzanotte.	Das Lokal schließt um Mitternacht.
notturno [not-ˈturno], **-a** *agg.*	**nächtlich, Nacht...**
Il servizio notturno è molto faticoso.	Der Nachtdienst ist sehr anstrengend.
serale [seˈraːle] *agg.*	**abendlich, Abend...**
La scuola serale è frequentata da molti adulti.	Die Abendschule wird von vielen Erwachsenen besucht.
serata [seˈtaːta] *f*	**Abend** *m*
Vi ringrazio, è stata una bellissima serata.	Ich danke euch, es ist ein sehr schöner Abend gewesen.

2.1.5 UHRZEIT

(Siehe auch GRUNDZAHLEN 2.3.2)

«1–2000»

a [a]	**um**
Ci vediamo alle sette.	Wir treffen uns um sieben Uhr.
da ... a ... [da . . . a]	**von ... bis ...**
Il film dura dalle otto alle dieci.	Der Film dauert von acht bis zehn Uhr.

mezzo [ˈmɛd-dzo], **-a** *agg.* — **halb**
Vengo da te verso le quattro e mezza. — Ich komme gegen halb fünf zu dir.

---

mezz'ora [med-ˈdzoːra] *f* — **halbe Stunde** *f*
Fra mezz'ora abbiamo finito. — In einer halben Stunde sind wir fertig.

---

minuto [miˈnuːto] *m* — **Minute** *f*
Hai ancora dieci minuti di tempo. — Du hast noch zehn Minuten Zeit.
Dovrebbe essere qui a minuti. — Er müßte jede Minute hier sein.

---

ora [ˈoːra] *f* — **Stunde** *f*
Che ora è? *oder* Che ore sono? — Wieviel Uhr (*oder* wie spät) ist es?
E' l'una. *aber* Sono le due. — Es ist eins (*oder* ein Uhr). Es ist zwei (Uhr).
A che ora arrivi? — Um wieviel Uhr kommst du an?

---

quarto [kuˈarto] *m* — **Viertel** *n*
Siete in ritardo, sono già le sei meno un quarto. — Ihr seid spät dran, es ist schon Viertel vor sechs.

---

quarto d'ora [kuˈartoˈdoːra] *m* — **Viertelstunde** *f*
Torni fra un quarto d'ora. — Kommen Sie in einer Viertelstunde wieder.

«2001–4000»

secondo [seˈkondo] *m* — **Sekunde** *f*
Ha migliorato il record mondiale di un secondo. — Er hat den Weltrekord um eine Sekunde verbessert.

2.1.6 SONSTIGE ZEITBEGRIFFE

2.1.6.1 SUBSTANTIVE

«1–2000»

attimo [ˈat-timo] *m* — **Augenblick** *m*
Aspetta un attimo, torno subito. — Warte einen Augenblick, ich komme sofort zurück.

---

epoca [ˈɛːpoka] *f* (*pl.* -che) — **Epoche** *f*
Il romanticismo è stato in Germania un'epoca importante. — Die Romantik war in Deutschland eine bedeutende Epoche.

fine [ˈfiːne] *f* Alla fine non sapevano più cosa dire.	**Ende** *n*, **Schluß** *m* Am Schluß wußten sie nicht mehr, was sie sagen sollten.
futuro [fuˈtuːro] *m* I genitori si preoccupavano del futuro dei figli.	**Zukunft** *f* Die Eltern machten sich Gedanken über die Zukunft ihrer Söhne.
inizio [iˈniːtsio] *m* (*pl.* -zi) Mi sono perso proprio l'inizio della trasmissione.	**Anfang** *m*, **Beginn** *m* Ich habe ausgerechnet den Anfang der Sendung verpaßt.
istante [isˈtante] *m* Attenda un istante, i risultati sono pronti subito.	**Augenblick** *m* Warten Sie einen Augenblick, die Ergebnisse sind sofort da.
momento [moˈmento] *m* Al momento non possiamo accettare altri incarichi.	**Moment** *m*, **Augenblick** *m* Im Moment können wir keine weiteren Aufträge annehmen.
passato [pas-ˈsaːto] *m* Per il vecchio esisteva solo il passato.	**Vergangenheit** *f* Für den Alten gab es nur noch die Vergangenheit.
periodo [peˈriːodo] *m* Scomparirà in un periodo massimo di due mesi.	**Zeitraum** *m*, **Periode** *f* Es wird in einem Zeitraum von höchstens zwei Monaten verschwinden.
presente [preˈzɛnte] *m* La cosa più importante adesso è il presente.	**Gegenwart** *f* Das Wichtigste ist jetzt die Gegenwart.
secolo [ˈsɛːkolo] *m* Casanova è vissuto nel 18º secolo.	**Jahrhundert** *n* Casanova lebte im 18. Jahrhundert.
seguito [ˈseːguito] *m* Leggete il seguito nel prossimo numero.	**Fortsetzung** *f*, **Folge** *f* Lesen Sie im nächsten Heft die Fortsetzung.
tempo [ˈtɛmpo] *m* Non ho avuto abbastanza tempo per leggere tutto.	**Zeit** *f* Ich habe nicht genug Zeit gehabt, um alles zu lesen.
volta [ˈvɔlta] *f* Speriamo di farcela questa volta! Conosce già Roma? – Un po', ci sono stato due volte.	**Mal** *n* Hoffentlich schaffen wir es dieses Mal! Kennen Sie Rom? – Ein wenig, ich bin zweimal dort gewesen.

«2001–4000»

avvenire [av-ve'niːre] *m* Quali sono i vostri progetti per l'avvenire?	**Zukunft** *f* Was habt ihr für Zukunftspläne?
continuazione [kontinuatsi'oːne] *f* A molti la continuazione non è piaciuta.	**Fortsetzung** *f* Die Fortsetzung hat vielen nicht gefallen.
indomani [indo'maːni] *m* All'indomani della vittoria erano tutti come impazziti.	**nächster Tag** *m*, **Tag danach** *m* Am Tag nach dem Sieg waren sie alle wie verrückt.
scadenza [ska'dɛntsa] *f* Alla scadenza il contratto può essere rinnovato.	**Ablauf** *m*, **Fälligkeit** *f* Bei Ablauf kann der Vertrag verlängert werden.

2.1.6.2 VERBEN

«1–2000»

avere fretta [a'veːre'fret-ta] Sbrigati, ho fretta!	**in Eile sein** Mach schnell, ich bin in Eile!
(in)cominciare [(in)komin'tʃaːre] Tutto cominciò come in una favola.	**anfangen, beginnen** Alles begann wie in einem Märchen.
continuare [kontinu'aːre] Dopo la morte del padre non ha potuto continuare gli studi. Se continui così, finirà male.	**fortsetzen, fortfahren, weitermachen** Nach dem Tod des Vaters konnte er das Studium nicht fortsetzen. Wenn du so weitermachst, wird es böse enden.
durare [du'raːre] (essere *u.* avere) Il concerto dura quasi quattro ore.	**dauern** Das Konzert dauert fast vier Stunden.
finire [fi'niːre] (-isc-) Che coincidenza! Sto proprio finendo una lettera per te. Le lezioni finiscono alle 13.	**(be)enden, zu Ende sein** Welch ein Zufall! Ich beende gerade einen Brief an dich! Der Unterricht ist um 13 Uhr zu Ende.

metterci ['met-tertʃi] (*irr.* 43) ... Con il treno invece ci metti nove ore.	(*Zeit*) **brauchen, benötigen** ... Mit dem Zug dagegen brauchst du neun Stunden.
passare [pas-'saːre] Ha passato tutta la sera da amici.	**verbringen** Er hat den ganzen Abend bei Freunden verbracht.
passare [pas-'saːre] (*essere*) Com'è passato in fretta il tempo!	**vergehen** Wie schnell ist doch die Zeit vergangen!
seguire (a qc.) [segu'iːre] (essere) All'entusiasmo iniziale seguirono le delusioni.	**folgen** (auf etw.) Auf den anfänglichen Enthusiasmus folgten die Enttäuschungen.
smettere ['zmet-tere] (*irr.* 43) Sembrava non smettesse mai.	**aufhören** Es schien, als ob es nie aufhören würde.
trascorrere [tras'kor-rere] (*irr.* 21; avere; essere) Com'è trascorsa in fretta questa settimana!	**verbringen; vergehen, verstreichen** Wie schnell ist diese Woche vergangen!

«2001–4000»

cessare [tʃes-'saːre] (essere) Ora la pioggia è cessata.	**aufhören** Jetzt hat der Regen aufgehört.
essere puntuale ['ɛs-serepuntu'aːle] Un'altra volta cercate di essere puntuali.	**pünktlich sein** Versucht ein andermal pünktlich zu sein.
essere in ritardo ['ɛs-sereinri-'tardo] Come al solito era in ritardo.	**zu spät kommen, Verspätung haben** Wie gewöhnlich kam er zu spät.
iniziare [initsi'aːre] I lavori di costruzione inizieranno fra pochi giorni.	**anfangen, beginnen** Die Bauarbeiten werden in wenigen Tagen beginnen.
interrompere [inter-'rompere] (*irr.* 67) Se continui a interrompermi, non dico più niente.	**unterbrechen** Wenn du mich dauernd unterbrichst, sage ich nichts mehr.

precedere (qc.) [preˈtʃɛːdere] (avere) — (einer Sache) **vorangehen, vorausgehen**
Molte polemiche hanno preceduto la legge sul divorzio. — Dem Scheidungsgesetz sind viele Kontroversen vorausgegangen.

rimandare [rimanˈdaːre] — **verschieben**
Useranno ogni mezzo per rimandare la votazione. — Sie werden alle Mittel einsetzen, um die Abstimmung zu verschieben.

scadere [skaˈdeːre] (*irr.* 10; essere) — **ablaufen**
Il termine per la presentazione delle domande scade venerdì. — Die Frist für Bewerbungen läuft Freitag ab.

terminare [termiˈnaːre] — **abschließen, (be)enden**
Terminati i lavori, la strada è stata riaperta al traffico. — Nach Abschluß der Bauarbeiten wurde die Straße für den Verkehr wieder freigegeben.

2.1.6.3 ADJEKTIVE

«1–2000»

antico [anˈtiːko], **-a** (*pl. m* -chi, *f* -che) — **sehr alt, antik**
Da anni collezionava mobili antichi. — Er sammelte seit Jahren antike Möbel.

attuale [at-tuˈaːle] — **aktuell, gegenwärtig**
Nel suo saggio tratta i problemi più attuali della famiglia. — In seiner Studie behandelt er die aktuellsten Familienprobleme.

breve [ˈbrɛːve] — **kurz**
Il regista ha concesso una breve intervista. — Der Regisseur hat ein kurzes Interview gegeben.

continuo [konˈtiːnuo], **-a** — **dauernd, ununterbrochen**
Queste liti continue mi stanno seccando. — Diese dauernden Streitigkeiten gehen mir auf die Nerven.

frequente [frekuˈɛnte] — **häufig**
Non si preoccupi, è un fatto abbastanza frequente. — Machen Sie sich keine Sorgen, das kommt ziemlich häufig vor.

futuro [fuˈtuːro], **-a** — **zukünftig**
Gli sviluppi futuri dimostreranno chi ha ragione. — Die zukünftigen Entwicklungen werden zeigen, wer recht hat.

lento [ˈlɛnto], **-a**	**langsam**
Sono lenti a capire.	Sie sind langsam von Begriff.
lungo [ˈluŋgo], **-a** (*pl. m* -ghi, *f* -ghe)	**lang**
Il lungo soggiorno gli è stato utile.	Der lange Aufenthalt ist ihm nützlich gewesen.
moderno [moˈdɛrno], **-a**	**modern**
La civiltà moderna ha cambiato completamente la nostra vita.	Die moderne Zivilisation hat unser Leben völlig verändert.
nuovo [nuˈɔːvo], **-a**	**neu**
La nuova casa gli piaceva moltissimo.	Das neue Haus gefiel ihm sehr gut.
passato [pas-ˈsaːto], **-a**	**vergangen**
L'estate passata c'era molta più gente.	Im vergangenen Sommer waren hier sehr viel mehr Leute.
precedente [pretʃeˈdɛnte]	**vohergehend, früher**
A questo proposito si vedano le pagine precedenti.	Siehe hierzu die vorhergehenden Seiten.
presente [preˈzɛnte]	**gegenwärtig**
La situazione presente non ce lo permette.	Die gegenwärtige Situation erlaubt es uns nicht.
pronto [ˈpronto], **-a** (a)	**fertig, bereit** (zu), **prompt**
Siete pronti? E' ora di andare!	Seid ihr fertig? Es ist Zeit zu gehen.
E' sempre pronto ad aiutare tutti.	Er ist immer bereit, allen zu helfen.
La reazione è stata pronta.	Die Reaktion kam prompt.
rapido [ˈraːpido], **-a**	**schnell, rasch**
Con una rapida mossa fece sparire i soldi in tasca.	Mit einer schnellen Bewegung ließ er das Geld in der Tasche verschwinden.
usato [uˈzaːto], **-a**	**gebraucht, benutzt**
Adesso danno la garanzia anche per le macchine usate.	Jetzt gibt es auch für Gebrauchtwagen eine Garantie.
vecchio [ˈvɛk-kio], **-a** (*pl. m* -chi)	**alt**
Non sapeva decidersi a lasciare la vecchia abitazione.	Er konnte sich nicht entschließen, die alte Wohnung aufzugeben.

«2001–4000»

eterno [e'tɛrno], **-a** Roma è chiamata la città eterna.	**ewig** Rom wird die Ewige Stadt genannt.
infinito [infi'niːto], **-a** L'universo esiste da tempo infinito.	**unendlich** Das Universum existiert seit unendlichen Zeiten.
recente [re'tʃɛnte] Gli esperimenti più recenti confermano le teorie di Einstein.	**neu, jüngst** Die jüngsten Experimente bestätigen die Theorien Einsteins.
urgente [ur'dʒɛnte] Si tratta di un caso urgente.	**dringend** Es handelt sich um einen dringenden Fall.
veloce [ve'loːtʃe] E' un tipo molto veloce nelle sue decisioni.	**schnell, rasch** Er ist jemand, der sich schnell entscheidet.

2.1.6.4 ADVERBIEN

«1–2000»

adesso [a'dɛs-so] Adesso vive sola.	**gegenwärtig** Gegenwärtig lebt sie allein.
allora [al-'loːra] Se è così, allora hai ragione tu.	**dann, da** Wenn es so ist, dann hast du recht.
allora [al-'loːra] Allora non era ancora sposato.	**damals** Damals war er noch unverheiratet.
ancora [aŋ'koːra] E' ancora malata?	**(immer) noch** Ist sie (immer) noch krank?
ancora [aŋ'koːra] Va bene, cercherò ancora.	**wieder, nochmals** Gut, ich werde nochmals suchen.
appena [ap-'peːna] L'ho appena incontrata.	**(so)eben, gerade** Ich habe sie soeben getroffen.
domani [do'maːni] Cosa fate domani?	**morgen** Was macht ihr morgen?
dopo ['dɔːpo] Intanto finiamo, dopo si vedrà.	**danach, nachher** Erst machen wir dies zu Ende, dann sehen wir weiter.

finalmente [final'mente] Finalmente! Pensavo (che) tu non venissi più.	**endlich, schließlich** Endlich! Ich dachte schon, du kommst nicht mehr.
finora [fi'noːra] Finora ha sempre funzionato.	**bis jetzt, bisher** Bisher hat es immer funktioniert.
fra poco [fra'pɔːko] Ha detto che richiama fra poco.	**bald, gleich** Er hat gesagt, daß er gleich wieder anruft.
già [dʒa] Ti sei già informato?	**schon, bereits** Hast du dich schon erkundigt?
ieri [i'ɛːri] Questo è il giornale di ieri.	**gestern** Das ist die Zeitung von gestern.
infine [in'fiːne] Siete arrivati infine! Infine, si può sapere cosa volete?	**schließlich; endlich** Seid ihr schließlich doch noch gekommen! Kann man endlich erfahren, was ihr möchtet?
intanto [in'tanto] Faccio un salto dal giornalaio, tu intanto aspettami qui.	**inzwischen** Ich gehe schnell zum Zeitungskiosk, inzwischen warte hier auf mich.
mai [mai] Avete mai sentito parlare di agopuntura?	**je, jemals** Habt ihr jemals etwas von Akupunktur gehört?
non ... mai [non ... mai] Non avrei mai pensato che fosse possibile.	**nie, niemals** Ich hätte nie gedacht, daß das möglich wäre.
da molto (tempo) [da'molto('tɛmpo)] Vi conoscete da molto?	**seit langem, schon lange** Kennt ihr euch schon lange?
fra non molto [franon'molto] L'edizione tascabile uscirà fra non molto.	**in Kürze** Die Taschenbuchausgabe wird in Kürze herauskommen.
per molto (tempo) [per'molto('tɛmpo)] E' stato per molto (tempo) all'estero.	**lange** Er war lange im Ausland.
oggi ['ɔd-dʒi] Come ti senti oggi?	**heute** Wie fühlst du dich heute?
ora ['oːra] Scusa, ma ora non posso.	**jetzt, nun** Entschuldige, aber jetzt kann ich nicht.

or(a)mai [or(a)ˈmai]	**nunmehr, jetzt; bereits**
Ci conosciamo ormai da molti anni.	Wir kennen uns seit nunmehr vielen Jahren.
Ormai è troppo buio.	Es ist bereits zu dunkel.
piano [piˈaːno]	**langsam**
Per favore ripetilo più piano!	Sag das bitte noch einmal langsamer!
non ... più [non ... piˈu]	**nicht mehr**
Non deve più bere alcool.	Er darf keinen Alkohol mehr trinken.
presto [ˈprɛsto]	**bald, früh**
... ma alle sette è troppo presto!	... aber um sieben ist es noch zu früh!
Spero di rivederti presto.	Ich hoffe, dich bald wiederzusehen.
prima [ˈpriːma]	**zuerst, vorher**
D'accordo, ma prima vorrei farmi un bagno.	Einverstanden, aber vorher möchte ich baden.
qualche volta [kualkeˈvɔlta]	**gelegentlich, manchmal**
Qualche volta pensa che sia stato un errore.	Manchmal denkt er, daß das ein Fehler war.
sempre [ˈsɛmpre]	**immer**
Ha sempre fame.	Er hat immer Hunger.
spesso [ˈspes-so]	**oft**
No, non guardiamo spesso la televisione.	Nein, wir sehen nicht oft fern.
stamattina [stamat-ˈtiːna]	**heute morgen**
Stamattina non riuscivo ad alzarmi.	Heute morgen bin ich einfach nicht aus dem Bett gekommen.
stanotte [staˈnɔt-te]	**heute nacht**
E come avete dormito stanotte?	Und wie habt ihr heute nacht geschlafen?
stasera [staˈseːra]	**heute abend**
Stasera siamo invitati dai Clementi.	Heute abend sind wir bei den Clementis eingeladen.
subito [ˈsuːbito]	**sofort, sogleich**
Se è possibile vorremmo partire subito.	Wenn möglich möchten wir sofort aufbrechen.
tardi [ˈtardi]	**spät**
Si sono stupiti che fosse così tardi.	Sie haben sich gewundert, daß es so spät war.

«2001–4000»

anticipatamente [antitʃipata-ˈmente]	**im voraus**
Ringraziando anticipatamente porgo cordiali saluti.	Mit bestem Dank im voraus und mit freundlichen Grüßen . . .
domattina [domat-ˈtiːna]	**morgen früh**
Domattina mi metto subito al lavoro.	Morgen früh mache ich mich sofort an die Arbeit.
dopodomani [dopodoˈmaːni]	**übermorgen**
Hanno annunciato la loro visita per dopodomani.	Sie haben ihren Besuch für übermorgen angekündigt.
alla fine [ˈal-laˈfiːne]	**schließlich**
Pensano che alla fine cederà.	Sie meinen, daß er am Ende doch nachgeben wird.
nel frattempo [nelfrat-ˈtɛmpo]	**unterdessen, inzwischen**
Accomodatevi, nel frattempo preparo qualcosa da bere.	Nehmt Platz, inzwischen mache ich etwas zu trinken.
di nuovo [dinuˈɔːvo]	**wieder, nochmal(s)**
Mi ha chiesto di nuovo soldi.	Er hat mich wieder um Geld gebeten.
(a) poco a poco [(a)ˈpɔːkoa-ˈpɔːko]	**allmählich, nach und nach**
Il tempo migliora a poco a poco.	Das Wetter bessert sich allmählich.
senza sosta [ˈsɛntsaˈsɔsta]	**unaufhörlich**
Il bambino gridava senza sosta.	Das Kind schrie unaufhörlich.
di solito [diˈsɔːlito]	**meistens, gewöhnlich**
Di solito mangiamo a casa.	Meistens essen wir zu Hause.
stavolta [staˈvɔlta]	**diesmal**
Stavolta gli facciamo una sorpresa.	Diesmal wollen wir ihm eine Überraschung bereiten.
di tanto in tanto [diˈtantoinˈtanto]	**ab und zu, von Zeit zu Zeit**
Di tanto in tanto le manda dei fiori.	Ab und zu schickt er ihr Blumen.
per tempo [perˈtɛmpo]	**rechtzeitig, beizeiten**
Se fossi in te, andrei dal medico per tempo.	Ich an deiner Stelle würde rechtzeitig zum Arzt gehen.
in una volta [inˈuːnaˈvɔlta]	**auf einmal, zugleich**
Vuole sempre fare tutto in una volta.	Er will immer alles auf einmal machen.

2.1.6.5 PRÄPOSITIONEN

«1–2000»

a [a]	**an, bei, mit, um, zu**
A Natale ci rivediamo di sicuro.	(An *oder* Zu) Weihnachten sehen wir uns sicherlich wieder.
Alla prima occasione le dirò tutto.	Bei der ersten Gelegenheit werde ich ihr alles sagen.
Dante è morto a 56 anni.	Dante starb mit 56 Jahren.
Sono tornati a casa a mezzanotte.	Sie sind um Mitternacht heimgekehrt.
da [da]	**seit**
La conosco da pochi mesi.	Ich kenne sie seit wenigen Monaten.
dopo [ˈdɔːpo]	**nach**
Digli di venire dopo le 11.	Sag ihm, er soll nach 11 Uhr kommen.
Un'ora dopo ... *oder* Dopo un'ora ...	Eine Stunde danach ... *oder* Nach einer Stunde ...
durante [duˈrante]	**während**
Durante le ore d'ufficio puoi telefonarmi quando vuoi.	Während der Bürostunden kannst du mich anrufen, wann du willst.
entro [ˈentro]	**bis, in(nerhalb)**
Bisogna consegnarlo entro domani.	Es muß bis morgen abgeliefert werden.
Avremo la risposta entro pochi minuti.	Wir werden die Antwort in wenigen Minuten haben.
fa [fa] *(nachgestellt)*	**vor**
Si, ci siamo visti due o tre settimane fa.	Ja, wir haben uns vor zwei oder drei Wochen gesehen.
fino a [ˈfiːnoa]	**bis**
Non possiamo aspettare fino a stasera (fino alle 7)!	Wir können nicht bis heute abend (bis 7 [Uhr]) warten!
fra [fra], **tra** [tra]	**in, innerhalb (von); zwischen**
Il contratto però scade tra pochi giorni.	Der Vertrag läuft aber in wenigen Tagen aus.
Fra le 4 e le 5 è sempre al caffè.	Zwischen 4 und 5 (Uhr) ist er immer im Café.

in [in]	**in, innerhalb**
La gamba guarirà in due mesi.	Das Bein wird in zwei Monaten heilen.
Nel (maggio) 1945 finì la seconda guerra mondiale.	(Im Mai) 1945 ging der zweite Weltkrieg zu Ende.
prima di ['priːmadi]	**vor**
Marta è tornata prima del marito.	Martha ist vor ihrem Mann zurückgekehrt.
verso ['vɛrso]	**gegen**
Vieni verso sera, diciamo verso le 8.	Komm gegen Abend, sagen wir gegen 8 (Uhr).

«2001–4000»

da ... a [da ... a]	**von ... bis**
Dal 5 al 22 marzo il locale è chiuso per ferie.	Vom 5. bis zum 22. März macht dieses Lokal Betriebsferien.
nel corso di [nel'korsodi]	**im Laufe von**
Nel corso di questi cinque anni abbiamo litigato sette volte.	Im Laufe dieser fünf Jahre haben wir uns siebenmal gestritten.
a partire da [apar'tiːreda]	**(von ...) ab, von ... an**
A partire dalla settimana prossima l'appartamento è libero.	Die Wohnung ist ab nächster Woche frei.

2.1.6.6 KONJUNKTIONEN

«1–2000»

allora [al-'loːra]	**dann**
Se vuoi farcela, allora datti da fare.	Wenn es dir gelingen soll, dann gib dir Mühe.
appena (che) [ap-'peːna]	**sobald**
(Non) Appena mi vide, mi corse incontro.	Sobald sie mich sah, lief sie mir entgegen.
dopo ['dɔːpo] *(mit Infinitiv der Vergangenheit)*	**nachdem**
Dopo averli provati tutti, non sapeva quale prendere.	Nachdem sie alle anprobiert hatte, wußte sie nicht, welches sie nehmen sollte.

finché [fiŋ'ke] Non toccate niente finché non arriva la polizia!	**bis** Berührt nichts, bis die Polizei kommt!
mentre ['mentre] Perché non ascoltate mentre sto parlando?	**während** Warum hört ihr nicht zu, während ich spreche?
prima che ['priːmake] *(mit cong.)* E' meglio tornare prima che si faccia buio.	**bevor** Es ist besser, wir kehren um, bevor es dunkel wird.
prima di ['priːmadi] *(mit inf.)* Voleva pensarci qualche giorno prima di decidere.	**bevor, ehe** Er wollte einige Tage darüber nachdenken, bevor er entscheidet.
quando [ku'ando] Accadde proprio quando nessuno se l'aspettava. Quando possono sono sempre disposti ad aiutare. Non so quando verrà.	**als, wenn; wann** Es geschah gerade, als niemand damit rechnete. Wenn sie können, sind sie immer bereit zu helfen. Ich weiß nicht, wann er kommen wird.
da quando [daku'ando] Da quando fa (dello) sport si sente molto meglio.	**seitdem** Seitdem sie Sport treibt, fühlt sie sich viel wohler.
se [se] Se proprio non puoi, fammelo sapere.	**wenn** Wenn du wirklich nicht kannst, laß es mich wissen.

«2001–4000»

come ['koːme] Come so qualcosa di più, ti scrivo.	**sobald, sowie** Sobald ich Näheres erfahre, schreibe ich dir.
intanto che [in'tantoke] Intanto che aspetti, leggiti questo articolo.	**während** Während du wartest, lies mal diesen Artikel.

2.2 Räumliche Begriffe

2.2.1 SUBSTANTIVE

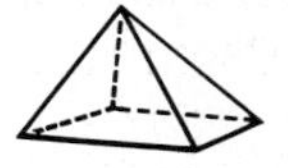

«1–2000»

altezza [al'tet-tsa] *f*	**Höhe** *f*
Il ponte Europa ha un'altezza di 181 metri.	Die Europabrücke hat eine Höhe von 181 Metern.
angolo ['aŋgolo] *m*	**Ecke** *f*
In un angolo della stanza c'era una piccola statua.	In einer Zimmerecke stand eine kleine Statue.
centro ['tʃɛntro] *m*	**Mittelpunkt** *m*, **Mitte** *f*, **Zentrum** *n*
Le piace essere al centro dell'attenzione.	Es gefällt ihr, im Mittelpunkt zu stehen.
direzione [diretsi'oːne] *f*	**Richtung** *f*
E' scappato in quella direzione.	Er ist in diese Richtung davongelaufen.
distanza [dis'tantsa] *f*	**Entfernung** *f*, **Abstand** *m*
Qual'è la distanza fra Trieste e Udine?	Wie groß ist die Entfernung zwischen Triest und Udine?
lato ['laːto] *m*	**Seite** *f*
Il suo autobus, signora, parte all'altro lato della strada.	Ihr Bus fährt auf der anderen Straßenseite ab.
linea ['liːnea] *f*	**Linie** *f*
In linea d'aria sono solo dieci chilometri.	In Luftlinie sind es nur zehn Kilometer.
nord [nɔrd] *m*	**Norden** *m*
L'Italia del nord è fortemente industrializzata.	Norditalien ist hochindustrialisiert.
posto ['posto] *m*	**Platz** *m*, **Stelle** *f*, **Ort** *m*
Non ha più posto per i suoi libri.	Er hat keinen Platz mehr für seine Bücher.
Quando tornai era ancora allo stesso posto.	Als ich zurückkam, stand er noch an der gleichen Stelle.
Questo non è né il posto né il momento adatto.	Das ist weder der geeignete Ort noch der geeignete Augenblick.
punto ['punto] *m*	**Punkt** *m*, **Stelle** *f*
Hanno raggiunto il punto più alto della montagna.	Sie haben den höchsten Punkt des Gebirges erreicht.
spazio ['spaːtsio] *m* (*pl.* -zi)	**Raum** *m*
Lo spazio a disposizione non bastava per tutti.	Der zur Verfügung stehende Raum reichte nicht für alle aus.

sud [sud] *m* La spiaggia libera si trova a sud della città.	**Süden** *m* Der gebührenfreie Strand befindet sich im Süden der Stadt.

«2001–4000»

bordo [ˈbordo] *m* Il bordo della strada si poteva vedere a malapena.	**Rand** *m* Man konnte den Straßenrand kaum sehen.
est [ɛst] *m* I rapporti est-ovest sono migliorati.	**Osten** *m* Die Ost-West-Beziehungen haben sich verbessert.
ovest [ˈɔːvest] *m* Il sole sorge a est e tramonta a ovest.	**Westen** *m* Die Sonne geht im Osten auf und im Westen unter.
senso [ˈsɛnso] *m* Forse bisogna girarlo in senso opposto.	**Richtung** *f* Vielleicht muß man es andersrum drehen.
superficie [superˈfiːtʃe] *f* (*unv. oder* -ci) La superficie dell'acqua non era pulita.	**(Ober-)Fläche** *f* Die Wasseroberfläche war schmutzig.
volume [voˈluːme] *m* Una cassa di questo volume non entra nel bagagliaio.	**Umfang** *m*, **Volumen** *n*, **Inhalt** *m* Eine Kiste von solchem Umfang paßt nicht in den Kofferraum.

2.2.2 ADJEKTIVE

«1–2000»

alto [ˈalto], **-a** Il Monte Bianco è il più alto delle Alpi.	**hoch** Der Mont Blanc ist der höchste Berg der Alpen.
basso [ˈbas-so], **-a** Per scrivere questo tavolo è troppo basso.	**niedrig** Dieser Tisch ist zu niedrig, um daran zu schreiben.
centrale [tʃenˈtraːle] Lo Zaire è uno stato dell'Africa Centrale.	**zentral, Zentral…, Mittel…** Zaire ist ein Staat Zentralafrikas.
corto [ˈkorto], **-a** Era imbattibile sulle distanze corte.	**kurz** Auf kurzen Strecken war er unschlagbar.

destro ['dɛstro], **-a** Sulla riva destra del fiume si costruirà un campeggio.	**rechte(r, -s)** Am rechten Flußufer wird ein Campingplatz gebaut.
dritto ['drit-to], **-a, diritto** [di'rit-to], **-a** Non può sbagliare, è una lunga strada dritta.	**gerade** Sie können gar nicht falsch gehen, es ist eine lange, gerade Straße.
grande ['grande] Hanno ereditato un grande terreno.	**groß** Sie haben ein großes Grundstück geerbt.
grosso ['grɔs-so], **-a** Un pacco così grosso dev'essere spedito per ferrovia.	**dick, groß** *(massig)* So ein großes Paket muß mit der Bahn geschickt werden.
interno [in'tɛrno], **-a** Il rivestimento interno era di pelliccia.	**innere(r, -s), Innen...** Das Innenfutter war aus Pelz.
largo ['largo], **-a** (*pl. m* -ghi, *f* -ghe) Il Canale della Manica è largo circa trenta chilometri.	**breit, weit** Der Ärmelkanal ist ungefähr dreißig Kilometer breit.
lontano [lon'ta:no], **-a** E' ancora molto lontana la spiaggia?	**fern, weit** Ist der Strand noch sehr weit?
lungo ['luŋgo], **-a** (*pl. m* -ghi, *f* -ghe) Con una lunga scala i pompieri hanno raggiunto gli ultimi piani.	**lang** Mit einer langen Leiter hat die Feuerwehr die obersten Stockwerke erreicht.
piccolo ['pik-kolo], **-a** Questa giacca è troppo piccola.	**klein** Diese Jacke ist zu klein.
profondo [pro'fondo], **-a** Qui l'acqua non è molto profonda.	**tief** Hier ist das Wasser nicht sehr tief.
prossimo ['prɔs-simo], **-a** La prossima cabina telefonica è a due chilometri da qua.	**nächste(r, -s)** Die nächste Telefonzelle ist zwei Kilometer von hier entfernt.
sinistro [si'nistro], **-a** Scrive con la mano sinistra.	**linke** Sie schreibt mit der linken Hand.

superiore [superi'oːre]	**höhere(r, -s), obere(r, -s), Ober . . .**
La calcolatrice è nel cassetto superiore.	Der Taschenrechner ist in der oberen Schublade.
vuoto [vu'ɔːto], **-a**	**leer**
Il serbatoio era quasi vuoto.	Der Tank war fast leer.

«2001–4000»

ampio ['ampio], **-a** (*pl. m* ampi)	**breit, geräumig**
Non è una sala molto ampia, ma c'è posto per tutti.	Das ist kein sehr großer Saal, er bietet aber Platz für alle.
diretto [di'rɛt-to], **-a**	**kürzeste(r, -s), direkt**
Questa è la strada diretta per lo stadio.	Das ist der kürzeste Weg zum Stadion.
enorme [e'nɔrme]	**enorm, riesig**
Un'enorme ondata ha distrutto il ponte.	Eine riesige Welle hat die Brücke zerstört.
esterno [es'tɛrno], **-a**	**äußere(r, -s)**
Il liquido è solo per uso esterno.	Die Flüssigkeit ist nur zur äußeren Anwendung bestimmt.
immenso [im-'mɛnso], **-a**	**unendlich**
Ai piedi delle montagne si stendevano immense praterie.	Am Fuß der Berge dehnten sich unendliche Prärien aus.
inferiore [inferi'oːre]	**untere(r, -s), Unter . . .**
Il corso inferiore del fiume è navigabile.	Der Unterlauf des Flusses ist schiffbar.
stretto ['stret-to], **-a**	**eng, schmal**
Le strade del centro erano piuttosto strette.	Die Straßen im Zentrum waren ziemlich schmal.
I pantaloni sono troppo stretti.	Die Hose ist zu eng.

2.2.3 ADVERBIEN

«1–2000»

addosso [ad-'dɔs-so]	**bei sich, am Körper**
Si porta sempre una pistola addosso.	Er trägt immer eine Pistole bei sich.
attorno [at-'torno], **intorno** [in-'torno]	**(rings)herum, umher**
Si guardavano continuamente intorno.	Sie schauten dauernd umher.

avanti [aˈvanti]	**weiter, voran**
Non si poteva più andare avanti.	Man konnte nicht mehr weiterfahren.
ci [tʃi]	**da(hin), dort(hin)**
Ci siamo stati insieme.	Wir sind zusammen dort gewesen.
dappertutto [dap-perˈtut-to]	**überall(hin)**
Lui la seguiva dappertutto.	Er folgte ihr überallhin.
davanti [daˈvanti]	**vorn(e)**
Davanti c'è ancora posto.	Vorne ist noch Platz.
dentro [ˈdentro]	**hinein, herein; im Innern, drinnen**
Aiutatemi a portarlo dentro.	Helft mir, es hineinzutragen.
Se piove, vi aspetto dentro.	Wenn es regnet, warte ich drinnen auf euch.
a destra [aˈdɛstra]	**rechts**
Al secondo semaforo deve girare a destra.	An der zweiten Ampel müssen Sie rechts abbiegen.
dietro [diˈɛːtro]	**hinten**
Non vuole mai sedersi dietro.	Sie will nie hinten sitzen.
dritto [ˈdrit-to], **diritto** [diˈrit-to].	**geradeaus**
Vada sempre dritto fino in fondo alla strada.	Gehen Sie immer geradeaus bis ans Ende der Straße.
dove [ˈdoːve]	**wo**
Dove ci troviamo?	Wo treffen wir uns?
da dove [daˈdoːve]	**woher**
Mi piacerebbe sapere da dove viene.	Ich möchte gerne wissen, woher sie kommt.
fuori [fuˈɔːri]	**heraus, hinaus; außerhalb, draußen**
Perché non venite fuori?	Warum kommt ihr nicht heraus?
Fuori faceva molto freddo.	Draußen war es sehr kalt.
giù [dʒu]	**unten; hinunter, herunter**
Ha detto che ti aspetta giù.	Sie hat gesagt, daß sie unten auf dich wartet.
Può venire giù un momento?	Können Sie einen Moment herunterkommen?
indietro [indiˈɛːtro]	**rückwärts**
Tornate indietro!	Kommt zurück!
là [la]	**dort(hin), dahin**
Eravamo là per caso.	Wir waren zufällig dort.

lassù [las-ˈsu] Vuoi veramente salire lassù?	**dort hinauf; da oben** Du willst wirklich dort hinaufklettern?
lì [li] Il maglione è lì sulla sedia. Si sieda lì!	**dort(hin), dahin** Der Pullover liegt dort auf dem Stuhl. Setzen Sie sich dahin!
oltre [ˈoltre] (Facendo) Così non andrete molto oltre.	**weiter** So werdet ihr nicht viel weiterkommen.
qua [kuˈa] Non può saperlo perché non è di qua.	**hier, hierher** Das kann er nicht wissen, denn er ist nicht von hier.
qui [kuˈi] Sarà qui a minuti.	**hier, hierher** Er wird in wenigen Minuten hier sein.
a sinistra [asiˈnistra] Ecco, dopo la casa giri subito a sinistra.	**links** So, hinter dem Haus biegst du gleich links ein.
sopra [ˈsoːpra] I rumori vengono da sopra.	**oben** Der Lärm kommt von oben.
sotto [ˈsot-to] Forse devi cercare più sotto.	**unten** Vielleicht mußt du weiter unten suchen.
su [su] Filomena è di sopra, puoi andare su.	**oben; hinauf, herauf** Filomena ist oben, du kannst hinaufgehen.
via [ˈviːa] Portalo via!	**fort, weg** Schaff das weg!
nelle vicinanze [ˈnel-levitʃi-ˈnantse] C'è una farmacia qui nelle vicinanze?	**in der Umgebung, in der Gegend** Gibt es hier in der Gegend eine Apotheke?
vicino [viˈtʃiːno] Ma no, è proprio qui vicino.	**nah(e)** Aber nein, es ist hier ganz nah.

«2001–4000»

laggiù [lad-ˈdʒu] Abita laggiù vicino alla banca.	**da unten** Er wohnt da unten in der Nähe der Bank.

da lontano [dalon'taːno]	**aus der Ferne, von weitem**
Da lontano si sentivano suonare le campane.	Von weitem hörte man die Glocken läuten.

2.2.4 PRÄPOSITIONEN

«1–2000»

a [a]	**an, auf, in, nach, zu**
Vengo a prenderti alla stazione	Ich hole dich am Bahnhof ab.
L'ho conosciuta alla festa di Luigi.	Ich habe sie auf dem Fest bei Luigi kennengelernt.
Siamo stati tre giorni a Firenze.	Wir sind drei Tage in Florenz gewesen.
Non vorrai andare a casa così presto?	Du willst doch nicht schon so früh nach Hause gehen?
Dove vai? – Alla posta.	Wo fährst du hin? – Zur Post.
accanto a [ak-'kantoa]	**neben**
Il posto accanto al mio è ancora libero.	Der Platz neben mir ist noch frei.
attorno a (at-'tornoa)	**um (... herum)**
Hanno dipinto il recinto attorno alla casa.	Sie haben den Zaun um das Haus angestrichen.
attraverso [at-tra'vɛrso]	**durch**
Di sera non volevano passare attraverso il bosco.	Abends wollten sie nicht durch den Wald gehen.
contro ['kontro]	**gegen, an**
Spingiamo l'armadio contro la parete.	Schieben wir den Schrank an die Wand.
da [da]	**von, aus**
Ritorna domani dal Brasile.	Er kommt morgen aus Brasilien zurück.
da ... a [da ... a]	**von ... bis**
Siamo andati lungo la costa da Napoli a Sorrento.	Wir sind von Neapel bis Sorrent an der Küste entlang gefahren.
davanti a [da'vantia]	**vor**
Davanti al cinema c'era molta gente.	Vor dem Kino standen viele Leute.
dentro ['dentro]	**in**
Hai già guardato dentro l'armadio?	Hast du schon in den Schrank geschaut?
La causa di tanti mali è spesso dentro (di) noi.	Die Ursache vieler Übel liegt oft in uns selbst.

di [di]	**aus**
Sono usciti di casa poco fa.	Sie sind gerade aus dem Haus gegangen.
Sapevi che anche lui è di San Remo?	Wußtest du, daß auch er aus San Remo stammt?
dietro [di'ɛːtro]	**hinter**
Cosa si nasconderà dietro quest'offerta?	Was mag wohl hinter diesem Angebot stecken?
dopo ['dɔːpo]	**hinter; nach**
I nuovi negozi si trovano subito dopo la chiesa.	Die neuen Geschäfte befinden sich gleich hinter der Kirche.
fino a, in ... ['fiːnoa, in]	**bis (zu, in ...)**
Vieni, ti accompagno fino alla macchina.	Komm, ich begleite dich bis zum Wagen.
di fronte a [di'frontea]	**gegenüber, vor**
Di fronte al tribunale c'è una vecchia fontana.	Gegenüber dem Gericht steht ein alter Springbrunnen.
in [in]	**in, nach**
In Svizzera si parlano quattro lingue.	In der Schweiz spricht man vier Sprachen.
La ditta lo ha mandato in Spagna per una settimana.	Die Firma hat ihn für eine Woche nach Spanien geschickt.
intorno a [in'torna]	**um ... herum**
Intorno al castello si estende un grandissimo parco.	Um das Schloß herum erstreckt sich ein riesiger Park.
lungo ['luŋgo]	**entlang**
Lungo la strada saranno piantati nuovi alberi.	Entlang der Straße werden neue Bäume gepflanzt werden.
oltre ['oltre]	**jenseits**
La zona storica della città si trova oltre il fiume.	Der historische Teil der Stadt liegt jenseits des Flusses.
per [per]	**durch, nach**
Mi dispiace, questo treno non passa per Francoforte.	Es tut mir leid, dieser Zug fährt nicht über Frankfurt.
Vorrebbero un passaggio per Bologna.	Sie suchen eine Mitfahrgelegenheit nach Bologna.
prima di ['priːmadi]	**vor**
Prima dell'incrocio c'è un sottopassaggio.	Vor der Kreuzung ist eine Unterführung.
sopra ['soːpra]	**über**
Adesso abita subito sopra l'ufficio.	Jetzt wohnt er direkt über dem Büro.

sotto [ˈsot-to]	**unter**
La temperatura scenderà sotto (lo) zero.	Die Temperatur wird unter Null sinken.
su [su]	**auf**
Devo aver dimenticato le chiavi sul banco del negozio.	Ich muß die Schlüssel auf dem Ladentisch liegengelassen haben.
tra [tra], **fra** [fra]	**zwischen, unter; in**
Tra una casa e l'altra c'è un piccolo giardino.	Zwischen den beiden Häusern ist ein kleiner Garten.
Si trova bene fra gli amici.	Unter den Freunden fühlt er sich wohl.
Al prossimo distributore tra dieci chilometri facciamo pausa.	Nach zehn Kilometern, an der nächsten Tankstelle, machen wir Pause.
verso [ˈvɛrso]	**nach, in Richtung; gegen, auf ... zu**
Sono fuggiti verso la stazione.	Sie flüchteten in Richtung Bahnhof.
Poi venne verso (di) noi.	Dann kam er auf uns zu.
vicino a [viˈtʃiːnoa]	**neben, in der Nähe von, nahe bei**
C'è un cinema vicino all'albergo?	Gibt es ein Kino in der Nähe des Hotels?

«2001–4000»

a fianco di [afiˈaŋkodi]	**neben**
A fianco della biblioteca c'è un negozio di articoli sportivi.	Neben der Bücherei befindet sich ein Sportgeschäft.
dinanzi a [diˈnantsia]	**vor**
E'stato citato dinanzi al giudice.	Er wurde vor den Richter geladen.
fuori (di) [fuˈɔːri(di)]	**außerhalb; außer** (+ *Pronomen*)
Sono anni che abitano fuori città.	Seit Jahren wohnen sie außerhalb der Stadt.
Era completamente fuori di sè.	Er war völlig außer sich.
incontro a [iŋˈkontroa]	**entgegen**
Sono corsi incontro agli amici per salutarli.	Sie sind den Freunden entgegengelaufen, um sie zu begrüßen.

in mezzo a [inˈmɛd-dzoa] — **mitten in; unter**
Ha spostato il divano in mezzo alla stanza. — Er hat das Sofa mitten ins Zimmer gerückt.
In mezzo a tanta gente si sentiva a disagio. — Unter so vielen Leuten fühlte er sich nicht wohl.

nei pressi di [neiˈprɛs-sidi] — **in der Nähe von**
Si trova nei pressi del lago di Costanza. — Sie hält sich in der Nähe des Bodensees auf.

2.3 Menge und Maß

(Siehe auch UNBESTIMMTE PRONOMEN 3.2.6)

2.3.1 MENGENBEGRIFFE

2.3.1.1 SUBSTANTIVE, ADJEKTIVE, VERBEN

«1–2000»

essere abbastanza/sufficiente [ˈɛs-sereab-basˈtantsa/suf-fiˈtʃɛnte] — **(aus)reichen, genügen**
La frutta però non è abbastanza per tutti. — Das Obst reicht aber nicht für alle.
Credi che sia sufficiente inviare dei fiori? — Glaubst du, daß es genügt, wenn wir Blumen hinschicken?

bastare [basˈtaːre] *v.* — **reichen, genügen**
Penso che per oggi dovrebbe bastare. — Ich denke, daß es für heute reicht.

centinaio [tʃentiˈnaːio] *m (im pl. f* **centinaia***)* — **ungefähr, etwa hundert**
Alcune centinaia di tifosi aspettavano davanti all'uscita. — Einige hundert Sportfans warteten vor dem Ausgang.

completo [komˈplɛːto], **-a** *agg.* — **vollständig, vollzählig**
Ha cercato di dare un quadro completo della situazione. — Er hat versucht, ein vollständiges Bild von der Lage zu geben.

contenere [konteˈneːre] *v.* (*irr.* 86) — **enthalten**
La bottiglia contiene due litri di vino rosso. — Diese Flasche enthält zwei Liter Rotwein.

decina [de'tʃi:na] *f* — **ungefähr, etwa zehn**

Ci si fermerà una decina di giorni. — Er wird etwa zehn Tage dort bleiben.

---

doppio ['dop-pio], **-a** *agg.* (*pl. m* -pi) — **doppelt**

La cosa gli costerà doppia fatica. — Das wird ihn (die) doppelte Anstrengung kosten.

---

doppio ['dop-pio] *m* — **Doppelte** *n*

Eh già, ma avete pagato il doppio del prezzo normale. — Schon, schon, ihr habt aber das Doppelte des normalen Preises bezahlt.

---

grande ['grande] *agg.* — **groß**

No, non è un fatto di grande importanza. — Nein, das ist keine Angelegenheit von großer Bedeutung.

---

grosso ['grɔs-so], **-a** *agg.* — **groß, stark, schwer**

Hanno commesso un grosso errore. — Sie haben einen schweren Fehler begangen.

---

intero [in'te:ro], **-a** *agg.* — **ganz**

Un giorno intero non basterà. — Ein ganzer Tag wird nicht genügen.

---

leggero [led-'dʒɛ:ro], **-a** *agg.* — **leicht, klein**

Per qualche giorno mangi solo cibi leggeri. — Essen Sie für einige Tage nur leichte Kost.

Aveva un leggero difetto di pronuncia. — Er hatte einen kleinen Aussprachefehler.

---

limitare [limi'ta:re] *v.* — **beschränken, einschränken**

Si cerca di limitare le importazioni. — Man versucht, die Importe zu beschränken.

---

metà [me'ta] *f (unv.)* — **Hälfte** *f*

Una buona metà dei partecipanti non si è fatta vedere. — Gut die Hälfte der Teilnehmer ist nicht erschienen.

La grande sala era piena solo a metà. — Der große Saal war nur zur Hälfte gefüllt.

---

mezzo ['mɛd-dʒo], **-a** *agg.* — **halb**

Sai benissimo che è una mezza bugia. — Du weißt sehr gut, daß das eine halbe Lüge ist.

---

migliaio [mi'ʎa:io] *m* (*im pl. f* **migliaia**) — **ungefähr, etwa tausend**

Migliaia di persone hanno partecipato alla cerimonia. — Tausende von Menschen haben an der Zeremonie teilgenommen.

numero [ˈnuːmero] *m*	**(An-)Zahl** *f*, **Nummer** *f*
Il numero degli spettatori è aumentato senza interruzione.	Die Zuschauerzahlen sind ständig gestiegen.
Sì, abitano ancora in via Garibaldi al numero 13.	Doch, sie wohnen noch in der Garibaldistraße (Nummer) 13.
numeroso [numeˈroːso], **-a** *agg.*	**zahlreich**
Numerosi esperti partecipano alla discussione.	Zahlreiche Fachleute nehmen an der Diskussion teil.
paio [ˈpaːio] *m* (*im pl. f* **paia**)	**paar, Paar** *n*
Ho invitato un paio di amici.	Ich habe ein paar Freunde eingeladen.
Possiede sei paia di scarpe.	Er besitzt sechs Paar Schuhe.
pesante [peˈsante] *agg.*	**schwer**
Non è troppo pesante per te la valigia?	Ist der Koffer für dich nicht zu schwer?
Si tratta di accuse piuttosto pesanti.	Es handelt sich um ziemlich schwere Anschuldigungen.
piccolo [ˈpik-kolo], **-a** *agg.*	**klein, gering**
Vorrei provare una taglia più piccola.	Ich möchte eine kleinere Größe anprobieren.
pieno [piˈɛːno], **-a** *agg.*	**voll**
La camicia è piena di macchie.	Das Hemd ist voller Flecken.
quantità [kuantiˈta] *f* (*unv.*)	**Menge** *f*
Hanno sprecato una gran quantità di tempo e fatica.	Sie haben eine Menge Zeit und Mühe verschwendet.
quarto [kuˈarto] *m*	**Viertel** *n*
Abbiamo già sbrigato tre quarti del lavoro.	Wir haben schon drei Viertel der Arbeit hinter uns.
raro [ˈraːro], **-a** *agg.*	**selten**
E' un fenomeno molto raro.	Das ist eine sehr seltene Erscheinung.
riempire (di) [riemˈpiːre] *v.*	**füllen** (mit)
Riempite una tazza di latte ...	Füllen Sie eine Tasse mit Milch ...
terzo [ˈtɛrtso] *m*	**Drittel** *n*
Mi hanno rimborsato solo un terzo delle spese.	Man hat mir nur ein Drittel der Unkosten erstattet.
vuoto [vuˈɔːto], **-a** *agg.*	**leer**
Sono tornati a casa a mani vuote.	Sie kamen mit leeren Händen nach Hause.

«2001–4000»

cifra [ˈtʃiːfra] *f*	**Zahl** *f;* **Betrag** *m*
L'anno era scritto in cifre romane.	Das Jahr war mit römischen Zahlen geschrieben.
L'ha venduto per una cifra ridicola.	Er hat es für einen lächerlichen Betrag verkauft.
dozzina [dod-ˈdʒiːna] *f*	**Dutzend** *n*
Ha mangiato per scommessa due dozzine di uova.	Er hat aufgrund einer Wette zwei Dutzend Eier gegessen.
entrambi [enˈtrambi], **-e** *(pl.) agg.*	**beide**
Speriamo di poter aiutare entrambe le famiglie.	Wir hoffen, beiden Familien helfen zu können.
estremo [esˈtrɛːmo], **-a** *agg.*	**äußerste(r, -s), höchste(r, -s), extrem**
In caso di estrema necessità telefonate all'ospedale.	Im Falle äußerster Not rufen Sie das Krankenhaus an.
goccia [ˈgot-tʃa] *f* (*pl.* -ce)	**Tropfen** *m*
Non ho bevuto neanche una goccia d'alcool.	Ich habe nicht einen Tropfen Alkohol getrunken.
mucchio [ˈmuk-kio] *m* (*pl.* -chi)	**Haufen** *m*, **Menge** *f*
Cerca di scusarsi raccontando un mucchio di sciocchezze.	Er versucht sich zu entschuldigen, indem er einen Haufen Dummheiten erzählt.
parecchio [paˈrek-kio], **-a** *agg.* (*pl. m* -chi)	**ziemlich viel; nicht wenig**
Giocando ha perso parecchi soldi.	Beim Spiel hat er ziemlich viel Geld verloren.
percento [perˈtʃɛnto] *m* (*auch* per cento)	**Prozent** *n*
Il 9,5 percento è un'offerta accettabile.	9,5 Prozent ist ein annehmbares Angebot.

2.3.1.2 ADVERBIEN

«1–2000»

abbastanza [ab-basˈtantsa]	**genug**
Sembra che non ci siano abbastanza sedie.	Scheinbar haben wir nicht genug Stühle.

almeno [alˈmeːno]	**mindestens**
Si vedono almeno una volta (al)la settimana.	Sie sehen sich mindestens einmal in der Woche.
assai [as-ˈsaːi]	**genug, ziemlich; sehr, viel**
Abbiamo già visto assai.	Wir haben schon genug gesehen.
Ha esposto delle tesi assai interessanti.	Er hat sehr interessante Gesichtspunkte vorgetragen.
circa [ˈtʃirka]	**ungefähr, etwa**
Abbiamo a disposizione circa 1200 marchi.	Wir haben ungefähr 1200 Mark zur Verfügung.
meno [ˈmeːno], **di meno** [diˈmeːno]	**weniger**
Cerca di prendere meno medicine!	Versuch, weniger Medikamente zu schlucken!
Sono sicuro che loro guadagnano di meno.	Ich bin sicher, daß sie weniger verdienen.
meno di tutti [ˈmeːnodiˈtut-ti]	**am wenigsten**
Lei lo meritava meno di tutti.	Sie hat es am wenigsten verdient.
molto [ˈmolto]	**viel**
Nonostante tutto ha imparato molto.	Trotz allem hat sie sehr viel gelernt.
ne [ne]	**davon, welche;** *oft unübersetzt*
Gli spaghetti sono pronti, tu ne vuoi?	Die Spaghetti sind fertig, willst du welche?
Queste camicie sono proprio belle, ne prendo due.	Diese Hemden sind wirklich schön, ich nehme zwei.
più [piˈu], **di più** [dipiˈu]	**mehr**
Può darsi che lui ne sappia di più.	Kann sein, daß er mehr weiß.
più di tutto [piˈudiˈtut-to]	**am meisten, vor allem**
Più di tutto mi hanno colpito i suoi occhi.	Am meisten haben mich ihre Augen beeindruckt.
poco [ˈpɔːko]	**wenig**
Parla poco però lavora molto.	Er spricht wenig, arbeitet aber viel.
un po' [unˈpɔ] (*verkürzt aus* un poco)	**ein wenig, ein bißchen**
Ma sì, restiamo ancora un po'!	Laß uns doch noch ein bißchen bleiben!

tanto ['tanto]	**so viel, so sehr**
Non capisco perché ti arrabbi tanto.	Ich verstehe nicht, warum du dich so ärgerst.
troppo ['trɔp-po]	**zu viel, zuviel, zu sehr**
Così non va – tu lavori troppo e dormi troppo poco.	So geht es nicht – du arbeitest zuviel und schläfst zuwenig.

«2001–4000»

al massimo [al'mas-simo]	**höchstens, maximal**
Avranno lavorato tre ore al massimo.	Sie haben höchstens drei Stunden gearbeitet.
sempre (di) meno ['sɛmpre(di)'meːno]	**immer weniger**
La faccenda lo interessava sempre meno.	Die Geschichte interessierte ihn immer weniger.
sempre (di) più ['sɛmpre(di)pi'u]	**immer mehr**
I prezzi aumentano sempre di più.	Die Preise steigen immer mehr.

2.3.2 GRUNDZAHLEN

«1–2000»

0 **zero** ['dzɛːro]
1 **uno** ['uːno]
2 **due** ['duːe]
3 **tre** [tre]
4 **quattro** [ku'at-tro]
5 **cinque** ['tʃiŋkue]
6 **sei** ['sɛːi]
7 **sette** ['sɛt-te]
8 **otto** ['ɔt-to]
9 **nove** ['nɔːve]
10 **dieci** [di'ɛːtʃi]
11 **undici** ['unditʃi]
12 **dodici** ['doːditʃi]
13 **tredici** ['treːditʃi]
14 **quattordici** [kuat-'torditʃi]
15 **quindici** [ku'inditʃi]
16 **sedici** ['seːditʃi]
17 **diciassette** [ditʃas-'sɛt-te]
18 **diciotto** [di'tʃɔt-to]
19 **diciannove** [ditʃan-'nɔːve]
20 **venti** ['venti]
21 **ventuno** [ven'tuːno]
22 **ventidue** [venti'duːe]
23 **ventitré** [venti'tre]
28 **ventotto** [ven'tɔt-to]
29 **ventinove** [venti'nɔːve]
30 **trenta** ['trenta]
40 **quaranta** [kua'ranta]
50 **cinquanta** [tʃiŋku'anta]
60 **sessanta** [ses-'santa]
70 **settanta** [set-'tanta]
80 **ottanta** [ot-'tanta]
90 **novanta** [no'vanta]
100 **cento** ['tʃɛnto]

101 cent(o)uno [tʃen'tuːno, tʃento'uːno]
102 centodue [tʃento'duːe]
200 duecento [due'tʃɛnto]
300 trecento [tre'tʃɛnto]
1000 mille ['mil-le]
1100 millecento [mil-le'tʃɛnto]
1200 milleduecento [mil-ledue'tʃɛnto]
2000 duemila [due'miːla]
un milione [unmili'oːne]
un miliardo [unmili'ardo]

«2001–4000»

dividere [di'viːdere] *v.* (*irr.* 35) 48 diviso 3 fa 16.	**teilen, dividieren** 48 geteilt durch 3 ist 16.
fa [fa] (*auch* fanno) Quanto fa in totale?	**ist, macht** Wieviel macht es insgesamt?
meno ['meːno] *avv.* 12 meno 5 fa 7.	**weniger, minus** 12 minus 5 ist 7.
moltiplicare [moltipli'kaːre] *v.* Forse ti sei sbagliato nel moltiplicare.	**malnehmen, multiplizieren** Vielleicht hast du dich beim Multiplizieren vertan.
per [per] *prep.* 9 per 2 fa 18.	**mal** 9 mal 2 ist 18.
più [pi'u] *avv.* 30 più 1 fa 31.	**und, plus** 30 plus 1 macht 31.
sommare [som-'maːre] *v.* Facendo così gli errori si sommano.	**zusammenzählen, addieren** Bei diesem Verfahren summieren sich die Fehler.
sottrarre [sot-'trar-re] *v.* (*irr.* 78) Adesso sottrai da questa cifra le spese.	**abziehen, subtrahieren** Und jetzt zieh von dieser Summe die Spesen ab.

2.3.3 MASSE UND GEWICHTE

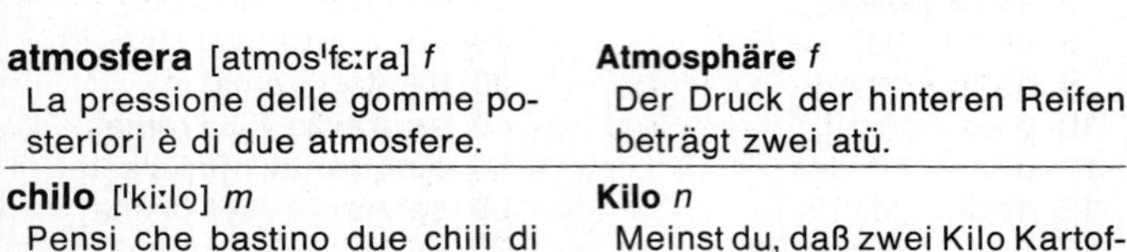

«1–2000»

atmosfera [atmos'fɛːra] *f* La pressione delle gomme posteriori è di due atmosfere.	**Atmosphäre** *f* Der Druck der hinteren Reifen beträgt zwei atü.
chilo ['kiːlo] *m* Pensi che bastino due chili di patate?	**Kilo** *n* Meinst du, daß zwei Kilo Kartoffeln reichen?

chilometro [ki'lɔːmetro] *m* Il primo giorno hanno percorso 50 chilometri.	**Kilometer** *m* Am ersten Tag haben sie 50 Kilometer zurückgelegt.
grado ['graːdo] *m* D'estate la temperatura raggiunge anche i 40 gradi.	**Grad** *m* Im Sommer erreicht die Temperatur auch 40 Grad.
metro [['mɛːtro] *m* Quanto sei alto? – Sono (alto) 1 metro e 77.	**Meter** *m, n* Wie groß bist du? – Ich bin 1,77 m (groß).
misura [mi'zuːra] *f* Diverse unità di misura sono state modificate.	**Maß** *n* Verschiedene Maßeinheiten wurden geändert.
misurare [mizu'raːre] *v.* Avete misurato anche le porte?	**(aus)messen** Habt ihr auch die Türen ausgemessen?
pesare [pe'saːre] *v.* In quattro settimane peserete dieci chili di meno.	**wiegen** In vier Wochen wiegen Sie zehn Kilo weniger.

«2001–4000»

centimetro [tʃen'tiːmetro] *m* Ci serve un vetro di 30 centimetri per 40.	**Zentimeter** *m, n* Wir brauchen eine Glasscheibe von 30 auf 40 Zentimeter.
etto ['ɛt-to] *m* E poi mi dia tre etti di parmigiano.	**100 Gramm** Und dann geben Sie mir 300 Gramm Parmesankäse.
grammo ['gram-mo] *m* La catenina d'oro pesava 50 grammi esatti.	**Gramm** *n* Die Goldkette wog genau 50 Gramm.
litro ['liːtro] *m* A pranzo hanno bevuto in due un litro di vino.	**Liter** *m, n* Sie haben zum Mittagessen zu zweit einen Liter Wein getrunken.
millimetro [mil-'liːmetro] *m* L'ha mancato di pochi millimetri.	**Millimeter** *m, n* Er hat es um wenige Millimeter verfehlt.
peso ['peːso] *m* La bilancia indica un peso di 50 chili.	**Gewicht** *n* Die Waage zeigt ein Gewicht von 50 Kilo an.

quadrato [kua'draːto], **-a** *agg.*	**Quadrat...**
La superficie dell'appartamento misura 85 metri quadrati.	Die Wohnfläche mißt 85 Quadratmeter.
quintale [kuin'taːle] *m*	**Doppelzentner** *m*
Un quintale sono cento chili.	Ein Doppelzentner sind hundert Kilo.

2.4 Ordnung

2.4.1 ORDNUNG UND EINTEILUNG

«1–2000»

base ['baːze] *f*	**Grundlage** *f*, **Basis** *f*
La pensione si calcola sulla base dell'ultimo stipendio.	Die Rente wird auf der Grundlage des letzten Gehalts berechnet.
campo ['kampo] *m*	**Gebiet** *n*
Si sono specializzati nel campo dell'informatica.	Sie haben sich auf dem Gebiet der Informatik spezialisiert.
contrario [kon'traːrio] *m* (*pl.* -ri)	**Gegenteil** *n*
Non sarà facile dimostrare il contrario.	Es wird nicht leicht sein, das Gegenteil zu beweisen.
contrario [kon'traːrio], **-a** *agg.* (*pl. m* -ri)	**entgegengesetzt, gegenteilig**
Le sue parole hanno ottenuto l'effetto contrario.	Seine Worte haben die entgegengesetzte Wirkung erzielt.
disordine [di'zordine] *m*	**Unordnung** *f*
Nel disordine che c'era non riusciva a lavorare.	Bei dieser Unordnung konnte er nicht arbeiten.
disposizione [dispozitsi'oːne] *f*	**Anordnung** *f*
La disposizione dei vocaboli in quest'opera è tematica.	In diesem Werk sind die Vokabeln thematisch geordnet.
generale [dʒene'raːle] *agg.*	**allgemein**
Possiede un'ottima cultura generale.	Sie besitzt eine sehr gute Allgemeinbildung.
genere ['dʒɛːnere] *m*	**Art** *f*
Non sopporto scherzi di questo genere.	Scherze dieser Art kann ich nicht vertragen.
importante [impor'tante] *agg.*	**wichtig**
E' davvero una cosa tanto importante?	Geht es wirklich um etwas so Wichtiges?

importanza [impor'tantsa] *f* Non date troppa importanza alla storia!	**Wichtigkeit** *f*, **Bedeutung** *f* Meßt der Geschichte nicht zuviel Bedeutung bei!
limite ['liːmite] *m* Anche la nostra pazienza ha i suoi limiti!	**Grenze** *f* Auch unsere Geduld hat Grenzen!
normale [nor'maːle] *agg.* Per me il suo comportamento è normalissimo, per te no?	**normal** Ich finde sein Verhalten ganz normal, du nicht?
oggetto [od-'dʒɛt-to] *m* Ci mostrerà gli oggetti più preziosi della sua collezione.	**Gegenstand** *m*, **Objekt** *n* Er wird uns die kostbarsten Objekte seiner Sammlung zeigen.
ordine ['ordine] *m* Per fare ordine qui ci metteremo due giorni.	**Ordnung** *f* Um hier Ordnung zu schaffen, werden wir zwei Tage brauchen.
parte ['parte] *f* Dovresti dividerla in quattro parti uguali.	**Teil** *m*, **Anteil** *m* Du solltest sie in vier gleiche Teile teilen.
pezzo ['pɛt-tso] *m* Ogni pezzo è lavorato a mano.	**Stück** *n* Jedes Stück ist handgearbeitet.
principale [printʃi'paːle] *agg.* Gli ingressi principali sono sorvegliati giorno e notte.	**Haupt...** Die Haupteingänge werden Tag und Nacht bewacht.
prossimo ['prɔs-simo], **-a** *agg.* La prossima volta state più attenti.	**nächste** Das nächste Mal paßt besser auf!
regola ['rɛːgola] *f* Le regole valgono anche per te!	**Regel** *f*, **Vorschrift** *f* Die Regeln gelten auch für dich!
resto ['rɛsto] *m* Il resto della merce sarà spedito a parte.	**Rest** *m* Die restliche Ware wird getrennt geschickt.
riguardare [riguar'daːre] *v.* Per quanto riguarda me, non ci saranno problemi.	**angehen, betreffen** Was mich betrifft, wird es keine Probleme geben.
singolare [siŋgo'laːre] *agg.* Direi che è una coincidenza molto singolare.	**einzigartig, ungewöhnlich** Ich würde sagen, daß es sich um einen sehr ungewöhnlichen Zufall handelt.

sistema [sisˈtɛːma] *m* (*pl.* -i)	**System** *n*
Il sistema scolastico italiano non è strutturato come quello tedesco.	Das italienische Schulsystem ist nicht so strukturiert wie das deutsche.
solito [ˈsɔːlito], **-a** *agg.*	**gewöhnlich, üblich**
Le condizioni di pagamento sono le solite.	Die Zahlungsbedingungen sind die üblichen.
solo [ˈsoːlo], **-a** *agg.*	**allein; einzig**
Sei sicuro che sia sola?	Bist du sicher, daß sie allein ist?
Non abbiamo trovato un solo libro sul tema.	Wir haben kein einziges Buch zu diesem Thema gefunden.
specie [ˈspɛːtʃe] *f* (*unv.*)	**Art** *f*, **Sorte** *f*
E' una specie di gioco come il monopoli.	Das ist so eine Art Spiel wie Monopoly.
tipo [ˈtiːpo] *m*	**Art** *f*, **Sorte** *f*, **Typ** *m*
Lì trovi merci di tutti i tipi.	Hier findest du Waren aller Art.
ultimo [ˈultimo], **-a** *agg.*	**letzte**
Questa è la prima e l'ultima volta che te lo dico!	Ich sage es dir zum ersten und letzten Mal!
unico [ˈuːniko], **-a** *agg.* (*pl. m* -ci, *f* -che)	**einzig**
E questo è l'unico motivo?	Und dies ist das einzige Motiv?

«2001–4000»

comporsi (di) [komˈporsi] *v.* (*irr.* 55)	**bestehen** (aus), **sich zusammensetzen** (aus)
La giuria si compone di dieci membri.	Die Jury setzt sich aus zehn Mitgliedern zusammen.
comprendere [komˈprɛndere] *v.* (*irr.* 57)	**umfassen**
Il prezzo non comprende la tassa di soggiorno.	Die Kurtaxe ist nicht im Preis inbegriffen.
consistere (in, di) [konˈsistere] *v.* (*pp.* consistito)	**bestehen** (aus, in)
La difficoltà consiste nel convincerlo.	Die Schwierigkeit besteht darin, ihn zu überzeugen.
eccezione [et-tʃetsiˈoːne] *f*	**Ausnahme** *f*
Mi spiace non possiamo fare eccezioni.	Es tut mir leid, wir dürfen keine Ausnahme machen.

essenziale [es-sentsi'aːle] *agg.* I punti essenziali sono tre ...	**wesentlich** Es gibt drei wesentliche Punkte ...
particolare [partiko'laːre] *agg.* Ognuno rappresenta un caso particolare.	**besondere; einzeln** Jeder stellt einen besonderen Fall dar.
particolare [partiko'laːre] *m* Non poteva più ricordarsi di tutti i particolari.	**Einzelheit** *f* Er konnte sich nicht mehr an alle Einzelheiten erinnern.
quadro [ku'aːdro] *m* Nel quadro di questo vertice si è parlato dell'economia mondiale.	**Rahmen** *m* Im Rahmen dieses Gipfeltreffens wurde über die Weltwirtschaft gesprochen.
regolare [rego'laːre] *v.* Regolate la questione tra voi.	**regeln** Regelt die Angelegenheit unter euch.
regolare [rego'laːre] *agg.* Controlli regolari garantiscono una qualità costante.	**regelmäßig** Regelmäßige Kontrollen garantieren eine gleichbleibende Qualität.
struttura [strut-'tuːra] *f* Le strutture sociali del paese sono profondamente cambiate.	**Struktur** *f* Die sozialen Strukturen des Landes haben sich grundlegend geändert.
toccare a [tok-'kaːrea] *v.* Forza, adesso tocca a voi.	**dran sein, an der Reihe sein** Kommt, jetzt seid ihr dran!
unità [uni'ta] *f* (*unv.*) Si sforza di raggiungere un'unità tra forma e contenuto.	**Einheit** *f* Er bemüht sich, eine Einheit von Form und Inhalt zu erreichen.
zona ['dzɔːna] *f* La zona nord è coltivata.	**Zone** *f*, **Gebiet** *n* Das nördliche Gebiet wird landwirtschaftlich genutzt.

2.4.2 ORDNUNGSZAHLEN

«1 – 2000»

1°, 1ª primo ['priːmo], **-a**	**erste(r, -s)**
2°, 2ª secondo [se'kondo], **-a**	**zweite(r, -s)**
3°, 3ª terzo ['tɛrtso], **-a**	**dritt** ...

4°, 4ª **quarto** [kuˈarto], **-a**	**viert**...
5°, 5ª **quinto** [kuˈinto], **-a**	**fünft**...
6°, 6ª **sesto** [ˈsɛsto], **-a**	**sechst**...
7°, 7ª **settimo** [ˈsɛt-timo], **-a**	**siebt**...
8°, 8ª **ottavo** [ot-ˈtaːvo], **-a**	**acht**...
9°, 9ª **nono** [ˈnɔːno], **-a**	**neunt**...
10°, 10ª **decimo** [ˈdɛːtʃimo], **-a**	**zehnt**...

«2001–4000»

11°, 11ª **undicesimo** [undiˈtʃɛːzimo], **-a**	**elft**...
12°, 12ª **dodicesimo** [dodiˈtʃɛːzimo], **-a**	**zwölft**...
20°, 20ª **ventesimo** [venˈtɛːzimo], **-a**	**zwanzigst**...
21°, 21ª **ventunesimo** [ventuˈnɛːzimo], **-a**	**einundzwanzigst**...
22°, 22ª **ventiduesimo** [ventiduˈɛːzimo], **-a**	**zweiundzwanzigst**...
30°, 30ª **trentesimo** [trenˈtɛːzimo], **-a**	**dreißigst**...
100°, 100ª **centesimo** [tʃenˈtɛːzimo], **-a**	**hundertst**...
1000°, 1000ª **millesimo** [mil-ˈlɛːzimo], **-a**	**tausendst**...

2.5 Art und Weise

2.5.1 ADVERBIEN DER ART UND WEISE

«1–2000»

addirittura [ad-dirit-ˈtuːra] — **sogar**

Gli pagano addirittura il viaggio in aereo. — Sie bezahlen ihm sogar den Flug.

---

altrimenti [altriˈmenti] — **anders, sonst**

Non potevamo fare altrimenti. — Wir konnten nicht anders.

Aiutatemi, altrimenti non ce la faccio. — Helft mir, sonst schaffe ich es nicht.

---

bene [ˈbɛːne] — **gut**

I lavori proseguono bene. — Die Arbeiten schreiten gut voran.

---

come [ˈkoːme] — **wie**

Tutti si chiedevano come potesse farcela. — Alle fragten sich, wie er es schaffen würde.

Come si chiama? — Wie heißen Sie?

---

così [koˈsi] — **so**

E così è nato l'equivoco. — Und so ist das Mißverständnis entstanden.

in fondo [in'fondo]	**im Grunde (genommen)**
Le loro intenzioni, in fondo, non erano cattive.	Im Grunde genommen waren ihre Absichten nicht schlecht.
insieme [insi'ɛːme]	**zusammen**
Sono mesi che non li vedo più insieme.	Seit Monaten sehe ich sie nicht mehr zusammen.
male ['maːle]	**schlecht**
Là davanti si sente malissimo.	Dort vorne hört man sehr schlecht.
in questa maniera [iŋku'esta-mani'ɛːra], **in questo modo** [iŋku'esto'mɔːdo]	**so, auf diese Art (und Weise)**
In questa maniera otterrai il contrario.	Auf diese Art und Weise wirst du das Gegenteil erreichen.
a modo mio (tuo, ...) [a'mɔːdo-'miːo]	**auf meine** (deine, ...) **Art**
Vuole risolvere il problema a modo suo.	Er will das Problem auf seine Art lösen.
perfino [per'fiːno]	**sogar, selbst**
Perfino un bambino l'avrebbe capito.	Sogar ein Kind hätte das verstanden.
però [pe'rɔ]	**jedoch, aber**
Questi però non erano i patti!	Das war jedoch nicht vereinbart!
pure ['puːre]	**auch, ebenfalls; dennoch**
Sì, la tua proposta interessa pure lui.	Ja, dein Vorschlag interessiert auch ihn.
solo ['soːlo]	**allein, nur**
Vuoi convincerli solo con vaghe promesse?	Willst du sie allein mit vagen Versprechungen überzeugen?
soltanto [sol'tanto]	**nur, allein**
Io volevo soltanto evitare inutili discussioni.	Ich wollte nur unnötige Diskussionen vermeiden.
soprattutto [soprat-'tut-to]	**vor allem**
Si preoccupa soprattutto del buon nome della ditta.	Vor allem sorgt er sich um den guten Ruf der Firma.
lo stesso [lo'stes-so]	**trotzdem; ohnehin**
E con ciò? Io ci vado lo stesso!	Na und? Ich gehe trotzdem hin!
volentieri [volenti'ɛːri]	**gern(e)**
Tu sai che per te lo faccio volentieri.	Du weißt, daß ich das gern für dich mache.

«2001–4000»

assieme [as-si'ɛːme]	**zusammen**
L'aver studiato assieme mi ha aiutato non poco.	Es hat mir nicht wenig geholfen, daß wir zusammen gelernt haben.
assolutamente [as-soluta'mente]	**absolut, unbedingt**
Dice che deve assolutamente parlarvi.	Er sagt, er muß euch unbedingt sprechen.
immediatamente [im-mediata'mente]	**sogleich, sofort**
La vendita del prodotto è stata sospesa immediatamente.	Der Verkauf des Produkts wurde sofort eingestellt.
in particolare [inpartiko'laːre]	**besonders, im einzelnen**
Deve molto alla propria famiglia, in particolare alla madre.	Seiner eigenen Familie verdankt er sehr viel, besonders der Mutter.
per di più [perdipi'u]	**außerdem, obendrein**
E per di più non sono in grado di offrire garanzie.	Und außerdem sind sie nicht in der Lage, Garantien anzubieten.
pertanto [per'tanto]	**daher, deshalb**
Il governo ha pertanto deciso di sospendere le trattative.	Die Regierung hat daher beschlossen, die Verhandlungen zu unterbrechen.

2.5.2 ADVERBIEN DES GRADES

«1–2000»

abbastanza [ab-bas'tantsa]	**genug, ziemlich**
E' grande abbastanza da sapere quello che fa.	Er ist groß genug, um zu wissen, was er tut.
L'acqua è ancora abbastanza calda.	Das Wasser ist noch ziemlich warm.
affatto [af-'fat-to]	**gänzlich, ganz**
Le loro opinioni sono affatto diverse.	Ihre Meinungen sind gänzlich verschieden.
non ... affatto [non ... af-'fat-to]	**gar nicht**
Non sono affatto stanco (*auch* stanco affatto).	Ich bin gar nicht müde.

appena [ap-ˈpeːna]	**kaum**
Cosa vuoi che ti dica, lo conosco appena.	Was willst du von mir hören, ich kenne ihn ja kaum.
così [koˈsi]	**so**
Per favore non fare così!	Bitte nicht so!
Chi immaginava che fosse così brava?	Wer hätte gedacht, daß sie so tüchtig ist?
molto [ˈmolto]	**viel, sehr**
Hanno veramente lavorato molto.	Sie haben wirklich viel gearbeitet.
Eravamo tutti molto impazienti.	Wir waren alle sehr ungeduldig.
non [non]	**nicht**
Non andarci!	Geh nicht (da)hin!
Rocco non la saluta più.	Rocco grüßt sie nicht mehr.
per niente [perniˈɛnte]	**umsonst, für nichts**
Non dirmi che siamo venuti per niente!	Sag bloß, wir sind umsonst gekommen!
piuttosto [piut-ˈtɔsto]	**ziemlich**
Ha dei gusti piuttosto strani.	Er hat einen ziemlich seltsamen Geschmack.
quasi [kuˈaːzi]	**fast, beinahe**
Ormai è quasi certo.	Es ist nun fast sicher.
tanto [ˈtanto]	**(so) sehr, (so) viel**
Mi piacerebbe tanto conoscerla.	Ich möchte sie sehr gern kennenlernen.
troppo [ˈtrɔp-po]	**zu (sehr, viel)**
Ma il prezzo non è troppo alto?	Ist der Preis nicht doch zu hoch?

«2001–4000»

completamente [kompletaˈmente]	**vollständig, völlig**
Erano completamente ubriachi.	Sie waren völlig betrunken.
un po' [unˈpɔ] (*verkürzt aus* un poco)	**etwas, ein wenig, ein bißchen**
Niente di speciale, è solo un po' matto.	Nichts Besonderes, er ist nur ein bißchen verrückt.

2.5.3 VERGLEICH

«1–2000»

altrettanto [altret-ˈtanto] *avv.*	**genauso**
Loro però sono stati altrettanto veloci.	Sie waren aber genauso schnell.
anche [ˈaŋke] *avv.*	**auch**
I suoi diari mi sono piaciuti moltissimo. – Anche a me.	Ihre Tagebücher haben mir sehr gut gefallen. – Mir auch.
come [ˈkoːme] *congz.*	**wie**
Vorrebbe diventare attrice come la madre.	Sie möchte wie ihre Mutter Schauspielerin werden.
distinguere [disˈtiŋguere] *v.* (*irr.* 33)	**unterscheiden**
Sono così uguali che non è facile distinguerli.	Sie sehen sich so ähnlich, daß es nicht leicht ist, sie zu unterscheiden.
diverso [diˈvɛrso], **-a** *agg.*	**verschieden**
Erano affascinati dalle diverse possibilità della macchina.	Sie waren von den verschiedenen Möglichkeiten der Maschine fasziniert.
neanche [neˈaŋke] *avv.*	**auch nicht**
Io non ho ancora pagato, e tu? – Neanch'io.	Ich habe noch nicht bezahlt, und du? – Ich auch nicht.
più ... (di, che) [piˈu] *avv.*	*mit Komparativ zu übersetzen*
Nelle università gli uomini sono più numerosi delle donne.	An den Universitäten sind die Männer zahlreicher als die Frauen.
Suo figlio, signor Guidi, è più intelligente che diligente.	Herr Guidi, Ihr Sohn ist mehr intelligent als fleißig.
il più ... [ilpiˈu]	*mit Superlativ zu übersetzen*
Il Po è il fiume più lungo d'Italia.	Der Po ist der längste Fluß Italiens.
piuttosto [piut-ˈtɔsto] *avv.*	**eher, lieber**
Io prenderei piuttosto una birra.	Ich würde lieber ein Bier trinken.
simile [ˈsiːmile] *agg.*	**gleich, ähnlich**
Se non ha più questo modello, ne prendo uno simile.	Wenn Sie dieses Modell nicht mehr haben, nehme ich ein ähnliches.

stesso [ˈstes-so], **-a** *agg.* E così siamo allo stesso punto di prima.	*der/die/das* **gleiche, selbe** Und so sind wir am gleichen Punkt wie vorher.
uguale [uguˈaːle] *agg.* La legge è uguale per tutti.	**gleich, identisch** Das Gesetz ist für alle gleich.
vario [ˈvaːrio], **-a** *agg.* (*pl. m* -i) Ha comprato azioni di varie società.	**verschieden** Er hat Aktien verschiedener Gesellschaften gekauft.

«2001–4000»

confrontare (con) [konfronˈtaː-re] *v.* Avete confrontato i risultati?	**vergleichen** (mit) Habt ihr die Ergebnisse verglichen?
confronto [konˈfronto] *m* Un confronto diretto stabilirà chi è il migliore.	**Vergleich** *m* Ein direkter Vergleich wird zeigen, wer der beste ist.
differente [dif-feˈrɛnte] *agg.* Sono stoffe differenti per (*oder* di) qualità e prezzo.	**verschieden** Es sind Stoffe, die in der Qualität und im Preis verschieden sind.
differenza [dif-feˈrɛntsa] *f* Certe differenze non si possono ignorare.	**Unterschied** *m* Bestimmte Unterschiede darf man nicht übersehen.
meno [ˈmeːno] *avv.* Al mercato la frutta e la verdura sono meno care.	**weniger** Auf dem Markt sind Obst und Gemüse billiger.
quanto [kuˈanto] *avv.* Era più o meno ricca quanto il marito.	**(ebenso) wie** Sie war mehr oder weniger so reich wie ihr Ehemann.

2.6 Farben

«1–2000»

azzurro [ad-ˈdzur-ro], **-a** *agg.* Il vestito azzurro ti sta proprio bene.	**(himmel)blau** Das blaue Kleid steht dir wirklich gut.

bianco [bi'aŋko], **-a** *agg.* (*pl. m* -chi, *f* -che)	**weiß**
Già gli spuntano i primi capelli bianchi.	Schon wachsen ihm die ersten weißen Haare.
biondo [bi'ondo], **-a** *agg.*	**blond**
Le ragazze bionde danno nell'occhio.	Die blonden Mädchen fallen auf.
chiaro [ki'aːro], **-a** *agg.*	**hell, klar**
Per le pareti vorrei colori chiari.	Für die Wände hätte ich gern helle Farben.
colore [ko'loːre] *m*	**Farbe** *f*
Che colore preferisci?	Welche Farbe magst du lieber?
giallo ['dʒal-lo], **-a** *agg.*	**gelb**
Questa pianta è malata, ha le foglie gialle.	Diese Pflanze ist krank, sie hat gelbe Blätter.
grigio ['griːdʒo], **-a** *agg.* (*pl. m* -gi, *f* -gie *u.* ge)	**grau**
Questo eterno cielo grigio mette malinconia.	Dieser ewig graue Himmel macht einen ganz melancholisch.
nero ['neːro], **-a** *agg.*	**schwarz**
Mi fissava con i suoi occhi neri neri senza dir niente.	Sie starrte mich mit ihren pechschwarzen Augen an, ohne etwas zu sagen.
rosa ['rɔːza] *agg.* (*unv.*)	**rosa**
Il nastro rosa significa che è una bambina.	Das rosa Band bedeutet, daß es ein Mädchen ist.
rosso ['ros-so], **-a** *agg.*	**rot**
Dopo tanto sole la pelle era tutta rossa.	Nach so viel Sonne war die Haut ganz rot.
scuro ['skuːro], **-a** *agg.*	**dunkel**
Grigio sì, ma non così scuro!	Grau schon, aber doch kein so dunkles!
verde ['verde] *agg.*	**grün**
Se sono verdi, non sono mature.	Wenn sie grün sind, sind sie nicht reif.

«2001–4000»

arancione [aran'tʃoːne] *agg.* (*unv.*)	**orange(farbig)**
Hanno portato in spiaggia un ombrellone arancione.	Sie haben einen orangen Sonnenschirm zum Strand mitgebracht.

blu [blu] *agg.* (*unv.*) Aveva dei bellissimi occhi blu.	**blau** Sie hatte wunderschöne blaue Augen.
bruno [ˈbruːno], **-a** *agg.* Nella carta d'identità c'è scritto «capelli bruni».	**braun** Im Personalausweis ist „braune Haare" eingetragen.
celeste [tʃeˈlɛste] *agg.* Possiede solo camicie celesti.	**himmelblau, hellblau** Er besitzt nur hellblaue Hemden.
diventare rosso [divenˈtaːre-ˈros-so] Se parlano bene di lui, diventa rosso.	**erröten, rot werden** Wenn man ihn lobt, wird er rot.
marrone [mar-ˈroːne] *agg.* (*unv. oder* -i) Portava un cappotto marrone.	**(kastanien)braun** Er trug einen braunen Mantel.
pallido [ˈpal-lido], **-a** *agg.* Oggi sei più pallida del solito.	**blaß, bleich** Heute bist du blasser als sonst.

2.7 Formen

○ +

«1–2000»

forma [ˈforma] *f* Ha esperimentato numerose forme artistiche.	**Form** *f*, **Gestalt** *f* Er hat zahlreiche Kunstformen ausprobiert.
formare [forˈmaːre] *v.* Le nuvole formavano strane figure.	**bilden, formen, gestalten** Die Wolken bildeten sonderbare Figuren.
piano [piˈaːno], **-a** *agg.* Lungo l'Adriatico la costa è prevalentemente piana.	**eben, flach** Entlang der Adria ist die Küste vorwiegend flach.
punta [ˈpunta] *f* La punta del coltello è spezzata.	**Spitze** *f* Die Messerspitze ist abgebrochen.

«2001–4000»

blocco [ˈblɔk-ko] *m* (*pl.* -chi) Un enorme blocco di pietra bloccava la linea ferroviaria.	**Block** *m* Ein riesiger Steinblock blokkierte die Eisenbahnlinie.

cerchio [ˈtʃerkio] *m* (*pl.* -chi) — **Kreis** *m*
Erano seduti in cerchio intorno al fuoco. — Sie saßen im Kreis um das Feuer herum.

---

palla [ˈpal-la] *f* — **Kugel** *f*, **Ball** *m*
Ti ricordi le nostre battaglie a palle di neve? — Erinnerst du dich an unsere Schneeballschlachten?

---

piatto [piˈat-to], **-a** *agg.* — **flach**
Gli orologi da polso moderni sono molto più piatti d'una volta. — Die modernen Armbanduhren sind viel flacher als die von früher.

---

quadrato [kuaˈdraːto] *m* — **Viereck** *n*, **Quadrat** *n*
I lati del quadrato sono uguali. — Die Seiten des Quadrats sind gleich lang.

---

quadrato [kuaˈdraːto], **-a** *agg.* — **viereckig, quadratisch**
Le finestre erano tutte quadrate. — Die Fenster waren alle quadratisch.

---

rettangolo [ret-ˈtaŋgolo] *m* — **Rechteck** *n*
Calcolate la superficie del rettangolo. — Berechnen Sie die Fläche des Rechtecks.

---

rotondo [roˈtondo], **-a** *agg.* — **rund**
Per il bagno voleva una vasca rotonda. — Für das Badezimmer wollte er eine runde Badewanne.

---

triangolo [triˈaŋgolo] *m* — **Dreieck** *n*
La geometria del triangolo non è complicata. — Die Geometrie des Dreiecks ist nicht kompliziert.

2.8 Ursache und Wirkung

«1–2000»

causa [ˈkaːuza] *f* — **Ursache** *f*, **Grund** *m*
Sulle cause del disastro non si sapeva niente di preciso. — Über die Ursachen des Unglücks wußte man nichts Genaues.

---

a causa di [aˈkaːuzadi] *prep.* — **wegen**
Le gare sono state rinviate a causa del maltempo. — Die Wettkämpfe wurden wegen des schlechten Wetters verschoben.

---

condizione [konditsiˈoːne] *f* — **Bedingung** *f*
Per molti le condizioni di vita sono peggiorate. — Für viele haben sich die Lebensbedingungen verschlechtert.

conseguenza [konsegu'ɛntsa] *f* Le conseguenze del nuovo conflitto non sono prevedibili.	**Folge** *f* Die Folgen dieses neuen Konflikts sind nicht absehbar.
dunque ['duŋkue] *congz.* Penso, dunque sono.	**also, folglich** Ich denke, also bin ich.
ebbene [eb-'bɛːne] *congz.* Ebbene decidi come credi.	**nun** Nun entscheide, wie du meinst.
effetto [ef-'fɛt-to] *m* La cura non ha avuto l'effetto sperato.	**Wirkung** *f* Die Kur hat nicht den erhofften Erfolg gebracht.
infatti [in'fat-ti] *congz.* Hanno mantenuto la promessa, infatti i soldi sono arrivati ieri.	**in der Tat, tatsächlich** Sie haben ihr Versprechen gehalten, das Geld ist tatsächlich gestern eingetroffen.
invece di [in'veːtʃedi] Invece di lavorare legge il giornale. Ho comprato pesce, invece della carne.	**(an)statt zu, anstelle von** Anstatt zu arbeiten, liest er die Zeitung. Anstelle von Fleisch habe ich Fisch gekauft.
mezzo ['mɛd-dzo] *m* Il fine giustifica i mezzi.	**Mittel** *n* Der Zweck heiligt die Mittel.
motivo [mo'tiːvo] *m* Beh, avrà avuto i suoi motivi.	**Grund** *m*, **Motiv** *n* Na ja, er wird seine Gründe gehabt haben.
per [per] *prep.* L'ha fatto per la famiglia.	**für** Er hat es für die Familie getan.
per (+ *inf.*) [per] *congz.* Cosa consigliate per uscire da questa situazione?	**um ... zu** Was schlagt ihr vor, um aus dieser Situation herauszukommen?
perché [per'ke] *congz.* Sono venuto da te perché ho bisogno d'aiuto.	**da, weil** Ich bin zu dir gekommen, weil ich Hilfe brauche.
perciò [per'tʃɔ], **per questo** [perku'esto] *congz.* Si tratta di un caso urgente, perciò devi venire subito.	**deswegen, deshalb** Es handelt sich um einen dringenden Fall, deshalb mußt du sofort kommen.
poiché [poi'ke] *congz.* Poiché avete già deciso, non mi resta che accettare.	**da (ja)** Da ihr schon entschieden habt, bleibt mir nichts anderes übrig, als anzunehmen.

quindi [ku'indi] *congz.* Al momento non possiamo fare niente, quindi è meglio aspettare.	**also, daher, somit** Im Augenblick können wir nichts machen, daher ist es besser zu warten.
ragione [ra'dʒoːne] *f* Una delle ragioni è da cercare nel vostro comportamento.	**Grund** *m*, **Ursache** *f* Einer der Gründe ist in eurem Benehmen zu sehen.
risultato [risul'taːto] *m* Fra poco si sapranno i risultati della votazione.	**Ergebnis** *n* Bald wird man die Wahlergebnisse erfahren.
scopo ['skɔːpo] *m* Chissà quali sono i suoi veri scopi.	**Zweck** *m*, **Ziel** *n* Wer weiß, welche seine wahren Ziele sind.
servire (a) [sẹr'viːrea] *v.* Questo test serve a stabilire le capacità logiche.	**dienen zu, nützen** Dieser Test dient zur Feststellung der logischen Fähigkeiten.
visto che ['vistoke], **dato che** ['daːtoke] *congz.* Visto che non viene, io direi di cominciare lo stesso.	**da (ja), weil** Da er nicht kommt, schlage ich vor, daß wir trotzdem anfangen.

«2001–4000»

affinché [af-fiŋ'ke] *congz.* (*mit cong.*) Ve lo ripeto affinché non lo dimentichiate.	**damit** Ich sage es euch noch einmal, damit ihr es nicht vergeßt.
efficace [ef-fi'kaːtʃe] *agg.* Questo è il rimedio più efficace.	**wirksam** Das ist das wirksamste Mittel.
a favore di [afa'voːredi] Hanno organizzato un grande concerto a favore delle popolazioni africane.	**zugunsten von** Sie haben ein großes Konzert zugunsten der afrikanischen Völker organisiert.
malgrado [mal'graːdo] *prep.* Non ha perso il coraggio malgrado le non poche difficoltà.	**trotz** Trotz nicht weniger Schwierigkeiten, hat er den Mut nicht verloren.
origine [o'riːdʒine] *f* I nonni erano d'origine tedesca.	**Herkunft** *f*, **Ursprung** *m* Die Großeltern waren deutscher Abstammung.
provocare [provo'kaːre] *v.* La trasmissione ha provocato vivaci proteste.	**hervorrufen, verursachen** Die Sendung rief heftigen Protest hervor.

reazione [reatsi'oːne] *f* — **Reaktion** *f*

Da loro non mi sarei aspettato una reazione simile. — Eine solche Reaktion hätte ich von ihnen nicht erwartet.

---

sempre che ['sɛmpreke] *congz.* (*mit cong.*) — **wenn nur; vorausgesetzt, daß**

Sempre che siate d'accordo, si potrebbe già cominciare a settembre. — Vorausgesetzt, daß ihr einverstanden seid, könnte man schon im September beginnen.

---

siccome [sik-'koːme] *congz.* — **da**

Siccome insisteva tanto, gli ho detto di sì. — Da er so darauf bestand, habe ich (ihm) zugesagt.

2.9 Zustand und Veränderung

«1–2000»

apparire [ap-pa'riːre] *v.* (*irr.* 4; essere) — **erscheinen, scheinen**

Il sole apparve all'orizzonte. — Die Sonne erschien am Horizont.

---

aumentare [aumen'taːre] *v.* (essere) — **zunehmen, anwachsen, steigen**

Gli interessi sono aumentati dell'1%. — Die Zinsen sind um 1% gestiegen.

---

avvenimento [av-veni'mento] *m* — **Ereignis** *n*

Gli avvenimenti degli ultimi giorni hanno provocato una crisi di governo. — Die Ereignisse der letzten Tage haben eine Regierungskrise hervorgerufen.

---

avvenire [av-ve'niːre] *v.* (*irr.* 92; essere) — **geschehen, sich ereignen**

Nessuno sapeva come fosse avvenuto l'incidente. — Niemand wußte, wie sich der Unfall ereignet hatte.

---

bagnare [ba'ɲaːre] *v.* — **naß machen, anfeuchten**

Le camicie si stirano meglio se le bagni un po'. — Die Hemden lassen sich besser bügeln, wenn du sie ein wenig einsprengst.

---

bruciare [bru'tʃaːre] *v.* — **(ver)brennen**

Nella casa che bruciava per fortuna non c'era più nessuno. — In dem brennenden Haus war zum Glück niemand mehr.

calare [ka'laːre] *v.* (essere)	**abnehmen, sinken**
Il prezzo dell'oro calò improvvisamente.	Der Goldpreis sank plötzlich.
Dall'ultima volta è calato otto chili.	Seit dem letzten Mal hat er acht Kilo abgenommen.
cambiare [kambi'aːre] *v.* (essere)	**(sich) ändern, wechseln**
Le mie idee non sono cambiate.	Meine Vorstellungen haben sich nicht geändert.
caso ['kaːzo] *m*	**Fall** *m*
Questa storia mi ricorda il caso Dreyfus.	Diese Geschichte erinnert mich an die Dreyfusaffäre.
contenere [konte'neːre] *v.* (*irr.* 86)	**beinhalten, enthalten**
La lettera conteneva un mucchio di minacce.	Der Brief enthielt eine Menge Drohungen.
costruire [kostru'iːre] *v.* (-isc-)	**bauen, konstruieren**
Mancavano i soldi per costruire un'altra scuola.	Es fehlte an Geld, um noch eine Schule zu bauen.
diminuire [diminu'iːre] *v.* (-isc-)	**verringern, herabsetzen**
L'obiettivo principale è (quello) di diminuire le spese.	Das oberste Ziel ist, die Ausgaben zu verringern.
divenire [dive'niːre] *v.* (*irr.* 92; essere)	**werden**
Divenuto presidente nel '70, è rimasto in carica (per) 15 anni.	1970 wurde er Präsident und blieb 15 Jahre im Amt.
diventare [diven'taːre] *v.* (essere)	**werden**
Ma come sei diventato grande!	Du bist aber groß geworden!
esistere [e'zistere] *v.* (essere; *pp.* esistito)	**existieren, vorhanden sein, geben**
Questo personaggio non è mai esistito.	Diese Figur hat nie existiert.
essere ['ɛs-sere] *v.* (*irr.* 38)	**sein**
E' Lei il nuovo professore?	Sind Sie der neue Lehrer?
Le foto non sono ancora pronte.	Die Fotos sind noch nicht fertig.
esserci ['ɛs-sertʃi] *v.* (*irr.* 38)	**geben, sein**
Insomma, cosa c'è?	Also, was gibt's?
Non c'erano più banane.	Es gab keine Bananen mehr.
fatto ['fat-to] *m*	**Tat** *f*, **Vorfall** *m*
Alle parole ha fatto seguire i fatti.	Den Worten ließ er Taten folgen.

fenomeno [fe'nɔːmeno] *m* Molti fenomeni fisici non sono ancora stati spiegati.	**Erscheinung** *f*, **Phänomen** *n* Viele physikalische Phänomene sind noch nicht erklärt worden.
fermo ['fermo], **-a** *agg.* A causa della mancanza di corrente tutti gli apparecchi erano fermi.	**unbeweglich, still** Aufgrund eines Stromausfalls standen alle Apparate still.
liberare [libe'raːre] *v.* Gli ostaggi sono appena stati liberati.	**befreien** Die Geiseln sind gerade befreit worden.
mancare [maŋ'kaːre] *v.* E dire che non gli mancava niente!	**fehlen** Und dabei fehlte es ihm an nichts!
mancanza (di) [maŋ'kantsa] *f* Molti temono la mancanza di vitamine.	**Mangel** *m* (an) Viele fürchten Vitaminmangel.
moto ['mɔːto] *m* Un po' di moto ti farà bene.	**Bewegung** *f* Ein wenig Bewegung wird dir guttun.
movimento [movi'mento] *m* Notevoli movimenti di capitale hanno caratterizzato le ultime giornate.	**Bewegung** *f* Bemerkenswerte Kapitalbewegungen haben die letzten Tage charakterisiert.
muovere [mu'ɔːvere], **(-rsi)** (*irr.* 46) I dolori gli impediscono di muoversi.	**(sich) bewegen** Die Schmerzen hindern ihn daran, sich zu bewegen.
parere [pa'reːre] *v.* (*irr.* 51; essere) Il suo compito mi pare difficile.	**erscheinen** Seine Aufgabe erscheint mir schwierig.
raggiungere [rad-'dʒundʒere] *v.* (*irr.* 40) Per raggiungere il loro scopo sono disposti a tutto.	**erreichen** Um ihr Ziel zu erreichen, sind sie zu allem bereit.
realtà [real'ta] *f* (*unv.*) La realtà, caro mio, non è quella che credi tu.	**Wirklichkeit** *f* Die Wirklichkeit, mein Lieber, ist nicht die, an die du glaubst.
restare [res'taːre] *v.* (essere) Alla fine della giornata restava ancora molto da fare.	**bleiben** Am Ende des Tages blieb noch viel zu tun.

ridurre [ri'dur-re] *v.* (*irr.* 17) Hanno proposto di ridurre le ore di lavoro.	**einschränken, reduzieren** Es wurde vorgeschlagen, die Arbeitszeit zu verkürzen.
rimanere [rima'ne:re] *v.* (*irr.* 64; essere) Non è rimasto loro più nulla.	**bleiben, übrigbleiben** Ihnen ist nichts mehr geblieben.
rompere ['rompere], **-rsi** *v.* (*irr.* 67) La mia macchina è rotta. Le tazze di porcellana si rompono facilmente.	**(zer)brechen, kaputtgehen** Mein Wagen ist kaputt. Porzellantassen zerbrechen leicht.
salire [sa'li:re] *v.* (*irr.* 68; essere) La temperatura è salita di dieci gradi.	**steigen** Die Temperatur ist um zehn Grad gestiegen.
(di)scendere [(diʃ-)'ʃendere] *v.* (*irr.* 71; essere) Il valore del terreno è sceso così ad un minimo.	**(ab)fallen, (ab)sinken** Der Wert des Grundstücks ist dadurch auf ein Minimum gesunken.
scoppiare [skop-pi'a:re] *v.* (essere) Forse la gomma è scoppiata per la pressione troppo alta. Poi sono scoppiati in lacrime.	**platzen; ausbrechen** Vielleicht ist der Reifen wegen des zu hohen Drucks geplatzt. Dann brachen sie in Tränen aus.
scorrere ['skor-rere] *v.* (*irr.* 21; essere) Il traffico scorre senza problemi.	**fließen, gleiten** Der Verkehr fließt reibungslos.
situazione [situatsi'o:ne] *f* La situazione politica non era delle migliori.	**Lage** *f*, **Situation** *f* Die politische Lage war nicht die beste.
sparire [spa'ri:re] *v.* (-isc-; essere) Una valigia non può mica sparire così!	**verschwinden** Ein Koffer kann doch nicht einfach verschwinden!

stare ['staːre] *v.* (*irr.* 82; essere)	**stehen; sein; sich befinden; bleiben**
Stanno alla finestra.	Sie stehen am Fenster.
Le cose stanno così ...	Die Sache ist so ...
La filiale sta a fianco di quella chiesa.	Die Filiale befindet sich neben der Kirche dort.
Non stanno fermi un minuto!	Sie bleiben keine Minute ruhig!
stato ['staːto] *m*	**Zustand** *m*
Il suo stato di salute è buono.	Ihr Gesundheitszustand ist gut.
succedere [sut-'tʃɛːdere] *v.* (*irr.* 15; essere)	**geschehen, sich ereignen, vorkommen**
E' successo quando meno se l'aspettavano.	Es ist geschehen, als sie es am wenigsten erwarteten.
tendere (a) ['tɛndere] *v.* (*irr.* 85)	**streben** (nach), **neigen** (zu)
Tende spesso ad esagerare.	Er neigt oft zu Übertreibungen.
tendenza [ten'dɛntsa] *f*	**Neigung** *f*, **Tendenz** *f*
La tendenza generale del mercato è favorevole.	Die allgemeine Markttendenz ist günstig.
trovarsi [tro'varsi] *v.*	**sich befinden**
I documenti si trovano sotto il tuo naso.	Die Dokumente liegen vor deiner Nase.
unire [u'niːre] *v.* (-isc-)	**vereinigen, verbinden**
Li univa una profonda amicizia.	Die beiden verband eine tiefe Freundschaft.
venire [ve'niːre] *v.* (*irr.* 92; essere)	**kommen**
E' venuto il momento di scoprire le carte.	Es ist der Moment gekommen, die Karten aufzudecken.

«2001–4000»

andare [an'daːre] *v.* (*irr.* 3; essere)	**(hin)gehen, führen**
Dove andrà questa strada?	Wo mag diese Straße hinführen?
andare via [an'daːre'viːa]	**weggehen, losgehen**
Questa maledetta macchia non va via.	Dieser verflixte Fleck geht nicht weg.
circondare [tʃirkon'daːre] *v.*	**umgeben, umstellen**
Il paese era circondato da boschi e prati.	Das Dorf war von Wäldern und Wiesen umgeben.

za [tʃirkosˈtantsa] *f* — **Umstand** *m*
tanze erano piuttosto avorevoli. — Die Umstände waren ziemlich ungünstig.

---

aver luogo [averluˈɔːgo] — **stattfinden**
La cerimonia avrà luogo all'aperto. — Die Zeremonie wird im Freien stattfinden.

---

mettersi (a) [ˈmet-tersi] *v.* (*irr.* 43) — **anfangen** (mit + *sost.*; zu + *inf.*)
Si sono messi subito al lavoro. — Sie haben sich sofort an die Arbeit gemacht.

---

migliorare [miʎoˈraːre], **-rsi** *v.* (essere) — **sich bessern**
Speriamo che il tempo migliori. — Wir hoffen, daß das Wetter sich bessert.

---

progresso [proˈgrɛs-so] *m* — **Fortschritt** *m*
Sembra che non ci siano confini al progresso umano. — Für den menschlichen Fortschritt scheint es keine Grenzen zu geben.

---

sviluppare [zvilup-ˈpaːre], **(-rsi)** *v.* — **(sich) entwickeln**
Le relazioni tra i nostri paesi si sviluppano positivamente. — Die Beziehungen zwischen unseren Ländern entwickeln sich positiv.

---

sviluppo [zviˈlup-po] *m* — **Entwicklung** *f*
Tutto ciò ha favorito lo sviluppo dell'industria. — All das hat die industrielle Entwicklung begünstigt.

3 STRUKTURWÖRTER

3.1 Artikel

«1–2000»

il, lo, la, l' [il, lo, la, l] *bestimmter Artikel im Singular* — **der (den); die, das** *(Nom. u. Akk.)*
L'ingegner Rossi cerca lo sportello sette. — Ingenieur Rossi sucht den Schalter sieben.

i, gli, le [i, ʎi, le] *bestimmter Artikel im Plural* — **die** *(Nom. u. Akk.)*
Gli ospiti stranieri non leggono spesso i giornali italiani. — Ausländische Gäste lesen oft keine italienischen Zeitungen.

del, dello, della, dell' [del, ˈdel-lo, ˈdel-la, del-l] — **des, der** *(Gen. sing.)*
Questa è la filiale della banca. — Das ist die Filiale der Bank.

dei, degli, delle ['deːi, 'deːʎi, 'del-le]	**der** *(Gen. pl.)*
Il numero dei turisti aumenta ogni anno.	Die Zahl der Touristen steigt jedes Jahr.
al, allo, alla, all' [al, 'al-lo, 'al-la, al-l]	**dem, der** *(Dat. sing.)*
Dovete raccontare tutto all'avvocato.	Ihr müßt dem Rechtsanwalt alles erzählen.
ai, agli, alle ['aːi, 'aːʎi, 'al-le]	**den** *(Dat. pl.)*
Ditelo agli amici!	Sagt es den Freunden!
un, uno, una, un' [un, 'uːno, 'uːna, un] *unbestimmter Artikel*	**ein(en); eine, ein** *(Nom. u. Akk.)*
Un viaggiatore non aveva il biglietto.	Ein Reisender hatte keine Fahrkarte.
del, dello, della, dell' [del, 'del-lo, 'del-la, del-l] *Teilungsartikel im Singular*	*unübersetzt*
Come secondo vorrei del pesce.	Als zweiten Gang hätte ich gern Fisch.
dei, degli, delle ['deːi, 'deːʎi, 'del-le] *Teilungsartikel im Plural*	*unübersetzt*
Dietro la curva ci sono delle case molto belle.	Hinter der Kurve sind sehr schöne Häuser.
di [di] *Teilungsartikel nach Mengenbegriffen*	*unübersetzt*
Per favore, ci porti un litro di vino.	Bringen Sie uns bitte einen Liter Wein.
Prendo una fetta di torta.	Ich nehme ein Stück Torte.

3.2 Pronomen

3.2.1 PERSONALPRONOMEN

«1–2000»

Mit dem Verb verbunden:

io ['iːo]	**ich**
Credimi, non sono stato io!	Glaub mir, ich war es nicht!
mi, m' [mi, m]	**mir**
Claudia mi scrive tutti i giorni.	Claudia schreibt mir jeden Tag.

mi, m' [mi, m] Perché mi hai chiamato?	**mich** Warum hast du mich gerufen?
tu [tu] Tu sei un vero amico! **ti, t'** [ti, t] Ti scriverò fra due settimane. **ti, t'** [ti, t] Va bene, t'aspettiamo alle tre.	**du** Du bist ein wahrer Freund! **dir** Ich werde dir in zwei Wochen schreiben. **dich** In Ordnung, wir erwarten dich um drei Uhr.
egli, lui [ˈeːʎi, ˈluːi] *(Personen)* Egli crede che sia così. Parli lui se vuole! **esso** [ˈes-so] *(vor allem Tiere, Dinge)* Ho cercato di trattenere il cane, ma esso è fuggito. **gli** [ʎi] Ieri gli ho prestato la mia macchina. **lo, l'** [lo, l] Chissà dov'è Marco, non lo vedo da giorni.	**er** Er glaubt, daß es so ist. Soll er reden, wenn er will! **er** Ich habe versucht, den Hund zu halten, aber er ist entwischt. **ihm** Gestern habe ich ihm meinen Wagen geliehen. **ihn** Wer weiß, wo Marco steckt, ich sehe ihn seit Tagen nicht.
lei, essa [ˈlɛːi, ˈes-sa] Devi dirlo a tua sorella, può darsi che lei (*auch* essa) non voglia venire. **le** [le] D'accordo, le regaliamo questo orologio. **la, l'** [la, l] Maria è gentile con tutti, ma tu l'hai offesa.	**sie** *(Nom.)* Du mußt es deiner Schwester sagen, es könnte sein, daß sie nicht kommen will. **ihr** Einverstanden, wir schenken ihr diese Uhr. **sie** *(Akk.)* Maria ist zu allen freundlich, du hast sie aber beleidigt.
noi [ˈnoːi] Noi volevamo solo aiutarlo. **ci** [tʃi] Sì, sono sicuro che ci ha visti.	**wir** Wir wollten ihm nur helfen. **uns** *(Dat. u. Akk.)* Ja, ich bin sicher, daß er uns gesehen hat.
voi [ˈvoːi] Siete voi che dovete fare il primo passo. **vi** [vi] Il direttore vi ha chiamati.	**ihr** Ihr müßt den ersten Schritt tun. **euch** *(Dat. u. Akk.)* Der Direktor hat euch gerufen.

loro [ˈloːro] *(m u. f)* Ma loro dicono di no ...	**sie** *(Nom. u. Akk.)* Aber sie bestreiten es ...
essi [ˈes-si] *(m)* E' deciso che essi verranno domani.	**sie** *(Nom.)* Es ist entschieden, daß sie morgen kommen.
esse [ˈes-se] *(f)* La commissione ha fatto nuove proposte, esse aprono la strada alle trattative.	**sie** *(Nom.)* Die Kommission hat neue Vorschläge unterbreitet, sie eröffnen den Weg zu Verhandlungen.
loro [ˈloːro] *(m u. f)* Abbiamo mostrato loro (*auch* a loro) tutta la casa.	**ihnen** Wir haben ihnen das ganze Haus gezeigt.
gli [ʎi] *(m u. f)* Li ho invitati da me e gli ho preparato la cena.	**ihnen** Ich habe sie zu mir eingeladen und ihnen ein Abendessen vorgesetzt.
li [li] *(m)* Quando li hai visti?	**sie** *(Akk.)* Wann hast du sie gesehen?
le [le] *(f)* Ecco le chiavi, le ho cercate dappertutto!	**sie** *(Akk.)* Da sind die Schlüssel, ich habe sie überall gesucht!
Lei* [ˈlɛːi] *Höflichkeitsform* Se Lei vuole, possiamo partire anche subito.	**Sie** *(Nom. sing.)* Wenn Sie wollen, können wir auch sofort abfahren.
Le* [le] *Höflichkeitsform* Le spedirò al più presto la mia relazione.	**Ihnen** *(sing.)* Ich werden Ihnen schnellstens meinen Bericht zusenden.
La* [la] *Höflichkeitsform* La preghiamo di accettare.	**Sie** *(Akk. sing.)* Wir bitten Sie anzunehmen.
Loro* [ˈloːro] *Höflichkeitsform* Come Loro già sapranno, l'affare è sfumato.	**Sie** *(Nom. pl.)* Wie Sie ja schon wissen, ist das Geschäft geplatzt.
(a) Loro* [(a)ˈloːro] *Höflichkeitsform* Poi il notaio consegnerà Loro le copie.	**Ihnen** *(pl.)* Dann wird Ihnen der Notar die Kopien aushändigen.
Voi* [ˈvoːi] *Höflichkeitsform* Madonna Santa, aiutatemi Voi!	**Sie** *(Nom. sing. u. pl.)* Heilige Madonna, hilf mir!
Vi* [vi] *Höflichkeitsform* In allegato Vi spediamo il catalogo richiestoci.	**Ihnen** *(Dat. pl.)*; **Sie** *(Akk. pl.)* In der Anlage übersenden wir Ihnen den gewünschten Katalog.

* Heute wird allgemein die Kleinschreibung bevorzugt

si [si] *Reflexivpronomen*	**sich**
Molte persone si sono radunate nella piazza.	Viele Menschen haben sich auf dem Platz versammelt.
ci [tʃi] *Pronominaladverb*	**daran, da(hin)** *usw.*
Più ci penso e più mi dispiace.	Je mehr ich daran denke, desto mehr tut es mir leid.
Conosci Roma? – No, non ci sono mai stata.	Kennst du Rom? – Nein, ich war noch nie da.
ne [ne] *Pronominaladverb*	**davon, daraus** *usw.*
Spero che ne sarete contenti.	Ich hoffe, ihr werdet damit zufrieden sein.

Betont bzw. mit Präpositionen verbunden:

me [me]	**mir, mich**
Fa' come me!	Mach's wie ich!
Ma Silvana vuole vedere me e non te.	Aber Silvana will mich sehen, nicht dich.
E poi la sera i colleghi sono venuti tutti da me.	Und dann sind am Abend alle Kollegen zu mir gekommen.
te [te]	**dir, dich**
lui [ˈluːi]	**ihm, ihn**
esso [ˈes-so] *(nur Tiere u. Dinge)*	**ihm, ihn**
lei [ˈlɛːi]	**ihr, sie** *(Akk.)*
essa [ˈes-sa] *(nur Tiere u. Dinge)*	**ihr, sie** *(Akk.)*
noi [ˈnoːi]	**uns** *(Dat. u. Akk.)*
voi [ˈvoːi]	**euch** *(Dat. u. Akk.)*
loro [ˈloːro] *(m u. f)*	**ihnen, sie** *(pl.)*
essi [ˈes-si] *(m; nur Tiere u. Dinge)*	**ihnen, sie** *(pl.)*
esse [ˈes-se] *(f; nur Tiere u. Dinge)*	**ihnen, sie** *(pl.)*
sé [se] *Reflexivpronomen*	**sich**
E' un tipo che pensa sempre a sé (*häufig auch* a sé stesso *u.* a se stesso).	Das ist einer, der immer an sich denkt.

3.2.2 POSSESSIVPRONOMEN

«1–2000»

Adjektivisch gebraucht:

mio, mia [ˈmiːo, ˈmiːa] *(sing.)*, **miei, mie** [miˈɛːi, ˈmiːe] *(pl.)*	**mein(e)**
Ho perso la mia carta d'identità.	Ich habe meinen Personalausweis verloren.
Ho passato una bella serata con i miei compagni d'università.	Ich habe einen schönen Abend mit meinen Kommilitonen verbracht.
tuo, tua, tuoi, tue [ˈtuːo, ˈtuːa, tuˈɔːi, ˈtuːe]	**dein(e)**
suo, sua, suoi, sue [ˈsuːo, ˈsuːa, suˈɔːi, ˈsuːe]	**sein(e), ihr(e)**
nostro, nostra, nostri, nostre [ˈnɔstro, ˈnɔstra, ˈnɔstri, ˈnɔstre]	**unser(e)**
vostro, vostra, vostri, vostre [ˈvɔstro, ˈvɔstra, ˈvɔstri, ˈvɔstre]	**euer, eure**
loro [ˈloːro]	**ihr(e)**
Suo, Sua, Suoi, Sue, Loro [ˈsuːo, ˈsuːa, suˈɔːi, ˈsuːe, ˈloːro]	**Ihr(e)**

Substantivisch gebraucht:

il mio, la mia [ilˈmiːo, laˈmiːa]	**meiner, -e, -es**
Questa è la valigia di Roberto, dov'è la mia?	Das ist Roberts Koffer, wo ist meiner?
Se faceste meglio i vostri compiti, avrei più tempo per i miei.	Wenn ihr eure Aufgaben besser erledigen würdet, hätte ich mehr Zeit für meine.
il tuo, la tua [ilˈtuːo, laˈtuːa]	**deiner, -e, -es**
il suo, la sua [ilˈsuːo, laˈsuːa]	**seiner, -e, -es; ihrer, -e, -es**
il nọstro, la nostra [ilˈnɔstro, laˈnɔstra]	**unserer, -e, -es**
il vostro, la vostra [ilˈvɔstro, laˈvɔstra]	**eurer, -e, -es**
il loro, la loro [ilˈloːro, laˈloːro]	**ihrer, -e, -es**
il Suo, la Sua [ilˈsuːo, laˈsuːa], **il Loro, la Loro** [ilˈloːro, laˈloːro]	**Ihrer, -e, -es**

3.2.3 DEMONSTRATIVPRONOMEN

«1–2000»

Adjektivisch gebraucht:

questo [ku'esto], **-a**	**dieser, -e, -es; der, die, das**
Questo film mi è veramente piaciuto.	Der Film hat mir wirklich gefallen.
quel, quello, quella, quell' [ku'el, ku'el-lo, ku'el-la, kuel-l] *(sing.),* **quei, quegli, quelle** [ku'eːi, ku'eːʎi, ku'el-le] *(pl.)*	**jener, -e, -es; der, die, das (dort)**
Vorrei vedere quegli articoli che mi ha mostrato ieri.	Ich möchte die Artikel sehen, die Sie mir gestern gezeigt haben.
Prendete quelle sedie!	Nehmt die Stühle dort!
stesso ['stes-so], **-a**	**derselbe, dieselbe, dasselbe; der, die, das gleiche**
Sei sicuro che sia lo stesso libro?	Bist du sicher, daß es das gleiche Buch ist?

Substantivisch gebraucht:

questo [ku'esto], **-a**	**dieser, -e, -es (hier); der, die, das (hier)**
Questa è la piazza più antica della città.	Dieser hier ist der älteste Platz der Stadt.
quello [ku'el-lo], **-a**	**dieser, -e, -es (dort); jener, -e, -es; der, die, das (dort)**
No, il mio ombrello non è quello.	Nein, der da ist nicht mein Regenschirm.
lo stesso [lo'stes-so]	**das gleiche; gleich**
Credo pensi lo stesso anche lui.	Ich glaube, er denkt das gleiche.
Se per voi fa lo stesso vengo subito.	Wenn es euch gleich ist, komme ich sofort.

3.2.4 FRAGEPRONOMEN

«1–2000»

Adjektivisch gebraucht:

che? [ke] *(unv.)*	**welcher, -e, -es?; was für ein(e)?**
Che scuola frequenti?	Welche Schule besuchst du?
quale, quali? [ku'aːle, ku'aːli] *(m u. f)*	**welcher, -e, -es?**
Quale città ti è piaciuta di più?	Welche Stadt hat dir am besten gefallen?
Ti ricordi in quali negozi siamo stati ieri?	Erinnerst du dich, in welchen Geschäften wir gestern waren?
quanto, quanti? [ku'anto, ku'anti] *(m)*, **quanta, quante?** [ku'anta, ku'ante] *(f)*	**wieviel, wie viele?**
Quanto denaro avete cambiato?	Wieviel Geld habt ihr gewechselt?
Fra quanti minuti dobbiamo partire?	In wieviel Minuten sollen wir fahren?

Substantivisch gebraucht:

chi? [ki]	**wer?**
Pronto, chi parla?	Hallo, wer spricht dort?
Vorrei sapere chi è stato.	Ich möchte wissen, wer es gewesen ist.
di chi? [di'ki]	**wessen?**
Di chi è questa giacca?	Wessen Jacke ist das?
a chi? [a'ki]	**wem?**
A chi hai dato il libro?	Wem hast du das Buch gegeben?
chi? [ki]	**wen?**
Chi hai salutato?	Wen hast du begrüßt?
che (cosa)? [ke('kɔːsa)], **cosa?** ['kɔːsa]	**was?** *(Nom. u. Akk.)*
(Che) Cosa fate stasera?	Was macht ihr heute abend?
A che pensi?	Woran denkst du?
In che cosa consiste la prova?	Worin besteht die Aufgabe?
quale, quali? [ku'aːle, ku'aːli] *(m u. f)*	**welcher, -e, -es?**
Di questi dischi quali preferisci?	Welche von diesen Schallplatten magst du lieber?

quanto, quanti? [ku'anto, ku'anti] *(m),* **quanta, quante?** [ku'anta, ku'ante] *(f)*	**wieviel, wie viele?**
Quanti accetteranno a queste condizioni?	Wie viele werden zu diesen Bedingungen zusagen?
ciò che ['tʃɔke], **quello che** [ku'el-loke]	**was**
Perché non ripeti ciò che hai sentito?	Warum wiederholst du nicht, was du gehört hast?

3.2.5 RELATIVPRONOMEN

«1–2000»

che [ke]	**der, die, das** *(Nom. u. Akk.; sing. u. pl.)*
La matematica è una materia che mi interessa molto.	Mathematik ist ein Fach, das mich sehr interessiert.
cui ['ku:i]	**dessen, deren; von dem, von der, von denen**
Ecco i ragazzi con cui lavoro.	Da sind die Jungs, mit denen ich arbeite.
Sono tutte cose (a) cui si dà troppa importanza.	Das sind alles Dinge, denen man zuviel Bedeutung beimißt.
il/la quale [il/laku'a:le], **i/le quali** [i/leku'a:li] *(fast nur literarisch)*	**welcher, -e, -es**
Il romanzo del quale tutti parlano non è nulla di speciale.	Der Roman, von dem alle reden, ist nichts Besonderes.
Le prove sulle quali basa l'accusa sono piuttosto deboli.	Die Beweise, auf denen die Anklage beruht, sind ziemlich schwach.
dove ['do:ve]	**wo; in dem, in der** *usw.*
Questo è il palazzo dove è nato il Goldoni.	Das ist der Palast, in dem Goldoni geboren wurde.
ciò che ['tʃɔke], **quel(lo) che** [ku'el(-lo)ke]	**(das,) was**
Bisogna credere in ciò che si fa.	Man muß glauben an das, was man tut.
Non so più quello che volevo dire.	Ich weiß nicht mehr, was ich sagen wollte.

quanto [kuˈanto]	**(alles das,) was**
Ti prometto di fare quanto è possibile.	Ich verspreche dir, alles, was möglich ist, zu unternehmen.
Per quanto la riguarda è d'accordo.	Was sie betrifft, ist sie einverstanden.

3.2.6 UNBESTIMMTE PRONOMEN

Nur adjektivisch gebraucht:

«1–2000»

ogni [ˈoːɲi] *(m u. f; das folgende Substantiv steht im Singular)*	**jeder, -e, -es**
Dovete cercare in ogni stanza.	Ihr müßt in jedem Raum suchen.
qualche [kuˈalke] *(m u. f; das folgende Substantiv steht im Singular)*	**einige; manche**
Ho rivisto qualche collega.	Ich habe einige Kollegen wiedergesehen.
qualsiasi [kualˈsiːasi] *(m u. f; das folgende Substantiv steht im Singular)*	**jeder, -e, -es (beliebige)**
Pagherei qualsiasi somma ...	Ich würde jede Summe bezahlen ...
qualunque [kuaˈluŋkue] *(m u. f; das dazugehörige Substantiv steht im Singular)*	**jeder, -e, -es (beliebige); welcher, -e, -es auch immer**
Dammi una rivista qualunque.	Gib mir irgendeine Zeitschrift.

Adjektivisch und pronominal gebraucht:

«1–2000»

alcun, alcuno, alcuna, alcun' [alˈkun, alˈkuːno, alˈkuːna, alˈkun]	**keiner, -e, -es** *(in verneinten Sätzen)*
Non posso darti alcun consiglio.	Ich kann dir keinen Rat geben.

alcuni, alcune [al'kuːni, al'kuːne]	**einige; manche**
Mi ha telefonato alcuni giorni fa.	Er hat mich vor einigen Tagen angerufen.
altro, altri ['altro, 'altri] *(m),* **altra, altre** ['altra, 'altre] *(f)*	**anderer, -e, -es; andere** *(pl.)*
Erano altri tempi.	Das waren noch andere Zeiten.
certo, certi ['tʃɛrto, 'tʃɛrti] *(m),* **certa, certe** ['tʃɛrta, 'tʃɛrte] *(f)*	**gewisser, -e, -es; solcher, -e, -es; gewisse, solche** *(pl.)*
Un certo dottor Verdi ha chiesto di te.	Ein gewisser Dr. Verdi hat nach dir gefragt.
Certe cose non devono ripetersi.	Solche Dinge dürfen sich nicht wiederholen.
ciascun, ciascuno [tʃas'kun, tʃas'kuːno] *(m),* **ciascuna, ciascun'** [tʃas'kuːna, tʃas'kun] *(f)*	**jeder, -e, -es**
A ciascun partecipante è stata consegnata una medaglia.	Jedem Teilnehmer wurde eine Medaille überreicht.
diverso, diversi [di'vɛrso, di'vɛrsi], **diversa, diverse** [di'vɛrsa, di'vɛrse] *(f)*	**mehrere; manche; verschiedene**
Per questa sera abbiamo invitato diversa gente.	Für heute abend haben wir mehrere Leute eingeladen.
molto, molti ['molto, 'molti] *(m),* **molta, molte** ['molta, 'molte] *(f)*	**viel, viele**
Ci siamo incontrati dopo molte settimane.	Wir haben uns nach vielen Wochen getroffen.
nessun, nessuno [nes-'sun, nes-'suːno] *(m),* **nessuna, nessun'** [nes-'suːna, nes'sun] *(f)*	**keiner, -e, -es**
Lo stato del paziente non segna nessun miglioramento.	Der Zustand des Patienten zeigt keine Besserung.
nessuno [nes-'suːno], **-a**	**niemand** *(in verneinten Sätzen)*
Nessuno sapeva dove fossero.	Niemand wußte, wo sie waren.
niente [ni'ɛnte]	**nichts**
Niente gli faceva paura!	Ihm machte nichts Angst!
Non vi va bene niente!	Euch ist nichts recht!
Ehi, non avete proprio niente di meglio da fare?	He! Habt ihr wirklich nichts Besseres zu tun?
No, non so niente di nuovo.	Nein, ich weiß nichts Neues.
Ha pagato senza dire niente.	Er bezahlte, ohne etwas zu sagen.

nulla ['nul-la]	**nichts**
Nulla potrà cambiarlo ...	Nichts wird ihn ändern können ...
Non vuole fare più nulla.	Er will nichts mehr machen.
Ti sei fatta male? – Non è nulla.	Hast du dir weh getan? – Nein, es ist nichts.
Non c'è nulla di più originale?	Gibt es nichts Originelleres?
parecchio, parecchi [pa'rek-kio, pa'rek-ki] *(m)*, **parecchia, parecchie** [pa'rek-kia, pa'rek-kie] *(f)*	**ziemlich viel, viele; mancher, -e, -es; mehrere**
Oggi avremo parecchio da fare.	Heute werden wir ziemlich viel zu tun haben.
poco, pochi ['pɔːko, 'pɔːki] *(m)*, **poca, poche** ['pɔːka, 'pɔːke] *(f)*	**wenig, wenige**
Qui con pochi soldi si mangia benissimo.	Hier ißt man mit wenig Geld sehr gut.
tale, tali ['taːle, 'taːli] *(m u. f)*	**solch ein(e); (ein) solcher, -es, (eine) solche**
Avevo una tale paura ...	Ich hatte (eine) solche Angst ...
un tale, una tale [un'taːle, 'uːna'taːle]	**ein gewisser, -es, eine gewisse; einer, eine**
E' venuto un tale che voleva parlarti.	Einer war da, der dich sprechen wollte.
tanto, tanti ['tanto, 'tanti] *(m)*, **tanta, tante** ['tanta, 'tante] *(f)*	**viel, viele**
Con alcuni bambini ci vuole tanta pazienza.	Mit einigen Kindern braucht man viel Geduld.
troppo, troppi ['trɔp-po, 'trɔp-pi] *(m)*, **troppa, troppe** ['trɔp-pa, 'trɔp-pe] *(f)*	**zuviel, zu viele**
Non mangiare troppi dolci.	Iß nicht zuviel Süßigkeiten.
tutto, tutti ['tut-to, 'tut-ti] *(m)*, **tutta, tutte** ['tut-ta, 'tut-te] *(f)*	**ganz; alle**
Siamo rimasti a casa tutta la mattina.	Wir sind den ganzen Morgen zu Hause geblieben.
Sono venuti tutti gli amici di Claudio.	Alle Freunde von Claudio sind gekommen.
vari ['vaːri] *(m)*, **varie** ['vaːrie] *(f)*	**mehrere; manche; verschiedene**
Credo che avremo varie cose da dirci.	Ich glaube, wir werden uns manches zu erzählen haben.

3.3 Partikeln

3.3.1 PRÄPOSITIONEN

(*Siehe auch ZEIT 2.1.6.5, RÄUMLICHE BEGRIFFE 2.2.4, URSACHE UND WIRKUNG 2.8*)

«1–2000»

a [a]	*mit Dat. zu übersetzen*
Vorrei regalare un orologio a mia moglie.	Ich möchte meiner Frau eine Uhr schenken.
a [a]	*unübersetzt*
Ci serve un film a colori.	Wir brauchen einen Farbfilm.
a [a]	**je, pro; mit** *(oder adjektivisch)*
L'uva costa 1800 lire al chilo.	Die Weintrauben kosten 1800 Lire pro Kilo.
Adesso abitiamo in una casa a tre piani.	Jetzt wohnen wir in einem dreistöckigen Haus.
a [a] *(+ inf.)*	**(um ...) zu**
Rimanete a vedere la partita?	Bleibt ihr, um das Fußballspiel zu sehen?
con [kon]	**mit**
Preferisco scrivere con la stilo.	Ich schreibe lieber mit dem Füller.
con [kon]	**bei**
Con questo tempo è meglio non uscire.	Es ist besser, bei diesem Wetter nicht auszugehen.
contro [ˈkontro]	**gegen, wider**
Molte istituzioni lottano contro la fame nel mondo.	Viele Institutionen kämpfen gegen den Hunger in der Welt.
da [da]	**mit**
E' una bella ragazza dai capelli biondi e dagli occhi azzurri.	Sie ist ein hübsches Mädchen mit blonden Haaren und blauen Augen.
da [da]	**zu**
Un francobollo da 400 lire.	Eine Briefmarke zu 400 Lire.
da [da]	*unübersetzt (ungefähre Bedeutung „für")*
abito da sera	Abendkleid, -anzug
borsa da viaggio	Reisetasche
da [da] *(+ inf.)*	**zu**
Ho molto da fare.	Ich habe viel zu tun.
C'è da diventare matti.	Es ist zum Verrücktwerden.

di [di]	**von;** *oft mit Gen. zu übersetzen*
Ci serve un libro sui palazzi di Venezia.	Wir brauchen ein Buch über die Paläste von Venedig.
La politica del governo ha sorpreso tutti.	Die Politik der Regierung hat alle überrascht.
di [di]	*unübersetzt*
la città di Napoli	die Stadt Neapel
di [di] *(+ inf.)*	**zu**
Hanno cercato di telefonarti tutto il giorno.	Sie haben den ganzen Tag versucht, dich anzurufen.
entro [entro]	**in, binnen, innerhalb**
Il progetto deve essere pronto entro due giorni.	Der Plan muß in zwei Tagen fertig sein.
in [in]	**auf, in**
Come si dice in tedesco «grazie»?	Wie sagt man auf deutsch „grazie"?
in [in]	*unübersetzt bzw.* **zu**
Eravamo solo in tre.	Wir waren nur drei (zu dritt).
in [in]	**in**
E' possibile pagare in marchi?	Kann man in DM bezahlen?
in [in]	**mit**
Penso che verranno in macchina.	Ich denke, daß sie mit dem Auto kommen werden.
invece di [inˈveːtʃedi]	**(an)statt ... zu**
Invece di aiutarci stanno giocando a carte.	Anstatt uns zu helfen, spielen sie Karten.
meno [ˈmeːno]	**außer, bis auf**
Alla festa c'erano tutti meno la figlia del notaio.	Alle waren auf dem Fest außer der Tochter des Notars.
nonostante [nonosˈtante]	**trotz**
Nonostante il gran caldo Carla e Paolo giocano a tennis.	Trotz der großen Hitze spielen Carla und Paul Tennis.
quanto a [kuˈantoa]	**was ... betrifft**
Quanto a me possiamo partire oggi.	Was mich betrifft, können wir heute abfahren.
secondo [seˈkondo]	**nach (der Meinung von)**
Chi è il più forte secondo te?	Wer ist deiner Meinung nach der Stärkste?
senza [ˈsɛntsa]	**ohne**
E' un bell'albergo, però è senza (la) piscina.	Es ist ein schönes Hotel, aber es hat kein Schwimmbad.
Ci sono riusciti senza spendere una lira.	Sie haben es geschafft, ohne einen Pfennig auszugeben.

su [su] C'erano tre-quattro uomini, tutti sui cinquant'anni.	**um, circa, ungefähr** Es waren drei, vier Männer da, alle um die Fünfzig.
su [su] 70 italiani su 100 parlano dialetto in famiglia.	**von** 70 von 100 Italienern sprechen in der Familie Dialekt.
tra/fra [tra/fra] Susanna è la migliore tra le mie amiche.	**unter** *oder mit Gen. zu übersetzen* Susanne ist die beste von meinen Freundinnen.
tra/fra [tra/fra] Fra i due modelli non c'è molta differenza.	**zwischen** Zwischen den beiden Modellen gibt es keinen großen Unterschied.
tra/fra [tra/fra] Parla fra sé. Le donne parlavano tra loro a bassa voce.	**bei; untereinander** Er führt Selbstgespräche. Die Frauen sprachen leise untereinander.

«2001–4000»

insieme a/con [insiˈɛːmea/kon] Vive insieme alla madre ed a una sorella.	**zusammen mit** Er lebt mit der Mutter und einer Schwester zusammen.
malgrado [malˈgraːdo] Vogliono andare a passeggio malgrado la pioggia.	**trotz** Sie wollen trotz des Regens spazierengehen.
mediante [mediˈante] La banca è protetta mediante uno speciale sistema d'allarme.	**mittels, durch, dank** Die Bank ist durch ein spezielles Alarmsystem gesichert.
riguardo a [riguˈardoa] Riguardo al conto non posso fare niente.	**was ... betrifft, was ... anbelangt** Was die Rechnung betrifft, kann ich nichts machen.
rispetto a [risˈpɛt-toa] L'Italia, rispetto agli altri paesi europei, esporta molte scarpe.	**in bezug auf; im Vergleich zu** Im Vergleich zu den anderen Ländern Europas führt Italien viele Schuhe aus.
verso [ˈvɛrso] Siamo stati educati al massimo rispetto verso i genitori.	**gegenüber** Wir wurden zum größten Respekt gegenüber den Eltern erzogen.

verso di ['vɛrsodi]	**gegenüber** *bei Pronomen*
Lei è sempre stata gentile verso di me.	Mir gegenüber ist sie immer freundlich gewesen.

3.3.2 KONJUNKTIONEN

(*Siehe auch ZEIT 2.1.6.6, URSACHE UND WIRKUNG 2.8*)

«1–2000»

anche ['aŋke]	**auch**
E' molto brava anche in matematica.	Sie ist auch in Mathematik sehr gut.
anzi ['antsi]	**vielmehr; im Gegenteil**
Ma no, anzi, sono molto contento.	Aber nein, ich bin im Gegenteil sehr zufrieden.
benché [beŋ'ke] *(mit cong.)*	**obwohl**
Benché non fosse convinto non ha detto niente.	Obwohl er nicht überzeugt war, hat er nichts gesagt.
che [ke]	**daß**
Sono contento che tu sia tornato prima.	Ich bin froh, daß du früher zurückgekommen bist.
cioè [tʃo'ɛː]	**und zwar; das heißt**
L'aereo dovrebbe atterrare alle 9 e 50, cioè fra 7 minuti.	Das Flugzeug sollte um 9.50 Uhr landen, d. h. in 7 Minuten.
come ['koːme]	**wie, als**
Mi ha sempre trattato come un fratello.	Er hat mich immer wie einen Bruder behandelt.
comunque [ko'muŋkue] *(mit cong.)*	**wie auch immer**
Comunque vada, vi terrò informati.	Wie auch immer es gehen mag, ich werde euch auf dem laufenden halten.
comunque [ko'muŋkue] *(nachgestellt)*	**auf jeden Fall; sowieso**
Marco è convinto che lei lo sposerà comunque.	Markus ist überzeugt, daß sie ihn auf jeden Fall heiraten wird.
e [e], **ed** [ed] *(vor anlautendem e)*	**und**
Giorgio ed Elisa sono una bella coppia.	Georg und Elisa sind ein schönes Paar.

eppure [ep-ˈpuːre] Non ci siamo riusciti, eppure la prova non era difficile.	**jedoch; dennoch** Der Test war nicht schwer, dennoch haben wir es nicht geschafft.
inoltre [iˈnoltre] Verrei volentieri, ma sono stanco e inoltre non ho più soldi.	**außerdem** Ich würde gern kommen, aber ich bin müde und außerdem habe ich kein Geld mehr.
ma [ma] Cerchiamo un appartamento in centro ma non troppo caro.	**aber** Wir suchen eine Wohnung im Zentrum, aber keine zu teure.
né [ne] Non ci ha telefonato né ci ha scritto. **né ... né** [ne ... ne] Non mi ha detto né sì né no.	**und nicht, auch nicht** Er hat uns nicht angerufen und auch nicht geschrieben. **weder ... noch** Er hat weder ja noch nein gesagt.
neanche [neˈaŋke], **nemmeno** [nem-ˈmeːno], **neppure** [nep-ˈpuːre] Non abbiamo neanche il tempo di salutarlo. Per la paura non riusciva a dire nemmeno una parola.	**nicht einmal; auch nicht** Wir haben nicht einmal die Zeit, ihm guten Tag zu sagen. Aus Angst konnte er nicht einmal ein Wort herausbringen.
nonostante [nonosˈtante] *(mit cong.)* Nonostante fosse già anziana aveva ancora molta energia.	**obwohl** Obwohl sie schon alt war, hatte sie noch viel Energie.
però [peˈrɔ] Avrà ragione lui, però non mi convince.	**aber, jedoch, doch** Er mag recht haben, das überzeugt mich aber nicht.
sia ... che [ˈsiːa ... ke] Continueremo a cercare sia di giorno che di notte.	**sowohl ... als auch** Wir werden sowohl bei Tag als auch bei Nacht weitersuchen.
tuttavia [tut-taˈviːa] Non è più giovane, tuttavia impara molto in fretta.	**jedoch; dennoch, trotzdem** Er ist nicht mehr jung, dennoch lernt er sehr schnell.

«2001–4000»

caso mai [ˈkaːzoˈmaːi] *(mit cong.)*	**falls**
Caso mai vedessimo Roberta, cosa dobbiamo dirle?	Falls wir Roberta sehen, was sollen wir ihr sagen?
come se [ˈkoːmese] *(mit cong.)*	**als ob**
Comportatevi come se non fosse successo niente!	Benehmt euch, als ob nichts geschehen wäre!
considerando che [consideˈrandoke], **considerato che** [consideˈraːtoke]	**in Anbetracht der Tatsache, daß**
Considerando che non c'è molto lavoro, abbiamo deciso di chiudere per una settimana.	In Anbetracht der Tatsache, daß es wenig Arbeit gibt, haben wir entschieden, eine Woche zu schließen.
a meno che [am-ˈmeːnoke] *(mit cong.)*	**außer wenn; es sei denn, daß**
A meno che il treno sia in ritardo, non arriviamo più in tempo.	Wir kommen nicht mehr rechtzeitig hin, es sei denn, der Zug hat Verspätung.
non solo ... ma anche [nonˈsoːlo ... maˈaŋke]	**nicht nur ... sondern auch**
Non solo è una vecchia amica, ma è anche la moglie di mio fratello.	Sie ist nicht nur eine langjährige Freundin, sondern auch die Frau meines Bruders.
per di più [perdipiˈu]	**dazu, außerdem**
... e per di più è un tipo strano.	... und noch dazu ist er ein sonderbarer Typ.
sebbene [seb-ˈbɛːne] *(mit cong.)*	**obwohl**
Sebbene fosse malato, è andato a pescare.	Er ist angeln gegangen, obwohl er krank war.
senza che [ˈsɛntsake] *(mit cong.)*	**ohne daß**
E' andata via senza che potessi parlarle.	Sie ist gegangen, ohne daß ich sie sprechen konnte.
tanto [ˈtanto]	**sowieso, ohnehin; wie auch immer**
Non pensarci, tanto ormai è finita.	Denk nicht daran, es ist jetzt sowieso vorbei.
tanto più che [tantopiˈuke]	**zumal; um so mehr, als**
Non ho voglia di uscire, tanto più che non sto bene.	Ich habe keine Lust auszugehen, zumal es mir nicht gut geht.

SONSTIGE PARTIKELN

«1–2000»

c'è [tʃɛ] *(sing.)*, **ci sono** [tʃiˈsoː-no] *(pl.)*	**es gibt; ist; sind; sich befinden** *(oft in Verbindung mit Ortsangabe bzw. Ortsadverb)*
Contro molte malattie ci sono rimedi molto efficaci.	Gegen viele Krankheiten gibt es sehr wirksame Mittel.
La signora Bianchi non c'è.	Frau Bianchi ist nicht da.
Subito dietro quella porta ci sono le sale d'aspetto.	Gleich hinter der Tür dort sind die Warteräume.
ecco [ˈɛk-ko]	**sieh da; da kommt, da kommen**
Ecco il proprietario finalmente!	Da kommt der Besitzer endlich!
ecco [ˈɛk-ko]	**da ist, da sind; hier ist, hier sind**
Hai delle cartoline postali? – Sì, eccone due.	Hast du Postkarten? – Ja, hier sind zwei.

3.4 Hilfs- und Modalverben

«1–2000»

avere [aˈveːre] (*irr.* 8)	**haben**
Come avete dormito?	Wie habt ihr geschlafen?
avere da [aˈveːreda]	**müssen; haben zu**
Come vedi, abbiamo molto da fare.	Wie du siehst, haben wir viel zu tun.
dovere [doˈveːre] (*irr.* 36)	**müssen, sollen**
Dovete aiutarmi.	Ihr müßt mir helfen.
Il treno dovrebbe arrivare ora.	Der Zug sollte jetzt ankommen.
essere [ˈɛs-sere] (*irr.* 38)	**sein**
Ieri è arrivata la tua lettera.	Gestern ist dein Brief angekommen.
essere [ˈɛs-sere] (*irr.* 38)	**werden** *(beim Passiv)*
L'intera squadra è stata premiata.	Die ganze Mannschaft wurde ausgezeichnet.
essere [ˈɛs-sere] (*irr.* 38)	**haben**
Credo che Lori si sia sbagliata.	Ich glaube, Lori hat sich geirrt.
fare [ˈfaːre] (*irr.* 39)	**(veran)lassen**
Bisogna far(e) venire un elettricista.	Man muß einen Elektriker kommen lassen.
lasciare [laʃ-ˈʃaːre]	**(zu)lassen**
La maestra lascia giocare i bambini.	Die Lehrerin läßt die Kinder spielen.

potere [po'te:re] (*irr.* 56)	**können; dürfen**
Certo, posso venire da te domani.	Sicher, ich kann morgen zu dir kommen.
Scusi, posso parlarle un attimo?	Verzeihung, darf ich Sie einen Augenblick sprechen?
sapere [sa'pe:re] (*irr.* 69)	**können**
Barbara sa parlare bene l'italiano.	Barbara kann gut italienisch sprechen.
stare ['sta:re] (*irr.* 82) *mit Gerundium*	**(gerade) dabei sein zu ...**
Sto mangiando, ora non ho tempo.	Ich esse gerade, jetzt habe ich keine Zeit.
stare per ['sta:reper] (*irr.* 82) *mit Infinitiv*	**im Begriff sein zu ...**
Stavo proprio per uscire, vuoi accompagnarmi?	Ich war gerade im Begriff auszugehen, willst du mich begleiten?
venire [ve'ni:re] (*irr.* 92)	**werden** (*beim Passiv, aber nur in den einfachen Zeiten)*
Il progetto migliore verrà premiato.	Der beste Entwurf wird ausgezeichnet werden.
volere [vo'le:re] (*irr.* 95)	**wollen, mögen**
Se è possibile, vorrei un appuntamento per domani.	Wenn möglich, möchte ich einen Termin für morgen.

3.5 Die wichtigsten unregelmäßigen Verben

(Die nicht aufgeführten Formen sind regelmäßig oder können abgeleitet werden)

Es bedeuten:

pres. = *indicativo presente*
imp. = *indicativo imperfetto*
pr. = *passato remoto*
fut. = *indicativo futuro*
cong.p. = *congiuntivo presente*
cong.i. = *congiuntivo imperfetto*
cond. = *condizionale presente*
imper. = *imperativo*
pp. = *participio passato*

(1) accendere
pr.: **accesi, accese, accesero** *pp.:* **acceso**

(2) accorgersi
pr.: mi **accorsi**, si **accorse,** si **accorsero** *pp.:* **accorto**

(3) andare
pres.: **vado, vai, va, andiamo, andate, vanno**
fut.: **andrò** *usw.* *cond.:* **andrei** *usw.*
cong.p.: **vada, vada, vada, vadano**
imper.: **va** *oder* **vai** *oder* **va', vada, vadano**

(4) apparire
pres.: **appaio, appaiono** *imper.:* **appaia, appaiano**
cong.p.: **appaia, appaia, appaia, appaiano** *pp.:* **apparso**

(5) aprire
pr.: **aprii, apristi** *usw. oder.:* **apersi, aperse, apersero**
pp.: **aperto**

(6) assolvere
pr.: **assolsi, assolse, assolsero** *pp.:* **assolto**
ebenso **risolvere**

(7) assumere
pr.: **assunsi, assunse, assunsero** *pp.:* **assunto**

(8) avere
pres.: **ho, hai, ha, abbiamo, avete, hanno**
pr.: **ebbi, ebbe, ebbero**
fut.: **avrò** *usw.* *cond.:* **avrei** *usw.*
cong.p.: **abbia, abbia, abbia, abbiamo, abbiate, abbiano**
imper.: **abbi, abbia, abbiamo, abbiate, abbiano**

(9) bere
pres.: **bevo, bevi, beve, beviamo, bevete, bevono**
imp.: **bevevo** *usw.* *pp.:* **bevuto**
pr.: **bevvi, bevesti, bevve, bevvero** *oder.:* **bevetti, bevette, bevettero**
fut.: **berrò** *usw.* *cond.:* **berrei** *usw.*
cong.p.: **beva** *usw.* *cong.i.:* **bevessi** *usw.*

(10) cadere
pr.: **caddi, cadde, caddero**
fut.: **cadrò** *usw.* *cond.:* **cadrei** *usw.*
ebenso **scadere**

(11) chiedere
pr.: **chiesi, chiese, chiesero** *pp.:* **chiesto**

(12) chiudere
pr.: **chiusi, chiuse, chiusero** *pp.:* **chiuso**
ebenso **rinchiudere**

(13) cogliere
pres.: **colgo, colgono** *pr.:* **colsi, colse, colsero**
cong.p.: **colga, colga, colga, colgano** *pp.:* **colto**
ebenso **accogliere, raccogliere**

(14) compiere
pres.: **compio, compi, compie, compiamo, compite, compiono**
cong.p.: **compia** *usw. cong.i.:* **compissi** *usw. oder:* **compiessi** *usw.*

(15) concedere
pr.: **concessi, concesse, concessero** *pp.:* **concesso**
ebenso **procedere, succedere**

(16) concludere
pr.: **conclusi, concluse, conclusero** *pp.:* **concluso**

(17) condurre
pres.: **conduco, conduci, conduce, conduciamo, conducete, conducono**
imp.: **conducevo** *usw.* *pp.:* **condotto**
pr.: **condussi, conducesti, condusse, condussero**
fut.: **condurrò** *usw.* *cond.:* **condurrei** *usw.*
cong.p.: **conduca** *usw.* *cong.i.:* **conducessi** *usw.*
ebenso **produrre, ridurre, tradurre**

(18) conoscere
pr.: **conobbi, conobbe, conobbero** *pp.:* **conosciuto**
ebenso **riconoscere**

(19) coprire
pr.: **coprii, copristi** *usw. oder:* **copersi, coperse, copersero**
pp.: **coperto**
ebenso **scoprire**

(20) correggere
pr.: **corressi, corresse, corressero** *pp.:* **corretto**

(21) correre
pr.: **corsi, corse, corsero** *pp.:* **corso**
ebenso **occorrere, ricorrere, scorrere, soccorrere, trascorrere**

(22) costringere
pr.: **costrinsi, costrinse, costrinsero** *pp.:* **costretto**

(23) crescere
pr.: **crebbi, crebbe, crebbero** *pp.:* **cresciuto**

(24) cucire
pres.: **cucio, cuciamo, cuciono** *cong.p.:* **cucia** *usw.*

(25) dare

pres.:	**do, dai, dà, diamo, date, danno**		
pr.:	**diedi, desti, diede, demmo, deste, diedero**		
fut.:	**darò,** *usw.*	*cond.:*	**darei** *usw.*
cong.p.:	**dia, dia, dia, diamo, diate, diano**		
cong.i.:	**dessi, dessi, desse, dessimo, deste, dessero**		
imper.:	**dà** *oder* **dai** *oder* **da', dia, diamo, date, diano**		

(26) decidere

pr.:	**decisi, decise, decisero**	*pp.:*	**deciso**

(27) difendere

pr.:	**difesi, difese, difesero**	*pp.:*	**difeso**

(28) dipendere

pr.:	**dipesi, dipese, dipesero**	*pp.:*	**dipeso**

(29) dipingere

pr.:	**dipinsi, dipinse, dipinsero**	*pp.:*	**dipinto**

(30) dire

pres.:	**dico, dici, dice, diciamo, dite, dicono**		
imp.:	**dicevo** *usw.*	*pp.:*	**detto**
pr.:	**dissi, dicesti, disse, dissero**		
fut.:	**dirò** *usw.*	*cond.:*	**direi** *usw.*
cong.p.:	**dica** *usw.*	*cong.i.:*	**dicessi** *usw.*
imper.:	**dì** *oder* **di', dica, diciamo, dite, dicano**		

(31) dirigere

pr.:	**diressi, diresse, diressero**	*pp.:*	**diretto**

(32) discutere

pr.:	**discussi, discusse, discussero**	*pp.:*	**discusso**

(33) distinguere

pr.:	**distinsi, distinse, distinsero**	*pp.:*	**distinto**

(34) distruggere

pr.:	**distrussi, distrusse, distrussero**	*pp.:*	**distrutto**

(35) dividere

pr.:	**divisi, divise, divisero**	*pp.:*	**diviso**

(36) dovere

pres.:	**devo, devi, deve, dobbiamo, dovete, devono**		
pr.:	**dovei, dovesti** *usw. oder:* **dovetti, dovette, dovettero**		
fut.:	**dovrò** *usw.*	*cond.:*	**dovrei** *usw.*
cong.p.:	**deva, deva, deva, dobbiamo, dobbiate, devano**		

(37) esprimere

pr.:	**espressi, espresse, espressero**	*pp.:*	**espresso**

(38) essere

pres.:	**sono, sei, è, siamo, siete, sono**		
imp.:	**ero, eri, era, eravamo, eravate, erano**		
pr.:	**fui, fosti, fu, fummo, foste, furono**		
fut.:	**sarò, sarai, sarà, saremo, sarete, saranno**		
cong.p.:	**sia, sia, sia, siamo, siate, siano**		
cong.i.:	**fossi, fossi, fosse, fossimo, foste, fossero**		
cond.:	**sarei, saresti, sarebbe, saremmo, sareste, sarebbero**		
imp.:	**sii, sia, siamo, siate, siano**		
pp.:	**stato**		
ebenso	**esserci** *(nur 3. Person sing. u. pl.)*		

(39) fare

pres.:	**faccio, fai, fa, facciamo, fate, fanno**		
imp.:	**facevo** *usw.*	*pp.:*	**fatto**
pr.:	**feci, facesti, fece, fecero**		
fut.:	**farò** *usw.*	*cond.:*	**farei** *usw.*
cong.p.:	**faccia** *usw.*	*cong.i.:*	**facessi** *usw.*
imper.:	**fà** *oder* **fai** *oder* **fa', faccia, facciamo, fate, facciano**		
ebenso	**farcela, rifare**		

(40) giungere

pr.:	**giunsi, giunse, giunsero**	*pp.:*	**giunto**
ebenso	**aggiungere, raggiungere**		

(41) godere

fut.:	**godrò** *usw.*	*cond.:*	**godrei** *usw.*

(42) leggere

pr.:	**lessi, lesse, lessero**	*pp.:*	**letto**
ebenso	**eleggere**		

(43) mettere

pr.:	**misi, mise, misero**	*pp.:*	**messo**
ebenso	**ammettere, commettere, permettere, promettere, rimettere, smettere; metterci, mettersi**		

(44) mordere

pr.:	**morsi, morse, morsero**	*pp.:*	**morso**

(45) morire

pres.:	**muoio, muori, muore, moriamo, morite, muoiono**		
fut.:	**mor(i)rò** *usw.*	*cond.:*	**mor(i)rei** *usw.*
cong.p.:	**muoia, muoia, muoia, moriamo, moriate, muoiano**		
imper.:	**muori, muoia, muoiano**	*pp.:*	**morto**

(46) muovere

pr.:	**mossi, mosse, mossero**	*pp.:*	**mosso**
ebenso	**commuovere, promuovere**		

(47) nascere
pr.: **nacqui, nascesti, nacque, nacquero** *pp.:* **nato**

(48) nascondere
pr.: **nascosi, nascose, nascosero** *pp.:* **nascosto**

(49) offendere
pr.: **offesi, offese, offesero** *pp.:* **offeso**

(50) offrire
pr.: **offrii** *usw. oder:* **offersi, offerse, offersero**
pp.: **offerto**
ebenso **soffrire**

(51) parere *(unpersönlich)*
pres.: **pare, paiono** *pr.:* **parve, parvero**
fut.: **parrà, parranno** *cond.:* **parrebbe, parrebbero**
cong.p.: **paia, paiano** *pp.:* **parso**

(52) perdere
pr.: **persi, perse, persero** *pp.:* **perso** *oder* **perduto**

(53) piacere
pres.: **piaccio, piacciamo, piacciono**
pr.: **piacqui, piacque, piacquero**
cong.p.: **piaccia, piaccia, piaccia, piacciamo, piacciate, piacciano**
ebenso **dispiacere, spiacere**

(54) piangere
pr.: **piansi, pianse, piansero** *pp.:* **pianto**

(55) porre
pres.: **pongo, poni, pone, poniamo, ponete, pongono**
imp.: **ponevo** *usw.* *pp.:* **posto**
pr.: **posi, ponesti, pose, posero**
fut.: **porrò** *usw.* *cond.:* **porrei** *usw.*
cong.p.: **ponga** *usw.* *cong.i.:* **ponessi** *usw.*
ebenso **comporre, comporsi, disporre, esporre, imporre, opporre, proporre, supporre**

(56) potere
pres.: **posso, puoi, può, possiamo, potete, possono**
fut.: **potrò** *usw.* *cond.:* **potrei** *usw.*
cong.p.: **possa, possa, possa, possiamo, possiate, possano**

(57) prendere
pr.: **presi, prese, presero** *pp.:* **preso**
ebenso **comprendere, sorprendere**

(58) proteggere
pr.: **protessi, protesse, protessero** *pp.:* **protetto**

(59) pungere
pr.: **punsi, punse, punsero** *pp.:* **punto**

(60) rendere
pr.: **resi, rese, resero** *pp.:* **reso**

(61) respingere
pr.: **respinsi, respinse, respinsero** *pp.:* **respinto**

(62) ridere
pr.: **risi, rise, risero** *pp.:* **riso**
ebenso **sorridere**

(63) riflettere
pr.: **riflessi, riflesse, riflessero** *pp.:* **riflesso**

(64) rimanere
pres.: **rimango, rimangono**
pr.: **rimasi, rimase, rimasero** *pp.:* **rimasto**
fut.: **rimarrò** *usw.* *cond.:* **rimarrei** *usw.*
cong.p.: **rimanga, rimanga, rimanga, rimangano**

(65) rispondere
pr.: **risposi, rispose, risposero** *pp.:* **risposto**
ebenso **corrispondere**

(66) rivolgere
pr.: **rivolsi, rivolse, rivolsero** *pp.:* **rivolto**
ebenso **avvolgere**

(67) rompere
pr.: **ruppi, ruppe, ruppero** *pp.:* **rotto**
ebenso **interrompere**

(68) salire
pres.: **salgo, salgono** *imper.:* **salga, salgano**
cong.p.: **salga, salga, salga, salgano**

(69) sapere
pres.: **so, sai, sa, sappiamo, sapete, sanno**
pr.: **seppi, seppe, seppero**
fut.: **saprò** *usw.* *cond.:* **saprei** *usw.*
cong.p.: **sappia, sappia, sappia, sappiamo, sappiate, sappiano**
imper.: **sappi, sappiate**

(70) scegliere
pres.: **scelgo, scelgono** *pr.:* **scelsi, scelse, scelsero**
cong.p.: **scelga, scelga, scelga, scelgano** *pp.:* **scelto**

(71) scendere
pr.: **scesi, scese, scesero** *pp.:* **sceso**
ebenso **discendere**

(72) sciogliere
pres.: **sciolgo, sciolgono** *pr.:* **sciolsi, sciolse, sciolsero**
cong.p.: **sciolga, sciolga, sciolga, sciolgano**
imper.: **sciolga, sciolgano** *pp.:* **sciolto**

(73) sconfiggere
pr.: **sconfissi, sconfisse, sconfissero** *pp.:* **sconfitto**

(74) scorgere
pr.: **scorsi, scorse, scorsero** *pp.:* **scorto**

(75) scrivere
pr.: **scrissi, scrisse, scrissero** *pp.:* **scritto**
ebenso **descrivere, prescrivere**

(76) scuotere
pr.: **scossi, scosse, scossero** *pp.:* **scosso**
ebenso **riscuotere**

(77) sedere
pres.: **siedo, siedi, siede, siedono**
cong.p.: **sieda, sieda, sieda, siedano**
ebenso **possedere**

(78) sottrarre
pres.: **sottraggo, sottrai, sottrae, sottraiamo, sottraete, sottraggono**
pr.: **sottrassi, sottraesti, sottrasse, sottrassero**
fut.: **sottrarrò** *usw.* *cond.:* **sottrarrei** *usw.*
cong.p.: **sottragga, sottragga, sottragga, sottraggano**
cong.i.: **sottraessi** *usw.* *imper.:* **sottragga, sottraggano**
pp.: **sottratto**

(79) spegnere
pr.: **spensi, spense, spensero** *pp.:* **spento**

(80) spendere
pr.: **spesi, spese, spesero** *pp.:* **speso**

(81) spingere
pr.: **spinsi, spinse, spinsero** *pp.:* **spinto**
ebenso **respingere**

(82) stare

pres.: **sto, stai, sta, stiamo, state, stanno**
pr.: **stetti, stesti, stette, stemmo, steste, stettero**
fut.: **starò** *usw.* *cond.:* **starei** *usw.*
cong.p.: **stia, stia, stia, stiamo, stiate, stiano**
cong.i.: **stessi, stessi, stesse, stessimo, steste, stessero**
imper.: **sta** *oder* **stai** *oder* **sta', stia, stiamo, state, stiano**
pp.: **stato**

ebenso **starci**

---

(83) stringere

pr.: **strinsi, strinse, strinsero** *pp.:* **stretto**

---

(84) tacere

pres.: **taccio, tacciamo, tacciono**
pr.: **tacqui, tacque, tacquero** *pp.:* **taciuto**
cong.p.: **taccia, taccia, taccia, tacciamo, tacciate, tacciano**

---

(85) tendere

pr.: **tesi, tese, tesero** *pp.:* **teso**

ebenso **attendere, intendere, pretendere, stendere**

---

(86) tenere

pres.: **tengo, tieni, tiene, teniamo, tenete, tengono**
pr.: **tenni, tenne, tennero**
fut.: **terrò** *usw.* *cond.:* **terrei** *usw.*
cong.p.: **tenga, tenga, tenga, tengano**

ebenso **appartenere, contenere, mantenere, ottenere, ritenere, sostenere, trattenere**

---

(87) togliere

pres.: **tolgo, tolgono** *pr.:* **tolsi, tolse, tolsero**
cong.p.: **tolga, tolga, tolga, tolgano**
imper.: **tolga, tolgano** *pp.:* **tolto**

---

(88) uccidere

pr.: **uccisi, uccise, uccisero** *pp.:* **ucciso**

---

(89) uscire

pres.: **esco, esci, esce, usciamo, uscite, escono**
cong.p.: **esca, esca, esca, escano**

ebenso **riuscire**

---

(90) valere

pres.: **valgo, valgono** *pr.:* **valsi, valse, valsero**
fut.: **varrò** *usw.* *cond.:* **varrei** *usw.*
cong.p.: **valga, valga, valga, valgano** *pp.:* **valso**

(91) vedere

pr.:	**vidi, vide, videro**	*pp.:*	**veduto** *oder* **visto**
fut.:	**vedrò** *usw.*	*cond.:*	**vedrei** *usw.*

ebenso **prevedere, provvedere** *(aber mit regelmäßigem fut. und cond.)*

(92) venire

pres.:	**vengo, vieni, viene, veniamo, venite, vengono**		
pr.:	**venni, venne, vennero**		
fut.:	**verrò** *usw.*	*cond.:*	**verrei** *usw.*
cong.p.:	**venga, venga, venga, vengano**		
pp.:	**venuto**		

ebenso **avvenire, convenire, divenire**

(93) vincere

pr.:	**vinsi, vinse, vinsero**	*pp.:*	**vinto**

ebenso **convincere**

(94) vivere

pr.:	**vissi, visse, vissero**	*pp.:*	**vissuto**
fut.:	**vivrò** *usw.*	*cond.:*	**vivrei** *usw.*

(95) volere

pres.:	**voglio, vuoi, vuole, vogliamo, volete, vogliono**		
pr.:	**volli, volle, vollero**		
fut.:	**vorrò** *usw.*	*cond.:*	**vorrei** *usw.*
cong.p.:	**voglia, voglia, voglia, vogliamo, vogliate, vogliano**		

ebenso **volerci**

Register

Hinter den italienischen Wörtern steht die Seitenzahl.
Nicht in das Register aufgenommen wurden die Zahlwörter.